JN272657

新青林法律相談 30

金融商品取引法の法律相談

弁護士法人
中央総合法律事務所【編】

青林書院

は　し　が　き

　平成19年9月，従来の証券取引法が金融商品取引法へと改組され，全面施行されました。投資的性格を有する多種多様な金融商品が広く流通していた状況に基づいて，これらの金融商品に共通して適用される，いわば「投資サービス法」の制定が望まれていたところ，これに対応する形で改正され成立したものです。

　他方で，その施行から一年後となる平成20年9月にリーマン・ブラザーズの破綻に伴う世界的金融危機，いわゆる「リーマン・ショック」が発生し，これにより金融商品市場も大きな影響を受ける形となりました。
　このような金融危機への対応や，更なる金融資本市場の活性化のための諸策の実行のため，同法及び関連する政令・内閣府令は毎年のように改正され，同法は「市場の基本法」としての地位を揺ぎ無いものとしてきました。

　金融商品取引法のカバーする範囲は極めて広く，金融商品を取り扱う業者はもちろんのこと，金融商品を購入する投資家や株式を取引所に上場している会社の役員・従業員においても，同法の内容は重要なものとなっています。
　このように実務上重要な意義を有する金融商品取引法については，既にその内容を解説する書籍が多数発刊されており，本書もそれに屋上屋を架するものではありますが，読みやすさ・分かりやすさの点において定評のある青林書院の「新・青林法律相談」のシリーズの内の一冊として発刊させていただけるということで，金融商品取引法に接する機会のある方々が，同法における重要な概念を押さえつつ，問題となっている個別の事例に則して該当箇所を参照することができるような書籍となることを目指したものです。

　最後に，本書の上梓にあたっては，青林書院の長島晴美様ほか編集の皆様に大変なご苦労をおかけしました。丁寧な点検と適切な助言をいただきましたこ

とにつきまして，この場をお借りして心より御礼を申し上げたいと思います。

2013年2月

執筆者を代表して
錦 野 裕 宗
金 澤 浩 志
中 村 健 三

凡　例

(1)　各設問の冒頭に　**Q**　として問題文を掲げ，それに対する回答の要旨を　**A**　でまとめました。具体的な説明は　**解説**　以下に詳細に行っています。

(2)　判例・裁判例を引用する場合には，本文中に「＊1，＊2……」の注記をし，各設問の末尾に　**引用判例**　として，当該番号に対応させて「＊1　最判平9・9・4民集51巻8号3619頁」というように列記しました。なお，判例の表記については後掲の「判例集等略語表」を用い，原則として，次のように行いました。

〔例〕平成17年7月14日最高裁判所判決，最高裁判所民事判例集59巻6号1323頁

　　　→最判平17・7・14民集59巻6号1323頁

(3)　カッコ内における日本の文献は，原則としてフルネームで，次のように表記しました。

〔例〕著者名『書名』（刊行元，刊行年）○○頁

　　　編者名編『書名』（刊行元，刊行年）○○頁〔執筆者名〕

　　　執筆者名「論文タイトル」掲載誌○○号○○頁

(4)　法令名は原則として，①地の文では正式名称で，②カッコ内の引用では後掲の「主要法令等略語表」を用いて表しました。多数の法令条項を引用する場合，同一法令の条項は「・」で，異なる法令の条項は「，」で併記しました。それぞれ条・項・号を付し，原則として「第」の文字は省きました。

(5)　本文中に引用した判例・裁判例は，巻末（その1）の「判例索引」に掲載しました。

(6)　本文中の重要用語等は巻末（その2）の「事項索引」に掲載しました。

■判例集等略語表

最	最高裁判所	裁判集民	最高裁判所裁判集民事
最大	最高裁判所大法廷	金判	金融・商事判例
高	高等裁判所	金法	旬刊金融法務事情
地	地方裁判所	商事	旬刊商事法務
判	判決	判時	判例時報
決	決定	判タ	判例タイムズ
民集	最高裁判所民事判例集		

■判例データベース

LLI/DB

■主要法令等略語表

企業内容開示府令	企業内容等の開示に関する内閣府令		券等の公開買付けの開示に関する内閣府令
金商業等府令	金融商品取引業等に関する内閣府令	定義府令	金融商品取引法第二条に規定する定義に関する内閣府令
金商法	金融商品取引法		
金商法施行令	金融商品取引法施行令	投資顧問業法	有価証券に係る投資顧問業の規制等に関する法律
金販法	金融商品の販売等に関する法律		
		投資事業有限責任組合法	投資事業有限責任組合契約に関する法律
資産流動化法	資産の流動化に関する法律		
証取法	証券取引法	投信法	投資信託及び投資法人に関する法律
消費契約法	消費者契約法		
大量保有府令	株券等の大量保有の状況の開示に関する内閣府令	特定有価証券開示府令	特定有価証券の内容等の開示に関する内閣府令
他社株府令	発行者以外の者による株		

取引規制府令	有価証券の取引等の規制に関する内閣府令		る内閣府令
内部統制府令	財務計算に関する書類その他の情報の適正性を確保するための体制に関す	保険会社監督指針	保険会社向けの総合的な監督指針
		民訴法	民事訴訟法

編集者・執筆者一覧

編 集 者

弁護士法人　中央総合法律事務所

執 筆 者（執筆設問）

(執筆順)

金澤浩志　　Q1，Q2，Q32，Q55，Q57
　　　（弁護士，東京事務所／シンガポールにて研修中）

角野佑子　　Q3，Q4，Q8
　　　（弁護士，大阪事務所）

稲田行祐　　Q5，Q7，Q9～Q21
　　　（弁護士，東京事務所／米国留学中）

中村健三　　Q6，Q8，Q33，Q46，Q59，Q64
　　　（弁護士，東京事務所）

古川純平　　Q9，Q22～Q26
　　　（弁護士，大阪事務所）

松本久美子　Q27～Q30
　　　（弁護士，大阪事務所）

髙橋瑛輝　　Q31，Q45
　　　（弁護士，大阪事務所）

太田浩之　　Q34，Q58
　　　（弁護士，大阪事務所）

草深充彦　　Q35，Q40
　　　（弁護士，大阪事務所）

錦野裕宗　　Q36，Q37，Q60，Q61，Q63，Q68，Q69
　　　（弁護士，東京事務所）

平山浩一郎　Q38，Q39，Q43，Q44
　　　（弁護士，大阪事務所）

下西祥平　**Q41, Q42**
　　　　（弁護士，大阪事務所）

大平修司　**Q47, Q56**
　　　　（弁護士，東京事務所）

小林章博　**Q48〜Q51**
　　　　（弁護士，京都事務所）

柿平宏明　**Q52**
　　　　（弁護士，大阪事務所）

赤崎雄作　**Q53**
　　　　（弁護士，大阪事務所）

植村公彦　**Q54, Q62, Q67**
　　　　（弁護士，東京事務所）

久保田千春　**Q65, Q66**
　　　　（弁護士，大阪事務所）

目次

はしがき
凡　例
編集者・執筆者一覧

第1章　法律の概要

第1節　法律の全体像

Q1｜金融商品の取引に関係する法律 ……………………〔金澤　浩志〕／ *3*

　金融商品の取引に関係する法律には，どのようなものがありますか。たとえば，実際は元本割れ等の過大なリスクが存するにもかかわらず，具体的かつ十分なリスクの説明を受けず，証券会社の担当者に勧められるがままに購入した投資信託が大幅に値下がりして大きな損失が発生した事例などにおいては，どのような法律が関係してくることになりますか。

Q2｜金融商品取引法の全体像 ……………………………〔金澤　浩志〕／ *8*

　金融商品取引法とはどのような法律ですか。その目的と全体像を教えてください。

第2節　基本的重要概念の解説

Q3｜有価証券 ………………………………………………〔角野　佑子〕／ *13*

　金融商品取引法上の「有価証券」とは何ですか。また，どのようなものが「有価証券」に含まれますか。

Q4｜みなし有価証券 ………………………………………〔角野　佑子〕／ *18*

　「みなし有価証券」という言葉を聞いたことがありますが，これはどのような意味ですか。また，どのようなものが「みなし有価証券」に含まれますか。

Q5｜投資性の強い預金・保険の規制 ……………………〔稲田　行祐〕／ *23*

　銀行等の金融機関が扱っている商品として，デリバティブ預金，外貨建て預金・保険，変額年金保険等がありますが，これらは「有価証券」に含まれるのでしょうか。含まれない場合，金融商品取引法の規制とは無関係と考えてよいのでしょうか。

Q6｜集団投資スキーム ……………………………………〔中村　健三〕／ *28*

　友人から，利回りが非常に高い，ベンチャー企業に投資するファンドがあると紹

介されて詳しく話を聞いたところ、「集団投資スキーム」に該当する投資手法であると説明されました。「集団投資スキーム」とは、どのようなものを指すのでしょうか。

Q7 | 有価証券の募集と私募 ……………………………〔稲田　行祐〕／ 32

「有価証券の募集」「有価証券の私募」とはどのような行為でしょうか。また、それぞれどのような規制があるのでしょうか。

Q8 | デリバティブ取引 ………………………〔角野　佑子＝中村　健三〕／ 40

銀行で金融商品の説明を受けていたところ、当該商品は、「デリバティブ取引」を用いたものであるとの説明を受けました。デリバティブ取引とは一体何ですか。

第2章　ディスクロージャー規制

第1節　全体像

Q9 | ディスクロージャー規制の全体像 …………〔稲田　行祐＝古川　純平〕／ 47

金融商品取引法上のディスクロージャー規制とは何ですか。その趣旨および全体像について教えてください。

第2節　発行開示規制

Q10 | 新たに発行される1項有価証券の取得勧誘に関する規制
　　　………………………………………………………〔稲田　行祐〕／ 53

株式会社である当社は、この度、新株を発行することを検討しています。新株の取得を勧誘する際、金融商品取引法上どのような規制があるのでしょうか。

Q11 | すでに発行された1項有価証券の売付け勧誘等に関する規制
　　　………………………………………………………〔稲田　行祐〕／ 61

すでに発行された株式の売付けの申込みまたは買付けの申込みを勧誘する際、金融商品取引法上どのような規制があるのでしょうか。

Q12 | 新たに発行される2項有価証券の取得勧誘に関する規制
　　　………………………………………………………〔稲田　行祐〕／ 68

ベンチャー企業に対する出資を主な業務とする投資ファンドを組成し、その持分の取得について勧誘しようと思っています。具体的には、投資事業有限責任組合契約に基づく権利の取得について勧誘しようと思っていますが、この際、金融商品取引法上どのような規制があるでしょうか。

Q13 | 有価証券届出書、有価証券通知書 ………………〔稲田　行祐〕／ 71

目　次　xi

　　　有価証券届出書と有価証券通知書について教えてください。
Q14｜目論見書 ……………………………………………〔稲田　行祐〕／ 75
　　　目論見書について教えてください。
Q15｜発行登録制度 ………………………………………〔稲田　行祐〕／ 77
　　　発行登録制度について教えてください。

　　第 3 節　流通開示規制

Q16｜上場会社の流通開示 ………………………………〔稲田　行祐〕／ 80
　　　上場会社についてどのような流通開示規制があるのでしょうか。
Q17｜確認書，内部統制報告書 …………………………〔稲田　行祐〕／ 86
　　　確認書と内部統制報告書について教えてください。
Q18｜非上場会社，ファンドの流通開示 ………………〔稲田　行祐〕／ 89
　　　非上場会社やファンドについてどのような流通開示規制があるのでしょうか。

　　第 4 節　虚偽記載がある場合の損害賠償責任

Q19｜発行開示書類に虚偽記載がある場合 ……………〔稲田　行祐〕／ 94
　　　有価証券届出書や目論見書に虚偽記載等があった場合，投資家は発行者等に対して，どのような請求ができますか。
Q20｜流通開示書類に虚偽記載がある場合 ……………〔稲田　行祐〕／ 99
　　　有価証券報告書等に虚偽記載があった場合，投資家は提出者等に対して，どのような請求ができますか。
Q21｜有価証券報告書等の虚偽記載等に関する判例 …〔稲田　行祐〕／ 103
　　　実際に問題となった有価証券報告書等の虚偽記載等に関する判例について教えてください。

　　第 5 節　公開買付規制の概要・判例・行政処分

Q22｜公開買付該当性 ……………………………………〔古川　純平〕／ 108
　　　当社は，金融商品取引所（証券取引所）に上場する会社の株式を，取引所外で取得しようと考えていますが，一定の場合には，「公開買付け」によらなければならないと聞きました。どのようなケースであれば，「公開買付け」による必要がありますか。
Q23｜公開買付規制（具体例） …………………………〔古川　純平〕／ 117
　　　会社が，公開買付けと全部取得条項付種類株式を組み合わせて MBO を実施することを発表しました。株主としては，どのような対応をとることが考えられますか。

Q24 | 公開買付制度 ……………………………………〔古川　純平〕／ 123
　当社は，金融商品取引所（証券取引所）に上場する会社の株式を，取引所外で取得しようと考えていますが，「公開買付け」によらなければならないといわれました。この場合，金融商品取引法上どのような手続をとる必要がありますか。

第6節　大量保有報告制度

Q25 | 大量保有報告書提出の要否，その手続 ……………〔古川　純平〕／ 134
　当社は，ある上場会社の株式を取得しようと考えておりますが，保有割合が一定の割合を超えると，報告しなければならないと聞きました。
　実際には，どのような場合に，どのようにして報告を行う必要がありますか。

Q26 | 変更報告書提出の要否，その他，特例報告制度 ………〔古川　純平〕／ 141
　当社は，ある上場会社の株式を買い増ししようと考えていますが，保有割合が増加すると，報告しなければならないと聞きました。
　実際には，どのような場合に，どのようにして報告を行う必要がありますか。
　また，報告の頻度等を軽減する特例があるとも聞きましたが，それはどのような制度ですか。

第3章　金融商品取引業に関する規制

Q27 | 業者規制の概要 …………………………………〔松本　久美子〕／ 151
　金融商品に関する取引を扱う業者に関して，金融商品取引法はどのような規制をしていますか。何か免許等が必要とされているのでしょうか。

Q28 | 第一種金融商品取引業 …………………………〔松本　久美子〕／ 158
　金融商品取引業者のうち，第一種金融商品取引業を行う金融商品取引業者とはどのような業者ですか。また，どのような要件を備えた業者が第一種金融商品取引業を行うことができるのかについて教えてください。

Q29 | 第二種金融商品取引業 …………………………〔松本　久美子〕／ 165
　金融商品取引業者のうち，第二種金融商品取引業を行う金融商品取引業者とはどのような業者ですか。また，どのような要件を備えた業者が第二種金融商品取引業を行うことができるのかについて教えてください。

Q30 | 投資助言・代理業 ………………………………〔松本　久美子〕／ 170
　金融商品取引業者のうち，投資助言・代理業を行う金融商品取引業者とはどのような業者ですか。また，どのような要件を備えた業者が投資助言・代理業を行うことができるのかについて教えてください。

目次　xiii

Q31｜投資運用業 ……………………………………〔髙橋　瑛輝〕／ *175*

当社は，外国の会社の株式に投資して利益を上げるファンドの運用を行っていますが，このような場合，金融商品取引法上「投資運用業」を行う者としての金融商品取引業の登録が必要となると聞きました。「投資運用業」とは，どのようなものですか。登録以外にも，何か規制はありますか。

Q32｜銀行等の金融機関による金融商品取引 ………〔金澤　浩志〕／ *183*

銀行が金融商品に関する取引を行う場合について，どのような規制が課せられていますか。

Q33｜適格機関投資家等特例業務 ……………………〔中村　健三〕／ *188*

適格機関投資家等特例業務とは，どのような制度ですか。また，当該業務を行うには，どのような手続をとる必要がありますか。

Q34｜弊害防止措置 ……………………………………〔太田　浩之〕／ *193*

一定の金融商品取引業者は複数の種別の業務や金融商品取引業以外の業務を行うことが可能ですが，そのような場合に何らかの問題が生じることはありませんか。またそのような問題に対しては，金融商品取引法はどのように対処していますか。

第4章　金融商品取引業者に対する行為規制・不公正な取引

第1節　業者に対する販売・勧誘規制

Q35｜金融商品取引法による金融商品取引業者に対する行為規制
……………………………………………………………〔草深　充彦〕／ *205*

金融商品取引法においては，金融商品取引業者に対してどのようなことを求め，また，どのような行為をすることを禁止していますか。

第2節　適合性の原則・説明義務

Q36｜適合性の原則 ……………………………………〔錦野　裕宗〕／ *213*

適合性原則とは，どのようなものですか。金融商品取引法制において，適合性原則は，どのような形で具体化されていますか。

Q37｜適合性原則の私法上の効果 ……………………〔錦野　裕宗〕／ *218*

私は大した貯金もなく，年金を受給して質素に暮らしているため，証券投資の経験などありませんでしたが，2年ほど前にファンドの運用をしているというA社の従業員が来て，新興国の株式や国債に投資するというファンドを250万円も購入させられ，結果大変損をしてしまいました。A社からお金を取り戻すようなことはで

きますか。

Q38 │ 説明義務（一般論） ……………………………〔平山　浩一郎〕／ 223
　　金融商品取引を行うに際して要求される業者の説明義務とは，どのような内容ですか。

Q39 │ 説明義務（事例） ………………………………〔平山　浩一郎〕／ 227
　　A社は，車両用精密機器の販売を行う会社グループの系列投資会社ですが，B証券会社から勧められて金利スワップ取引を行っていたところ，勧誘時に示されたシミュレーション表では想定されていなかった損失が発生しました。この場合にA社は，B証券会社に対して損害の賠償等を求めることはできるでしょうか。

第3節　情報提供

Q40 │ 金融商品の販売・提供にあたっての顧客に対する情報提供
　　……………………………………………………〔草深　充彦〕／ 232
　　金融商品取引法においては，金融商品を販売・勧誘するにあたり，どのような情報提供を行う必要があるとされていますか。

Q41 │ 契約締結前交付書面の記載事項 ………………〔下西　祥平〕／ 239
　　金融商品取引業者と取引するにあたって交付される契約締結前交付書面には，どのような事項が記載されているのでしょうか。

Q42 │ 契約締結時交付書面の記載事項 ………………〔下西　祥平〕／ 246
　　金融商品取引業者から交付される契約締結時交付書面には，どのような事項が記載されているのでしょうか。

第4節　プロ・アマ規制

Q43 │ プロ・アマ規制 …………………………………〔平山　浩一郎〕／ 254
　　プロ投資家とアマ投資家とでは，金融商品取引法上，どのような取扱いの違いがありますか。その規制の全体像について，説明してください。

第5節　広告規制

Q44 │ 広告規制 …………………………………………〔平山　浩一郎〕／ 262
　　投資助言業者が，株式投資を研究するという趣旨のホームページを開設し，同社の助言実績や上昇率が掲載されているのですが，あまりに高い上昇率が示されているなど，誇大広告ではないかと疑われる点が多々あります。金融商品取引法において，このような金融商品取引業者の広告を規制する規定などはないのですか。

第6節　断定的判断の提供

Q45｜断定的判断の提供の禁止………………………………〔髙橋　瑛輝〕／　266
　金融商品取引法上の断定的判断の提供等の禁止について，説明してください。

第7節　不招請勧誘・再勧誘の禁止

Q46｜不招請勧誘・再勧誘の禁止……………………………〔中村　健三〕／　272
　FX取引については不招請勧誘や再勧誘が禁止されていると聞きました。金融商品取引法上の規制内容について教えてください。
　また，最近次のようなことがあり，不招請勧誘の禁止や再勧誘の禁止に抵触すると思うのですが，いかがでしょうか。
　①　以前に付き合いのあった商品先物取引業者の営業社員であった人から，突然，「今度FX業者に移籍したので口座を開設して取引しないか」と電話がかかってきました。
　②　取引所取引の金融先物取引について勧誘を受けましたが，関心がなかったので，断ったにもかかわらず，何度も勧誘の電話がかかってきます。

Q47｜損失補塡の禁止 ……………………………………………〔大平　修司〕／　278
　証券会社の営業マンから勧誘されて，仕組債を購入しましたが，当該勧誘の際，第三者に売却処分されなかった場合には，その時点での価値にかかわらず，販売時の価格で買い戻すので安心してくださいといわれました。このような買戻しの約束は金融商品取引法上問題とならないのでしょうか。

第8節　不公正な取引

Q48｜風説の流布，偽計取引 ……………………………………〔小林　章博〕／　285
　金融商品取引法において禁止される風説の流布，偽計取引とは，どのようなものですか。

Q49｜インサイダー取引規制 ……………………………………〔小林　章博〕／　289
　インサイダー取引規制とはどのようなものですか。

Q50｜相場操縦 ……………………………………………………〔小林　章博〕／　294
　金融商品取引法において禁止される相場操縦とはどのようなものですか。

Q51｜「見せ玉」による相場操縦 ………………………………〔小林　章博〕／　298
　デイトレーディングをしている友人が，複数の株式口座を使って，買い注文を入れたり取り消したりすることで株価が上昇するのでとても儲かるという話をしていました。このようなことをすることについて，何か問題となることはないのでしょ

うか。

Q52 インサイダー取引（事例）……………………………〔柿平　宏明〕／ *302*
　上場会社の役員である父親から，その会社が競合他社を吸収合併することを聞き，その情報が公表されないうちに，その会社の株を購入してしまいました。どのような問題がありますか。

Q53 虚偽の事実の公表…………………………………………〔赤崎　雄作〕／ *307*
　A社は，同社が第三者に割り当てて発行した新株予約権付社債について，期日に払込みがなされなかったにもかかわらず，順調に払込みが完了し，同社の資本金が増加・充実されたかのような事実の公表を行い，それによって同社の株価は大きく上昇しました。このような場合に，A社等はどのような責任を負うこととなりますか。

第9節　行政処分・罰則等

Q54 行政庁による処分………………………………………〔植村　公彦〕／ *313*
　金融商品取引業者の業務で法令に違反するような事態が発生した場合における，金融商品取引法上の行政庁による処分にはどのようなものがありますか。また過去どのような事例で行政処分がなされていますか。

Q55 課徴金納付命令等決定までの手続の流れ ……………〔金澤　浩志〕／ *320*
　会社が作成および開示した有価証券報告書に虚偽の内容が含まれていることが判明した場合に，これに対する行政処分としての課徴金納付命令等決定がなされることとなるまでの手続の流れについて教えてください。

Q56 行政処分・罰則等 ………………………………………〔大平　修司〕／ *328*
　私には証券会社に勤めている息子がおりますが，息子から，勤め先の証券会社が，M&Aのために，ある上場会社の株式を公開買付けによって取得する旨の取締役会決定をしたという情報を聞いて，当該会社の株式が値上がりしそうだと思い，この情報が公になる前に当該会社の株式の買付けをしてしまいました。この場合，私にはどのような処分がなされることとなるのでしょうか。

第5章　金融商品取引に関する苦情・紛争解決

Q57 金融商品取引に関する苦情・紛争の処理 ……………〔金澤　浩志〕／ *337*
　必ず値上がりするなどとして勧められた投資信託を，勧められるがまま購入したところ，大幅に値下がりし大損してしまいました。このような金融商品取引に関する苦情等について，どのような機関や窓口に相談するべきでしょうか。

目次　xvii

第6章　金融商品別の具体的トラブル事例検討

第1節　株　式

Q58 │ 株　　式 …………………………………〔太田　浩之〕／ 345
　株式の販売・勧誘に際してのトラブル・紛争として，どのような問題が考えられますか。過去の裁判例で問題となった事案等があれば教えてください。

第2節　社　債

Q59 │ 社　　債 …………………………………〔中村　健三〕／ 352
　社債の販売・勧誘に際してのトラブル・紛争としてどのような問題が考えられますか。

第3節　投資信託

Q60 │ 投資信託(1) …………………………………〔錦野　裕宗〕／ 358
　投資信託の販売・勧誘におけるトラブルとして，どのようなものが挙げられますか。また，そのトラブルを予防解決するには，どのような方策が考えられますか。加えて，民事上の問題についても教えてください。

Q61 │ 投資信託(2) …………………………………〔錦野　裕宗〕／ 363
　投資信託の販売・勧誘におけるトラブルに係る，判例，裁判例としてどのようなものがありますか。それらから，実務において参考とすべき点について，併せて説明してください。

第4節　金利スワップ

Q62 │ 金利スワップ ………………………………〔植村　公彦〕／ 369
　金利スワップ取引を行うに際してのトラブル・紛争として，どのような問題が考えられますか。過去の裁判例で問題となった事案等があれば教えてください。

第5節　仕組債

Q63 │ 仕　組　債 …………………………………〔錦野　裕宗〕／ 380
　仕組債の販売・勧誘におけるトラブルとして，どのようなものが挙げられますか。また，そのトラブルの解決方法や，裁判において考慮される事項についても教えてください。

第6節 FX取引

Q64 | FX取引(1)……………………………………〔中村　健三〕／ *386*
　FX取引の最近のトラブル事例として，どのようなものが挙げられますか。また，そのトラブルを予防・解決するために，金融商品取引法および金融商品取引業者等向けの総合的な監督指針上どのような規制がなされていますか。

Q65 | FX取引(2)……………………………………〔久保田　千春〕／ *393*
　FX取引に関するトラブル・紛争としてどのような問題が考えられますか。過去の裁判例で問題となった事案等があれば教えてください。

第7節 外貨建て預金・外貨建て保険

Q66 | 外貨建て預金・外貨建て保険……………………〔久保田　千春〕／ *398*
　外貨建て預金・外貨建て保険にはどのようなリスクがありますか。また，外貨建て預金・外貨建て保険に関するトラブル・紛争として，どのような問題が考えられますか。

第8節 デリバティブ預金

Q67 | デリバティブ預金………………………………〔植村　公彦〕／ *403*
　デリバティブ預金の販売・勧誘におけるトラブルとして，どのようなものが挙げられますか。また，そのトラブルを予防解決するには，どのような方策が考えられますか。加えて，民事上の問題についても教えてください。

第9節 変額年金保険

Q68 | 変額年金保険……………………………………〔錦野　裕宗〕／ *411*
　変額年金保険の販売・勧誘におけるトラブルとして，どのようなものが挙げられますか。また，そのトラブルの解決方法や，裁判において考慮される事項についても教えてください。

第10節 訴訟の場合の主張・立証方法

Q69 | 訴訟の場合の主張・立証方法……………………〔錦野　裕宗〕／ *417*
　金融商品の販売勧誘に関するトラブルに関し，訴訟での主張・立証方法について，基礎的，一般的なことを教えてください。

判例索引
事項索引

第1章

法律の概要

第1節　法律の全体像

Q1　金融商品の取引に関係する法律

金融商品の取引に関係する法律には，どのようなものがありますか。たとえば，実際は元本割れ等の過大なリスクが存するにもかかわらず，具体的かつ十分なリスクの説明を受けず，証券会社の担当者に勧められるがままに購入した投資信託が大幅に値下がりして大きな損失が発生した事例などにおいては，どのような法律が関係してくることになりますか。

A

> 金融商品の取引に関係する法律は極めて広汎にわたりますが，金融商品の取引行為自体を規定する私法・実体法と，金融商品の取引行為を行う主体に対する規制法・業法とに分類する考え方は有益と思われます。設題の事例では，私法・実体法としては，民法や金融商品の販売等に関する法律，消費者契約法が，規制法・業法としては，投資信託及び投資法人に関する法律，金融商品取引法などが関係してきます。

解説

1 金融商品の取引に関係する法律

(1) 「金融商品」とは

(a) 金融商品の取引に関係する法律にどのようなものがあるかを理解する前提として，そもそも「金融商品」とは何であるのかを考える必要があります。

「金融商品」という概念は非常に多義的であり，用いられる文脈に応じてその意味内容が変わってきますが，抽象的には，「金融という仕組みを用いて金融機関が販売ないし提供する商品」ということになると思われます。そして，金融機関の努力により，日々新しい「金融商品」が誕生しています。

この点，本書で主に紹介する金融商品取引法では，2条24項において「金融商品」が定義づけられており，これによれば，有価証券やデリバティブ取引の原資産等を「金融商品」と規定していますが，これは同法の適用対象となるデリバティブ取引の範囲を定めているものにすぎません。また，金融商品の販売等に関する法律（以下「金融商品販売法」といいます）では，2条1項において，「金融商品の販売」に該当する行為を列挙しているところ，当該規定は参考にはなりますが，必ずしもすべてが網羅されているわけではありません。

(b) 「金融商品」の概念を広く捉えれば，金融機関が販売ないし提供する商品すべてが含まれることとなります。その中には，たとえば銀行が提供する普通預金のように，原則として元本が確保されている，相対的に安全な商品も含まれます。このような商品については，顧客と金融機関との間でトラブルとなる可能性はそれほど高くありません。他方で，株式や投資信託等の元本欠損のおそれがある，投資性のある商品もあります。

本書では，このように多義的な「金融商品」の中でも，顧客と金融機関との間でのトラブルが顕在化する可能性の高い，投資性のある商品を取り扱っていきます。

(2) 金融商品の取引に関係する法律

上記のように多義的な「金融商品」ですので，その取引に関わる法律も極め

て広汎にわたり，そのすべてを網羅的に理解することは困難ですが，金融商品の取引に適用される法律を体系立てて理解する場合の一つのアプローチとして，金融商品の取引行為自体を規定する私法・実体法と，金融商品の取引行為を行う主体に対する規制法・業法とに分類する考え方は有益な方法です。

ただ，規制法・業法の中にも私法・実体法的規定が定められている場合もあり，必ずしも明確にすべての法律を上記のように分類できるものではないことには注意が必要です。たとえば，金融商品取引法37条の6では，一定の金融商品取引契約に関して書面による解除（いわゆるクーリング・オフ）をすることができる旨定めていますが，これは規制法・業法の中に私法・実体法的規定が定められているものの例であるといえます。

(a) 金融商品の取引行為自体を規定する私法・実体法のうち，典型的なものとしては民法が挙げられます。複雑な金融商品であっても，それを構成する一つ一つの要素においては民法法理が極めて密接に関係してきます。

また，たとえば信託が関係する商品であれば信託法，保険が関係する商品であれば保険法，ファンド持分が関係する商品であれば投資事業有限責任組合契約に関する法律といったように，金融商品が内在している仕組みに応じて適用される私法・実体法もあります。

また，民法の特別法として金融商品販売法や消費者契約法などの，金融商品の購入者の保護に資する法律も存在します。

(b) 金融商品の取引行為を行う主体に対する規制法・業法としては，有価証券やデリバティブを取り扱う金融商品取引業者に関係する金融商品取引法，銀行を規制する銀行法，保険会社を規制する保険業法などがあります。

これらの規制法・業法は，主に金融庁が所管しており，当該規制法・業法に基づいて各金融機関に対する監督が行われ，かかる法律に反する事態が生じた場合には行政処分がなされたり，悪質な場合には刑事罰が課されたりする場合もあります。

2　設題事例

(1)　設題事例について適用のある法律

　では，実際は元本割れ等の過大なリスクがあるにもかかわらず，具体的かつ十分なリスクの説明を受けず，証券会社の担当者に勧められるがまま購入した投資信託が大幅に値下がりして，顧客に大きな損失が発生したという設題の事例においては，どのような法律が関係してくることとなるでしょうか。上記の分類に従って考えてみたいと思います。

(2)　設題事例に適用のある私法・実体法

　まず，私法・実体法について考えてみます。

　設題のような事例は，金融商品の販売に際する証券会社の担当者による説明義務違反が問題となる典型的な場合ですが，このような事例において，顧客側からは証券会社の不法行為に基づく損害賠償請求の主張がなされることが多いようです。これは当然のことながら，民法709条や715条の問題となります。

　加えて，設題の事例では，元本割れ等のリスクが発生することの説明が十分になされなかったという状況があるようですが，このような場合には，金融商品販売法上の重要事項説明義務違反があると考えられ，同法6条に基づく損害の推定の下，損害賠償義務が発生する可能性があります。

　また別の視点から，投資信託を購入した顧客が消費者である場合には，消費者契約法の適用があり，証券会社の担当者による重要事項の不告知に該当する可能性がありますが，その場合当該顧客は，同法4条に基づいて，当該投資信託の購入契約の申込みを取り消すことができることとなります。

(3)　設題事例に適用のある規制法・業法

　次に，規制法・業法について考えてみます。

　設題事例は投資信託の事例ですので，投資信託及び投資法人に関する法律が適用されます。この法律は，投資信託商品の組成・販売・運用に関して，金融商品取引業者等の行為を規制するものであり，規制法・業法に該当します。

　また，投資信託の受益証券は，金融商品取引法上の有価証券に該当しますので（金商法2条1項10号），投資信託を販売する証券会社には同法の適用があり

ます。金融商品取引法38条7号・金融商品取引業等に関する内閣府令117条1項1号は、証券会社に対し、法律上要求される書面交付に関して、あらかじめ顧客に対して、元本割れ等のリスクについて、顧客の知識、経験、財産状況、当該金融商品を購入する契約を締結する目的に照らして当該顧客に理解されるために必要な方法および程度による説明を行うことを義務づけています。設題事例は、元本割れ等のリスクが発生することの説明が不十分であったということですので、証券会社はかかる義務に違反しているとされる可能性があります。なお、かような義務違反があったものと認められ、それが悪質であるような場合や他にも多数の事故が発生しているような場合には、業務改善命令や業務停止等の行政処分の対象とされる可能性があります（金商法51条・52条）。

3 まとめ

　設題事例からもわかるとおり、金融商品の取引に関係する法律は非常に広汎となります。このように、個別の問題に対処するためには様々な法律を参照する必要がありますし、関係する法律の改正頻度も高いことから、具体的な事例に当たる際には慎重な検討が必要とされることとなりますので、十分留意が必要です。

【金澤　浩志】

Q2 金融商品取引法の全体像

金融商品取引法とはどのような法律ですか。その目的と全体像を教えてください。

A

> 金融商品取引法は，国民経済の健全な発展および投資者の保護に資することを最終目的として，有価証券の発行および金融商品等の取引等を公正にし，その流通の円滑化，公正な価格形成等を達成するために，①企業内容等の開示の制度を整備すること，②金融商品取引業を行う者に関して必要な事項を定めること，③金融商品取引所の適切な運営を確保すること等の具体的手段を定める法律です。

解説

1 金融商品取引法とは

金融商品取引法は，平成18年6月7日に従来の証券取引法を大幅に改正したうえで，その名称が変更されることによって成立し，平成19年9月30日に施行された法律です。その適用範囲は非常に広く，投資性のある商品について幅広く規制する法律となっています。

金融商品取引法が成立する以前は，業態ごとの縦割り規制がなされており，経済的機能は同様であるにもかかわらず，商品等が異なるために適用される法律も異なるという事態が生じていました。また，このような縦割り規制の間隙を縫って，規制の対象とならない商品が組成され，投資被害を生じさせているという状況が存在していました。

そこで、投資性のある商品について、包括的・横断的な規制を及ぼすことを大きな目的の一つとして金融商品取引法が制定されるに至りました。これにより、従前存在した「外国証券業者に関する法律」や「有価証券に係る投資顧問業の規制等に関する法律」、「金融先物取引法」などは廃止され、また、民法上の組合や商法上の匿名組合等の、出資または拠出された金銭を充てて行う事業から生ずる収益の配当や当該事業に係る財産の分配を受ける権利である、集団投資スキーム持分が包括的に規制の対象とされることとなりました。

上記のとおり、金融商品取引法は施行から数年を経ていますが、毎年のように様々な点に改正が加えられ、日々改良が施されています。会社法と同様に、資本市場を支えるインフラとしての基本法であることから、今後も資本市場の発展とともに改良、進化を果たし、その重要性を増していくものと思われます。

2　金融商品取引法の目的と全体像

(1) 金融商品取引法の目的

(a) 金融商品取引法に限らず、ある法律の個別の規定内容等を確認する前に、同法の目的が何であるかを把握することは、その法律を理解するうえで最も重要な事項の一つです。法律は、必ず、何らかの目的の下に制定されるものであって、各個別の条項についても、その立法目的に従って解釈適用されるべきであるからです。

金融商品取引法についても、同法が定める規制は、すべて、同法の立法目的に従って理解することが可能であるといえ、かかる立法目的を念頭に置いたうえで個別の条項の位置づけを把握することは、大変有益なことであると思われます。

(b) 金融商品取引法の目的は、第1条に記載されています。ここでは、「この法律は、企業内容等の開示の制度を整備するとともに、金融商品取引業を行う者に関し必要な事項を定め、金融商品取引所の適切な運営を確保すること等により、有価証券の発行及び金融商品等の取引等を公正にし、有価証券の流通を円滑にするほか、資本市場の機能の十全な発揮による金融商品等の公正な価格形成等を図り、もつて国民経済の健全な発展及び投資者の保護に資すること

を目的とする。」とされています。

　つまり、「国民経済の健全な発展及び投資者の保護に資すること」という最終目的を前提として、有価証券の発行および金融商品等の取引等を公正にし、その流通の円滑化、公正な価格形成等を達成するために、①企業内容等の開示の制度を整備すること、②金融商品取引業を行う者に関して必要な事項を定めること、③金融商品取引所の適切な運営を確保すること等が、具体的手段として掲げられています。

(2) 金融商品取引法の全体像

　金融商品取引法の目的を達成する具体的手段は上記のとおりですが、実際の条文の章立てについても、これに即した構成となっています。

　(a)　まず、第1章「総則」として、上記目的規定と金融商品取引法で用いられる用語の定義規定が置かれています。

　定義規定は、金融商品取引法の適用範囲を画するものとして非常に重要ですが、同法施行令や「金融商品取引法第2条に規定する定義に関する内閣府令」（いわゆる定義府令）に委任されている箇所も多く、正確に把握するためには、これらを参照して具体的に読み解く必要があります。また定義規定については、必ずしもすべてがこの「総則」に置かれているわけではなく、以後の個別の条文中で定義されているものも多数あります。

　このような定義規定の正確な把握がなければ、金融商品取引法を正確に理解することはできません。

　(b)　次に、第2章「企業内容等の開示」以下に、一定の有価証券に関するディスクロージャー制度が規定されています。

　当該制度は、有価証券届出書や有価証券報告書等の発行・流通する有価証券に関連する情報を記載した開示書類を提出するよう当該有価証券の発行者等に義務づけ、有価証券の発行市場・流通市場において、投資者が十分かつ適正な投資判断をなしうるための情報を提供し、その保護を図ることを目的としています。

　また、各種書類の発行者による提出制度に加えて、公開買付制度（いわゆるTOB制度）や大量保有報告制度もディスクロージャー制度の一環をなすものとして、特に、一般投資者の保護のために重要な役割を担っています。

(c) 第3章「金融商品取引業者等」では，どのような行為を業として行う者が金融商品取引業者に該当するかを前提として，金融商品取引業者の登録や認可を受けるための要件，金融商品取引業者が具体的に金融商品取引業を実施する際に従うべき具体的規制内容，行政当局による監督等が規定されています。

これらの規制が効果的にワークすることにより，投資者を害するような投資商品が勧誘・販売されることを未然に防止する体制が確保されることとなり，投資者の保護を図ることが可能となります。また，投資者を害するような商品を売りつける業者が現れ，実際に被害が生じてしまった場合にも適切かつ速やかに対処することができるようにされています。

(d) 第4章「金融商品取引業協会」では，金融商品取引業者の自主規制団体である金融商品取引業協会の設置に関して規定がなされており，会員業者の適正な業務運営を促進し，もって投資者保護に資することを目的としています。

また，第4章の2「投資者保護基金」では，第一種金融商品取引業を行う金融商品取引業者が加入する義務を負う，投資者保護のための基金の設立について規定されています。現在，当該規定に基づいて日本投資者保護基金が設立されており，当該基金の会員たる金融商品取引業者が，顧客から預託を受けた有価証券や金銭等につき，経営破綻等のために返還が困難となった場合に補償する役割を担っています。

(e) 第5章「金融商品取引所」では，有価証券の売買や市場デリバティブ取引が行われる金融商品市場については，投資者保護等のために適切な運営がなされることが要請されることから，原則として，内閣総理大臣の免許を受けた者のみが開設できるものとし（金商法80条1項），これに関連する規定を置いています。

また，金融商品取引所には，取引の公正や投資者保護を図る目的で，上場審査および管理業務や売買審査業務を含む自主規制業務を適切に実施することが要請されています（金商法84条）。

(f) 第5章の5「指定紛争解決機関」では，顧客と金融商品取引業者等との間で苦情・紛争が発生した場合に，これを適切に処理して投資者保護を十全なものとするために，指定紛争解決機関制度が定められています。

原則として，金融商品取引業者等に指定紛争解決機関との手続実施基本契約

の締結義務を課し（金商法37条の7第1項1号），当該機関を通じた迅速かつ適切な苦情・紛争の処理がなされるように制度構築されています。

　この規定は，平成21年改正により導入されたもので，いわゆる金融ADR制度の一環をなすものとなっています。当該制度の実施・運用により，金融商品市場に対する信頼がより一層確かなものとされることが期待されます。

　(g)　第6章「有価証券の取引等に関する規制」では，有価証券の取引等における不公正取引や，風説の流布，相場操縦行為，空売り，インサイダー取引等を禁止する規定が置かれています。

　これらの規定は，取引の公正を確保するために，金融商品取引に関与する一般投資者においても遵守することが必要とされているものであり，取引に参加する際に必ず押さえておかなければいけない事項となります。

　実際，これらの禁止規定に違反して摘発される投資者は後を絶ちませんが，これらの禁止規定に則った，証券取引等監視委員会等の不断の努力による適正な対処により，金融商品取引市場の健全性が保たれています。

　(h)　第6章の2「課徴金」では，金融商品取引市場の信頼性を害するような法令違反行為等があった場合において，これらの法令の規制による実効性を確保する観点から，違反行為者に対して金銭的負担を課す行政上の措置としての課徴金納付命令の制度が規定されています。

　また，第8章「罰則」では，法令違反行為に対する刑事罰が規定されています。

【金澤　浩志】

第2節　基本的重要概念の解説

Q3　有価証券

金融商品取引法上の「有価証券」とは何ですか。また，どのようなものが「有価証券」に含まれますか。

A

> 金融商品取引法における「有価証券」とは，同法の適用範囲を決するための重要概念であり，大きく，証券・証書が発行されている権利と，これらが発行されていない権利とに分けられます。証券・証書が発行されている権利には，国債証券（金商法2条1項1号），社債（同項5号），株券（同項9号），投資信託受益証券（同項10号）などが含まれます。

解説

1　金融商品取引法の適用を画する概念としての有価証券

金融商品取引法の適用があるか否かを決する重要な概念は，有価証券とデリバティブ取引という概念です。そのため，金融商品取引法を理解する前提として，まずこれらの内容を理解することが不可欠となります。

本設題では，金融商品取引法の対象の一つである有価証券とは何かについて見ていきたいと思います。

［2］ 金融商品取引法における有価証券

(1) 有価証券とは何か

　私法上における有価証券は，通説では，一定の私法上の権利を表章する証券で，権利の発生，行使または移転の全部または一部に証券の占有を必要とするものと定義されます。典型的には，約束手形や小切手などが，金銭債権証券としての有価証券に該当します。

　他方で，金融商品取引法における有価証券は，上記のとおり，同法の適用を画する概念として用いられるものであり，私法上で有価証券とされるものと必ずしも一致しません。そして，金融商品取引法における有価証券に該当するものは，同法2条1項以下に列挙されています。

(2) 金融商品取引法の有価証券の分類

　金融商品取引法の有価証券については，大きく，証券・証書が発行されている権利と，これらが発行されていない権利とに分けられます。

　証券・証書が発行されている権利については，金融商品取引法2条1項に規定されています。同項1号～20号までにおいて，具体的な証券・証書が発行されている権利が列挙されていますが，その中には，以下で見るとおり，国債証券（同項1号），地方債証券（同項2号），特別法人債（同項3号），社債（同項5号），株券（同項9号），投資信託受益証券（同項10号），受益証券発行信託の受益証券（同項14号），抵当証券（同項16号）等があります。

　また，金融商品取引法2条1項20号までに列挙されていない証券・証書が発行されている権利であっても，金融市場においては，日々，新たな有価証券の開発が進んでおり，法律の規制がそのような進歩に追い付かない状態を回避するために，流通性その他の事情を勘案して，公益または投資者の保護を確保することが必要と認められるものは政令で指定できるようになっています（同項21号）。このように世の中の動きに合わせて，柔軟に有価証券の対象を追加していくことを可能とすることで，金融商品取引市場の健全な発展および投資者保護を十全なものとすることができるような体制が確保されているのです。

　また，証券・証書が発行されていない権利については，金融商品取引法2条

1項の有価証券に表示されるべき権利について，当該権利を表示する有価証券が発行されていないが有価証券とみなされるもの（金商法2条2項前段）と，証券・証書に表示されるべき権利以外の権利で有価証券とみなされるもの（同項後段）とに分けられます。これらについては，**Q 4**においてその詳細を説明します。

3 金融商品取引法2条1項の有価証券

では，具体的に，金融商品取引法2条1項で規定されている有価証券にどのようなものがあるかについて，確認していきたいと思います。

① 国債証券（金商法2条1項1号）

国債証券とは，国が債務者として発行した債券のことであり，具体的には，財政法に基づく建設国債，公債特例法に基づく特例赤字国債，個人向け国債などがあります。

② 地方債証券（金商法2条1項2号）

都道府県・市町村等の地方公共団体が債務者として発行した債券のことをいい，地方債には，公募地方債と非公募地方債，交付地方債があります。東京都が発行する東京都債も地方債の一つです。

③ 特別の法律により法人の発行する債券（金商法2条1項3号）

特別の法律の規定により法人が発行する債券であり，この中には金融機関が特別の法律に基づいて発行する金融債などが含まれます。金融債とは，金融機関が長期の資金需要に基づいて発行する債券のことであり，長期信用銀行法・農林中央金庫法・株式会社商工組合中央金庫法等に基づいて発行されるもので，農林中央金庫の発行する農林債や株式会社商工組合中央金庫の発行する商工債などがあります。なお，この金融債には，会社法に基づく社債は該当せず，会社法に基づいて発行される社債は⑤記載の社債券（同項5号）に該当することになります。

④ 資産の流動化に関する法律に規定する特定社債券（金商法2条1項4号），優先出資証券又は新優先出資引受権を表示する証券（同項8号），特定目的信託の受益証券（同項13号）

資産の流動化に関する法律（以下「資産流動化法」といいます）は，SPC としての特定目的会社（TMK）を設立して，不動産等の資産の流動化の促進を図るための法律であり，特定社債は，TMK がその資金調達のために発行する社債です。優先出資証券とは，資産流動化法に基づいて TMK が発行する，エクイティ性商品としての TMK の社員持分権たる優先出資を表章する証券のことを指し，新優先出資引受権を表示する証券とは，優先出資を引き受ける権利を表章する証券のことを指します。

また，特定目的信託とは，資産流動化のためのヴィークルとして信託を用いるものであり，当該信託に係る受益権について，受益証券をもって表示しなければならないとされています（資産流動化法234条1項）。

⑤　社債券（金商法2条1項5号）

社債券とは，会社が，会社法，担保付社債信託法または保険業法に基づいて，会社に対する債権を有価証券に化体して発行するものをいいます。

⑥　特別の法律により設立された法人の発行する出資証券（金商法2条1項6号）

⑦　協同組織金融機関の優先出資に関する法律に規定する優先出資証券（金商法2条1項7号）

⑧　株券又は新株予約権証券（金商法2条1項9号）

株券とは，割合的に細分化された株式会社の社員たる地位である株式を表章する証券をいい，新株予約権証券とは，新株の発行を受ける権利である新株予約権を券面に表章したものをいいます。

⑨　投資信託及び投資法人に関する法律に規定する投資信託又は外国投資信託の受益証券（金商法2条1項10号），投資証券若しくは投資法人債券又は外国投資証券（同項11号）

投資信託及び投資法人に関する法律（以下「投信法」といいます）に則った信託契約に基づいて設定される，信託における信託財産から分配金や償還金を受ける受益権を表章する証券（投信法6条等）などが該当します。また，投信法に基づいて設立される投資法人の社員持分たる投資口を表章する証券を投資証券といい，投信法に基づいて投資法人が起債する投資法人債に係る証券を投資法人債券といいます。

⑩　貸付信託の受益証券（金商法2条1項12号）
⑪　信託法に規定する受益証券発行信託の受益証券（金商法2条1項14号）

　平成18年に信託法が改正され，信託一般について，受益証券を発行することが可能となりました（信託法185条以下）。かかる受益証券は，金融商品取引法上の有価証券に該当します。

⑫　法人が事業に必要な資金を調達するために発行する約束手形のうち，内閣府令で定めるもの（金商法2条1項15号）

　企業は，主に短期資金を調達する目的でコマーシャル・ペーパー（CP）を発行しますが，金融商品取引法上，コマーシャル・ペーパーは有価証券に該当します。金融商品取引法第2条に規定する定義に関する内閣府令2条において，法人の委任によりその支払を行う一定の金融機関が交付した「CP」の文字が印刷された用紙を使用して発行するものがこれに当たるとされています。

⑬　抵当証券法に規定する抵当証券（金商法2条1項16号）

　抵当証券とは，土地・建物または地上権を目的とする抵当権を有する者が，管轄登記所に交付申請することによって発行される証券のことで，抵当権者が有する債権および抵当権を表章するものです（抵当証券法1条1項）。

⑭　外国証券（金商法2条1項17号および18号）
⑮　カバードワラント（金商法2条1項19号）
⑯　外国預託証券・証書（金商法2条1項20号）

【角野　佑子】

Q4 みなし有価証券

「みなし有価証券」という言葉を聞いたことがありますが，これはどのような意味ですか。また，どのようなものが「みなし有価証券」に含まれますか。

A

> 「みなし有価証券」は，券面が発行されていない場合においても「有価証券」とみなして，当該権利を金融商品取引法の適用対象とするための概念であり，有価証券表示権利，特定電子記録債権，および集団投資スキーム持分等のその他の権利が含まれます。

解説

1 みなし有価証券

(1) みなし有価証券とは

Q3で見たように，金融商品取引法上の有価証券は，証券・証書が発行されている権利と，これらが発行されていない権利とに大きく分けられています。「有価証券」というぐらいですので，券面が発行されていることが前提となるようにも思えますが，権利が証券・証書に表章されるという形を採っていない場合でも，投資対象となるものに関しては，有価証券と同様の取扱いをしようというもので，これらは一般に「みなし有価証券」といわれます。とくに，昨今では様々な権利についての電子化が急速に拡がっており，券面の発行がなされない場合も多くあります。なお，「みなし有価証券」という語句は法律上の用語ではありません。

このように，「みなし有価証券」を券面が発行されている有価証券と同様の扱いをして金融商品取引法の規制を及ぼすことで，投資者保護が図られています。

(2) みなし有価証券の分類

金融商品取引法上，「みなし有価証券」は，①金融商品取引法2条1項の有価証券に表示されるべき権利について，当該権利を表示する有価証券が発行されていないが有価証券とみなされるもの（有価証券表示権利。金商法2条2項本文前段），②特定電子記録債権（同項本文中段），および③証券・証書に表示されるべき権利以外の権利で有価証券とみなされるもの（同項本文後段）とに分けられます。

[2] 以下から，それぞれ，どのようなものが含まれるのかについて確認していきましょう。

[2] 有価証券表示権利

金融商品取引法2条1項各号に列挙された有価証券に表示されるべき権利については，登録制度等を利用することにより，便宜的に証券・証書が発行されていない場合でも，投資者保護の観点から金融商品取引法の規制対象とされており，これらの権利は有価証券表示権利と呼ばれます（金商法2条2項本文前段）。

具体例としては，社債，株式等の振替に関する法律に基づく振替制度に係る振替社債や振替株式等がこれに該当します。株券電子化をはじめとして，有価証券のペーパーレス化・電子的管理化が順次進展している現状においては，有価証券表示権利として金融商品取引法の対象となる権利が増えていくものと思われます。

[3] 特定電子記録債権

電子記録債権法上の電子記録債権のうち，流通性その他の事情を勘案して，社債券その他金融商品取引法2条1項各号に掲げる有価証券とみなすことが必要と認められるものとして政令で定めるものは，特定電子記録債権として，有

価証券とみなされます（金商法2条2項本文中段）。

4 証券・証書に表示されるべき権利以外の権利

(1) 有価証券とみなす他の権利

　金融商品取引法上、上記の有価証券表示権利および特定電子記録債権に加えて、同法2条2項各号に列挙される次の各権利についても、有価証券とみなして、同法の適用対象とするとされています。
　(a) 信託受益権（ただし、投資信託の受益証券等に表示されるべきものは除かれます。金商法2条2項1号）
　(b) 外国の者に対する権利で**(a)**と同様の性質を有するもの（金商法2条2項2号）
　(c) 合名会社・合資会社社員権で政令で定めるもの、合同会社社員権（金商法2条2項3号）
　(d) 外国法人の社員権で**(c)**と同様の性質を有するもの（金商法2条2項4号）
　(e) 集団投資スキーム持分（金商法2条2項5号）　集団投資スキーム持分については、次項で敷衍して説明します。
　(f) 外国の法令に基づく権利であって、**(e)**と同様の性質を有するもの（金商法2条2項6号）
　(g) 政令で指定される権利（金商法2条2項7号）　他の有価証券と同様の経済的性質を有することその他の事情を勘案して、有価証券とみなすことにより公益または投資者の保護を確保することが必要かつ適当と認められる権利については、金融商品取引法施行令で指定され、有価証券とみなされることとなります。
　具体的には、利率や弁済期等の一定の事項が同一で、利害関係者等を除く複数の者により行われる学校法人等に対する貸付債権が指定されています（金商法施行令1条の3の4）。
　このように、金融商品取引法2条2項各号に列挙されていない権利であっても、政令で規制対象として指定することができるようにして、新たな金融商品が日々開発・組成されている状況下、規制の抜け穴を突くような商品に対して

も速やかに対応できるように手当てがなされているのです。

(2) 集団投資スキーム持分

証券・証書に表示されるべき権利以外の権利として規定されている，集団投資スキーム持分とは，どのような権利を指しているのかを具体的に見ていきましょう。

集団投資スキーム持分とは，①民法上の組合契約に基づく権利，②商法上の匿名組合契約に基づく権利，③投資事業有限責任組合契約に関する法律上の投資事業有限責任組合契約に基づく権利，④有限責任事業組合契約に関する法律上の有限責任事業組合契約に基づく権利，⑤社団法人の社員権，⑥その他の権利のうち，当該権利を有する者が，出資対象事業から生ずる収益の配当または出資対象事業に係る財産の分配を受けることができる権利のことをいいます。

集団投資スキーム持分については，かかる定義規定からもわかるように，包括的な規定となっているため，その対象は広範なものになっています。

なお，金融商品取引法の対象となるのは，上記のうち，以下の各除外事由のいずれにも該当しないものに限られます（金商法2条2項5号）。

(a) 出資者全員が出資対象事業に関与する場合として政令で定める場合（金商法2条2項5号イ）

政令で定める場合とは，出資対象事業の業務執行がすべての出資者の同意を要することとされ，かつ出資者のすべてが，出資対象事業に常時従事するか，あるいは出資対象事業の継続のために欠かすことのできない専門的な能力を発揮して当該事業に従事している場合とされています（金商法施行令1条の3の2）。複数の技術者・専門職者がパートナーシップを組んで，それぞれが事業資金を拠出したうえで業務に従事し，当該業務から生じる利益を分け合うような形態の組織などが考えられます。

(b) 配当または分配が出資額を超えない契約（金商法2条2項5号ロ）

(c) 保険会社が保険者となる保険契約，各種法令に基づく共済契約，不動産特定共同事業法に基づく不動産特定共同事業契約に基づく権利（同号ハ）

(d) その他当該権利を有価証券とみなさなくても公益または出資者の保護のため支障を生ずることがないと認められるものとして政令で定める権利（金商法2条2項5号ニ）

これらには、①保険業法2条1項各号に掲げる事業に係る契約に基づく権利（金商法施行令1条の3の3第1号）、②本邦の法令に基づいて設立された法人に対する出資または拠出に係る権利（公益社団法人以外の一般社団法人および公益財団法人以外の一般財団法人を除く）（同2号）、③分収林特別措置法2条3項に規定する分収林契約に基づく権利（同3号）、④民法上の組合契約によって成立する法律事務所等（同4号）、⑤従業員持株会等（同5号）などが含まれます。

5　まとめ

上記で見てきたとおり、「みなし有価証券」は、券面が発行されていない場合においても有価証券とみなして、当該権利を金融商品取引法の適用対象とするための概念です。有価証券表示権利のみならず、集団投資スキーム持分等についてもこれに含むことにより、金融商品取引法の適用範囲は極めて広汎に及ぶこととなり、同法の重要性をより一層高めています。

【角野　佑子】

Q 5　投資性の強い預金・保険の規制

銀行等の金融機関が扱っている商品として，デリバティブ預金，外貨建て預金・保険，変額年金保険等がありますが，これらは「有価証券」に含まれるのでしょうか。含まれない場合，金融商品取引法の規制とは無関係と考えてよいのでしょうか。

A

> デリバティブ預金，外貨建て預金・保険，変額年金保険等は「有価証券」に含まれませんが，銀行法・保険業法がそれぞれ金融商品取引法の行為規制に係る規定を準用しています。

解説

1　他の業法における金融商品取引法の準用

　金融商品取引法では，同じ経済的性質を有する金融商品・取引については同じルールを適用するとの基本的考えに基づき，投資性の強い預金・保険等については，各業法において金融商品取引法の行為規制を準用することにより投資家保護を図っています。
　投資性の強い預金・保険等について金融商品取引法を直接適用するのではなく，各業法における準用という方法を採用した理由としては，金融商品取引法の行為規制には各業法にてすでに規定されているものも多いため，準用という形にすることで重畳適用を回避できること，行為規制と監督が同一の法に基づいて行われることとなり，法の適用関係が明確となること等の理由が挙げられます。

2　銀 行 法

(1) 特定預金等契約の範囲

　銀行法では，市場リスクが高く投資性が強いものとして内閣府令において定める預金等を「特定預金等」とし，かかる特定預金等の受入れをその内容とする契約（以下「特定預金等契約」といいます）の締結について，金融商品取引法の行為規制を準用しています（銀行法13条の4）。

　銀行法施行規則においては，次の預金等が特定預金等として指定されています（銀行法施行規則14条の11の4）。

　(a)　デリバティブ預金等（銀行法施行規則14条の11の4第1号）　デリバティブ預金等とは，預入期間の中途で解約した場合に違約金等を支払うこととなる預金等で，残高から当該違約金等を控除した金額が金利等の指標に係る変動により預入金額を下回るおそれのあるものをいいます。

　(b)　外貨預金等（銀行法施行規則14条の11の4第2号）　外貨預金等とは，預金等のうち，外国通貨で表示されるものをいいます。

　(c)　通貨オプション組入型預金等（銀行法施行規則14条の11の4第3号）　通貨オプション組入型預金等とは，預金等のうち，通貨売買にかかるオプション取引が付随するものをいいます。

(2) 準用する行為規制

　特定預金等契約の締結については，金融商品取引法の販売勧誘に関する行為規制のうち，以下のものを準用しています。

　① 広告規制（金商法37条）
　② 契約締結前書面交付義務（金商法37条の3第1項・2項）
　③ 契約締結時書面交付義務（金商法37条の4）
　④ 書面解除（クーリングオフ）（金商法37条の6）
　⑤ 禁止行為（金商法38条）のうち次のもの
　　・不招請勧誘の禁止（金商法38条4号）
　　・勧誘受託にかかる意思確認義務（金商法38条5号）
　　・再勧誘の禁止（金商法38条6号）

・内閣府令委任事項（金商法38条7号）
⑥ 損失補てんの禁止（金商法39条）
⑦ 適合性の原則（金商法40条）

　金融商品取引法で規定されている禁止行為のうち，虚偽説明の禁止や不確実な事項についての断定的判断の提供についてはすでに銀行法で規制されていることから準用されていません。また，④の書面解除と⑤の禁止行為のうち，不招請勧誘の禁止，勧誘受託にかかる意思確認義務および再勧誘の禁止については，対象となる商品が銀行法施行令において指定されていないため実際の適用はありません。

　なお，銀行法は，特定預金等契約について，銀行法13条の3第4号の内閣府令で定める禁止行為の適用を除外したうえで，⑤の禁止行為の内閣府令委任事項として，特定預金等契約以外の預金等契約について適用される内閣府令で定める禁止行為のほか，契約締結前交付書面等の交付に際しての実質的説明を行うことなく特定預金等契約を締結する行為の禁止等を規定しています（銀行法施行規則14条の11の30の2各号）。

3　保険業法

(1) 特定保険契約の範囲

　保険業法においても銀行法と同じように，市場リスクが高く投資性が強いものとして内閣府令において定める保険契約を「特定保険契約」とし，かかる特定保険契約またはその媒介を内容とする契約の締結またはその代理もしくは媒介について，金融商品取引法の行為規制を準用しています（保険業法300条の2）。

　保険業法施行規則においては，次の保険契約が特定保険契約として指定されています（保険業法施行規則234条の2）。

　(a)　特別勘定設置の保険契約（保険業法施行規則234条の2第1号）　　特別勘定設置の保険契約とは，保険業法において特別勘定の設置が，求められている保険契約であり（保険業法118条・199条，保険業法施行規則74条・153条），たとえば，変額保険・年金といったものがこれに該当します。

　(b)　解約返戻金変動型保険・年金（保険業法施行規則234条の2第2号）　　解約

返戻金変動型保険・年金とは，解約返戻金の額が金利等の指標に係る変動により保険料の合計を下回るおそれがある保険契約をいいます。

(c) 外貨建て保険・年金（保険業法施行規則234条の2第3号）　外貨建て保険・年金とは，保険金等の額を外国通貨をもって表示する保険契約です。ただし，損害保険で積立型ではなく，かつ事業者向けのものについては，投資性が強くないことから特定保険契約から除外されています。

(2) 準用する行為規制

特定保険契約の締結または代理もしくは媒介については，金融商品取引法の販売勧誘に関する行為規制のうち，以下のものを準用しています。

① 広告規制（金商法37条）
② 契約締結前書面交付義務（金商法37条の3第1項・2項）
③ 契約締結時書面交付義務（金商法37条の4）
④ 禁止行為（金商法38条）のうち次のもの
　・不招請勧誘の禁止（金商法38条4号）
　・勧誘受託にかかる意思確認義務（金商法38条5号）
　・再勧誘の禁止（金商法38条6号）
　・内閣府令委任事項（金商法38条7号）
⑤ 損失補てんの禁止（金商法39条）
⑥ 適合性の原則（金商法40条）

金融商品取引法で規定されている禁止行為のうち，虚偽説明の禁止や不確実な事項についての断定的判断の提供についてはすでに保険業法で規制されていることから準用されていません。また，④の禁止行為のうち，不招請勧誘の禁止，勧誘受託にかかる意思確認義務および再勧誘の禁止については，対象となる商品が保険業法施行令において指定されていないため実際の適用はありません。

なお，保険業法は，特定保険契約について，保険業法300条1項9号の内閣府令で定める禁止行為の適用を除外したうえで，④の禁止行為の内閣府令委任事項として，特定保険契約以外の保険契約について適用される内閣府令で定める禁止行為のほか，銀行等が変額保険・年金を販売する際に，保険契約者が融資を受けて保険料の支払に充てる場合，当該商品が元本割れすると債務の返済

が困難になる可能性があることについて，保険契約者に対して書面により説明しないことの禁止および契約締結前交付書面等の交付に際しての実質的説明を行うことなく特定保険契約を締結する行為の禁止等を規定しています（保険業法施行規則234条の27第1項各号）。

(3) 契約概要・注意喚起情報および意向確認書面との関係

特定保険契約以外の保険契約については，保険契約締結に際して，保険契約の契約条項のうち重要事項を説明することが求められています（保険業法300条1項1号）。また，これをうけて，保険会社向けの総合的な監督指針においては，契約概要および注意喚起情報を記載した書面の交付が要求されています（保険会社監督指針II－3－3－2(2)②・II－3－6(2)②)。

他方，特定保険契約については，保険業法300条1項1号の適用を除外したうえで（保険業法300条1項柱書），契約締結前の書面交付義務を準用しているため，両者の関係が問題となります。この点については，契約締結前交付書面の記載事項は，契約概要および注意喚起情報の記載事項を考慮したものとなっているため，契約概要および注意喚起情報は，契約締結前交付書面を具体化したものと解されています。

また，保険業法上の保険会社の体制整備義務（保険業法100条の2）を具体化するものとして，監督指針において意向確認書面の作成・交付が求められています（保険会社監督指針II－3－5－1－2⑰)。これと適合性の原則の関係も問題となりますが，意向確認書面の作成・交付は体制整備義務の一環であり，個々の行為にかかる規制ではないこと，知識・経験・財産等の顧客の属性のうち，ニーズに着目したものであること等から，両者は別個の規制であると解されています。

【稲田　行祐】

Q6 集団投資スキーム

友人から、利回りが非常に高い、ベンチャー企業に投資するファンドがあると紹介されて詳しく話を聞いたところ、「集団投資スキーム」に該当する投資手法であると説明されました。「集団投資スキーム」とは、どのようなものを指すのでしょうか。

A

> 集団投資スキームとは、出資者が金銭等を出資または拠出し、その金銭等を充てて事業が行われ、その出資対象事業から生ずる収益の配当または当該事業に係る財産の分配を受けることができる権利で、金融商品取引法2条2項5号に包括的に定義がなされています。ただし、金融商品取引法2条2項6号等で適用除外規定が詳細に規定されています。

解説

1 集団投資スキームとは

昨今、金融技術やITの発達、法制度の整備等を背景にして、資金調達方法や運用手法が多様化していることに基づき、既存の投資者保護法制の対象とならない新しいファンド型金融商品が多く現れています。それらに対応して出資者保護を図るために、金融商品取引法2条2項5号・6号ではいわゆる「みなし有価証券」に該当する権利として、包括的な定義を設けて規制しています。この法が定める包括的な定義が、集団投資スキーム持分と呼ばれるものです。

集団投資スキームとは、①その法形式を問わず、②複数の者から事業のため

に金銭等の出資または財産の拠出を受け，③当該金銭等を充てて事業（出資対象事業）が行われ，④出資者・拠出者に当該出資対象事業から生じる収益の配当または当該事業に係る財産の分配をするもののことをいいます。

　具体的には，金融商品取引法2条2項5号において定義されており，組合契約・匿名組合契約・投資事業有限責任組合契約・有限責任事業組合契約に基づく権利，社団法人の社員権その他の権利等のうち，出資者が出資または拠出した金銭を充てて行う事業（出資対象事業）から生じる収益の配当または財産の分配を受ける権利で，除外事由に該当しないものについて，有価証券とみなすとされます。

　また，外国の法令に基づく権利であって，同様の権利に類するものも同様に有価証券とみなすとされています（金商法2条2項6号）。

　投資事業有限責任組合契約とは，株式会社の株式，社債，事業会社に対する金銭債権，事業者の保有する工業所有権・著作権などの取得，保有という事業を営むための契約（投資事業有限責任組合法3条1項）のことを指します。

　また，有限責任事業組合とは，有限責任事業組合契約に関する法律によって，民法上の組合について出資者全員の有限責任を認める組織であり，日本版のLLPといわれるものです。有限責任事業組合は，組合員全員が業務執行すべき義務があるため，出資のみの投資家から資金を募るスキームとして利用することはできませんが，有価証券とみなされます。

　また，集団投資スキームには社団法人の社員権も含まれますが，この社員権とは，合名会社や合資会社の社員権以外の社団法人を意味するものと考えられます。

　もっとも，これらの組合契約・匿名組合契約・投資事業有限責任組合契約・有限責任事業組合契約に基づく権利等は例示列挙にすぎず，集団投資スキームに該当するかは法形式のいかんを問わず，その実質をふまえて判断されることになります。

　なお，複数の者が出資することは集団投資スキームの要件とはされておらず，単一の者による出資の場合でも集団投資スキーム該当しうるといえます。

［２］ 集団投資スキームから除外される場合

　金融商品取引法では，上記のとおり，集団投資スキーム持分に係る包括的な定義を設けていますが，一方でその適用対象とすることによって投資者保護を図る必要性が類型的に低いと考えられる権利を，適用除外しており，その適用範囲を明確にしています。以下具体的に適用除外となる場合を説明します。

(1) 出資者全員が出資対象事業に関与する場合

　まず，出資者全員が出資対象事業に関与する場合として，政令で定める場合における当該出資者の権利が適用除外されます（金商法2条2項5号イ）。かかる場合には，対象事業は出資者自らの事業そのものであり，当該出資者を投資家として扱い有価証券とみなして保護すべき必要性が低いと考えられます。なお，この出資者全員の関与の有無については，出資者が少数であるとか，契約書の記載のみで形式的に判断せず，個別事案の実態ごとに実質的に判断することになります。具体的には出資者全員が定期的に会合をして，投資銘柄等を選定して投資を行う等の投資クラブは，かかる適用除外によって集団投資スキームに該当しないと考えられます。

　なお，金融商品取引法施行令1条の3の2においては，出資対象事業に係る業務執行が全出資者の同意を得て行われる場合でかつ，全出資者が出資対象事業に常時従事しているか，または，とくに専門的能力であり出資対象事業の継続に不可欠のものを発揮して出資対象事業に従事している場合には集団投資スキームによる適用除外が定められています。

(2) 出資者が出資額等を超えて収益配当出資対象事業に係る分配を受けない場合

　次に，出資者がその出資及び拠出した金額を超えて，収益配当出資対象事業に係る財産分配を受けることがない場合には，当該出資者の権利は集団投資スキームによる適用除外となります（金商法2条2項5号ロ）。かかる場合には，投資としての性質を有することがないので，集団投資スキームの適用を及ぼす必要がないからです。

(3) 変額保険・年金，制度共済

 その他，金融商品取引法2条2項5号ハは，集団投資スキームの適用除外となる場合として，保険業法2条1項に規定する保険業を行う者が保険者となる保険契約，農業協同組合法10条1項10号の事業を行う同法5条に定める組合と締結した共済契約，消費者生活協同組合法や水産業協同組合法に基づく共済契約，中小企業等協同組合法9条の2第7項に定める共済事業を行う同法3条に定める組合と締結した共済契約，不動産特定共同事業法2条3項に規定する不動産特定共同事業組合契約に基づく権利について定めています。

 これら変額保険・年金，制度共済については，投資性の高い商品であることから集団投資スキームと同様の性質を有していますが，いずれも個別の業法によってそれぞれ投資者の保護が図られていることから，集団投資スキームの規制から適用除外とされています。

(4) その他適用除外

 その他，金融商品取引法2条2項5号ニは，公益または出資者保護のため支障を生じることのないと認められるものとして政令で定める権利が適用除外として定めています。かかる規定を受けて，金融商品取引法施行令1条の3の3は，保険業法2条1項各号に掲げる事業に係る契約に基づく権利，法令に基づいて設立された法人に対する出資・拠出に係る権利，分収林契約（分収林特別措置法2条3項）に基づく権利，公認会計士等のみを当事者とする組合契約等に基づく権利で当該権利に係る出資対象事業がもっぱら公認会計士等の業務を行う事業であるもの等を列挙しています。

【中村　健三】

Q7 有価証券の募集と私募

「有価証券の募集」「有価証券の私募」とはどのような行為でしょうか。また，それぞれどのような規制があるのでしょうか。

A

　1項有価証券の「募集」とは，新たに発行される有価証券の取得勧誘で，①多数の者（50名以上）を相手方として行う場合，②適格機関投資家私募に該当しない場合，③特定投資家私募に該当しない場合をいいます。

　2項有価証券の「募集」とは，新たに発行される有価証券の取得勧誘で，相当程度多数の者（500名以上）が取得することとなる場合をいいます。

　他方，新たに発行される有価証券の取得勧誘で，募集に該当しないものが「私募」に該当します。

　「募集」に該当する場合は，原則として財務局等に対する有価証券届出書の提出のほか，実際に勧誘する際に目論見書を相手方に交付することが必要となります。

　他方，「私募」に該当する場合は，有価証券届出書の提出や目論見書の交付は必要とされておらず，実際の勧誘の際に，有価証券届出書を提出していないことや転売制限措置の内容等を相手方に対して告知すれば足ります。

解説

1 新たに発行される有価証券の取得勧誘の分類

(1) 募　集

有価証券の発行の際には，投資家に対して企業内容等が適切に開示されていることが必要であることから，金融商品取引法は，新たに発行する有価証券の取得勧誘について，「募集」と「私募」に分け，前者について開示義務を課しています。以下では，1項有価証券の「募集」と「私募」について説明します。

「募集」とは，新たに発行される有価証券の取得勧誘で，①多数の者（50名以上。金商法施行令1条の5）を相手方として行う場合（金商法2条3項1号），②適格機関投資家のみを相手方として行い，かつ適格機関投資家以外の者への譲渡のおそれが少ない場合（適格機関投資家私募）に該当しない場合（同項2号イ），③特定投資家のみを相手方として行い，かつ特定投資家等以外の者への譲渡のおそれが少ない場合（特定投資家私募）に該当しない場合（同項2号ロ）をいいます。

募　集

（新たに発行される有価証券の取得勧誘のうち，次のいずれかに該当するもの）
① 多数の者を相手方として行う場合
② 適格機関投資家私募（プロ私募）に該当しない場合
③ 特定投資家私募に該当しない場合

---

(2) 私　募

(a) 少人数私募　　前記(1)①のとおり，50名以上の者を相手方として取得勧誘を行う場合は，原則として，当該勧誘は「募集」に該当します。他方，

50名未満の者を相手方として取得勧誘を行う場合は，原則として，当該勧誘は（少人数）「私募」とされます（金商法2条3項1号，金商法施行令1条の5）。ここでいう「50名以上の者」には，次の(b)の転売制限措置が講じられている場合の当該適格機関投資家は算入しません（金商法2条3項1号括弧書，金商法施行令1条の4）。

このように被勧誘者の数を基準とする理由は，一般に，被勧誘者の数が少数である場合は，被勧誘者は勧誘者に対して投資判断に必要な情報を請求できる強力な取引上の地位に立ちますが，被勧誘者の数が多数である場合はそのような地位にないため，法で特別の情報開示を要求する必要があるという考え方に基づきます。

もっとも，50名未満の者を相手方とする場合であっても，当該有価証券が「多数の者に所有されるおそれが少ない」といえない場合は，「募集」になります（金商法2条3項2号ハ，金商法施行令1条の7）。これは，当初の相手方をわざと少なくし，転売により投資者を増やすというような潜脱行為を防止するためです。

なお，「多数の者に所有されるおそれが少ない」かどうかの要件は有価証券に応じて異なります。たとえば，株券については，当該株券の発行者が当該株券と同一内容ですでに上場されているものを発行していないこと等が挙げられています（金商法施行令1条の7第2号イ(1)）。よって，すでに上場している株券について新たに取得勧誘を行う場合は，たとえ50名未満の者を相手方とする場合であっても，「私募」とはならず，「募集」になります。また，普通社債については，当該普通社債の発行者が当該普通社債と同一内容ですでに上場されているものを発行していないことのほかに，当該普通社債を取得した者が当該普通社債を一括して譲渡する場合以外に譲渡することが禁止される旨の制限（転売制限）が付されていることが当該普通社債に記載され，当該普通社債の取得者に交付されること等の措置が別途必要とされています（金商法施行令1条の7第2号ハ(3)，定義府令13条3項1号）。

なお，1回あたりの取得勧誘の相手方が50名未満であっても，当該有価証券の発行日から6か月以内に，同種の新規発行証券の取得勧誘を行っており，取得勧誘をした相手方の合計が50名以上となる場合は，「私募」とはならず，

「募集」になります（金商法２条３項２号ハ括弧書，金商法施行令１条の６）。これは，１回あたりの相手方をわざと少なくするような潜脱行為を防止するためです。

　(b)　**適格機関投資家私募（プロ私募）**　　前記(1)②のとおり，適格機関投資家のみを相手方として行い，かつ「当該有価証券がその取得者から適格機関投資家以外の者に譲渡されるおそれが少ない」場合は，「私募」とされます（適格機関投資家私募。金商法２条３項２号イ）。

　まず，適格機関投資家とは，有価証券に対する投資に係る専門的知識および経験を有する者として，金融商品取引法第２条に規定する定義に関する内閣府令10条１項で定められた者をいいます。たとえば，金融機関，法人（有価証券残高10億円以上）・個人（有価証券残高10億円以上，かつ口座開設１年経過）等で適格機関投資家としての届出を金融庁に行った者などが挙げられます。

　次に，「当該有価証券がその取得者から適格機関投資家以外の者に譲渡されるおそれが少ない」かどうかの要件は，少人数私募の場合同様，有価証券に応じて異なります。たとえば，株券については，当該株券の発行者が当該株券と同一内容ですでに上場されている株券を発行していないこと等が挙げられています（金商法施行令１条の４第１号イ）。よって，すでに上場している株券について新たに取得勧誘を行う場合は，たとえ適格機関投資家を相手方とする場合であっても，「私募」とはならず，「募集」になります。もっとも，少人数私募の場合と異なり，たとえ当該株券が非上場であっても，当該株券を取得した適格機関投資家がその株券等を適格機関投資家以外の者に譲渡を行わない旨を定めた譲渡制限契約を締結することを取得の条件として，その取得勧誘が行われることが必要とされています（転売制限。金商法施行令１条の４第１号ハ）。

　(c)　**特定投資家私募**　　前記(1)③のとおり，特定投資家のみを相手方として行い，かつ「その取得者から特定投資家等以外の者に譲渡されるおそれが少ない」場合は，「私募」とされます（特定投資家私募。金商法２条３項２号ロ）。

　まず，特定投資家とは，

① 　一般投資者に移行不可能な特定投資家（適格機関投資家，国，日本銀行）（金商法２条31項），

② 　一般投資者に移行可能な特定投資家（上場会社，資本金５億円以上の株式会社等）（金商法34条の２・２条31項４号，定義府令23条），

③ 特定投資家に移行可能な一般投資者（上記以外の法人，出資金3億円以上の匿名組合の営業者等，純資産・投資資産の額が3億円以上で，かつ投資経験が1年以上の個人）（金商法34条の3・34条の4，金商業等府令61条・62条）

をいいます。

上記②③の者については，金融商品取引業者等との契約によって特定投資家に該当するかどうかが決まるため，発行者自身が取得勧誘の相手方が特定投資家に該当するかどうかの確認を行うことは困難です。そこで，取得勧誘の相手方が①である場合を除き，その取得勧誘を金融商品取引業者に委託しなければなりません（金商法2条3項2号ロ⑴）。

次に，「その取得者から特定投資家等以外の者に譲渡されるおそれが少ない」かどうかの要件は，適格機関投資家私募の場合と同様となっています（金商法施行令1条の5の2第2項，定義府令11条の2・12条）。

⑶ 取得勧誘類似行為

前記⑴で，「募集」とは，新たに発行される有価証券の取得勧誘であると説明しましたが，ここでいう「取得勧誘」には，「取得勧誘類似行為」も含まれます。

「取得勧誘類似行為」とは，既発行有価証券の売付けまたは買付けの勧誘として本来は「売出し」に該当するものですが，「募集」として扱うことが望ましいとされたものです（金商法2条4項柱書，定義府令9条）。たとえば，会社法199条の規定に従い行う自己株式の処分については，本来は「売出し」に該当しうるものですが，会社法上募集の手続が採られていることとの整合性，発行者による自己株式の処分は実質的に新株発行と同視できること等から，「取得勧誘類似行為」とされています（定義府令9条1号）。

２ 規制内容

⑴ 取得勧誘が募集に該当する場合

(a) 有価証券届出書の提出義務　有価証券の取得勧誘が，「募集」に該当する場合は，発行者が内閣総理大臣（実際は管轄財務局または関東財務局。企業内容等開示府令20条1項・2項。以下「財務局等」といいます）に有価証券届出書を提出

していなければ当該取得勧誘を行うことができません（金商法4条1項本文）。ただし，取締役等に対するストックオプションを付与する場合等有価証券届出書による情報開示を求めなくても投資者保護に欠けるおそれがない場合は，上記届出義務が免除されています（金商法4条1項ただし書，金商法施行令2条の12）。

(b) なお，当該取得勧誘が「募集」に該当しなくても，「適格機関投資家取得有価証券一般勧誘」に該当する場合は，原則として，発行者が財務局等に有価証券届出書を提出していなければ当該交付勧誘等を行うことができません（金商法4条2項）。「適格機関投資家取得有価証券一般勧誘」とは，適格機関投資家私募によって有価証券を取得した適格機関投資家が，当該有価証券の交付勧誘等を適格機関投資家以外の者に対して行うことをいいます。前記 **1** (2)で説明したとおり，適格機関投資家私募とされるには，適格機関投資家以外の者への転売制限措置が講じられていることが必要ですが，たとえ転売制限措置が講じられている場合でも，当該有価証券を取得した適格機関投資家が，当該有価証券を適格機関投資家以外の者に転売するために，それらの者に対して交付勧誘等を行うことも考えられます。そこで，このような場合においても情報を開示すべきとしたものです。

特定投資家等取得有価証券についても，これと同様の規定が設けられています（特定投資家等取得有価証券一般勧誘。金商法4条3項）。

(2) 取得勧誘が私募に該当する場合

有価証券の取得勧誘が「私募」に該当する場合は，有価証券届出書を提出する必要はありません。

しかし，前記 **1** (1)～(3)で説明したとおり，少人数私募，適格機関投資家私募および特定投資家私募に該当するためには，転売制限措置が講じられている必要がありますが，仮に転売制限措置に反する譲渡が行われた場合であっても，当該譲受人が当該転売制限について善意であれば当該譲渡は有効となります。そこで，転売制限措置の実効性を確保すべく，取得勧誘を行う者は，相手方に対して，以下の告知をすることが必要とされています。

(a) 少人数に対し取得勧誘を行う場合　　原則として，少人数に対し取得勧誘を行う（少人数私募）ため有価証券届出書を提出していないこと，**1** (2)(a)で説明した転売制限措置の内容を相手方に告知することが必要です（金商法23

条の13第4項，企業内容開示府令14条の15第1項）。また，実際に取得させる場合には，あらかじめまたは同時に告知内容を記載した書面を相手方に交付することが必要です（金商法23条の13第5項）。

ただし，株券等一定の有価証券については，当該告知は必要ありません（金商法23条の13第4項柱書括弧書，金商法施行令3条の3，企業内容開示府令14条の16）。これは，　1　(2)(a)で説明したように，少人数私募においては，適格機関投資家私募や特定投資家私募の場合と異なり，株券が「多数の者に所有されるおそれが少ない」かどうかの要件として，転売制限を設けることが要求されていないことが理由です。また，当該少人数向けの勧誘に係る有価証券に関して開示が行われている場合および発行価額の総額が1億円未満の場合も告知義務は免除されます（金商法23条の13第4項柱書ただし書，企業内容開示府令14条の15第2項）。

(b) 適格機関投資家に対し取得勧誘を行う場合　適格機関投資家に対し取得勧誘を行う（適格機関投資家私募）ため有価証券届出書を提出していないこと，　1　(2)(b)で説明した転売制限措置の内容を相手方に告知することが必要です（金商法23条の13第1項，企業内容開示府令14条の14第1項）。また，実際に取得させる場合には，あらかじめまたは同時に告知内容を記載した書面を相手方に交付することが必要です（金商法23条の13第2項）。

なお，当該適格機関投資家向けの勧誘に係る有価証券に関して開示が行われている場合および発行価額の総額が1億円未満の場合は告知義務は免除されます（金商法23条の13第1項柱書ただし書，企業内容開示府令14条の14第2項）。

(c) 特定投資家に対し取得勧誘を行う場合　特定投資家に対し取得勧誘を行う（特定投資家私募）ため有価証券届出書を提出していないこと，　1　(2)(b)で説明した転売制限措置の内容を相手方に告知することが必要です（金商法23条の13第3項，企業内容開示府令14条の14の2）。

なお，特定投資家向け有価証券は，いわゆるプロ向け市場にて取引されるものであり，取引のつど書面を交付するのは煩雑であるとの実務上の要請から，少人数向け勧誘や適格機関投資家向け勧誘の場合と異なり，実際に取得させる場合における，あらかじめまたは同時の告知内容を記載した書面の交付が要求されていません。

■新たに発行される有価証券の取得勧誘の分類

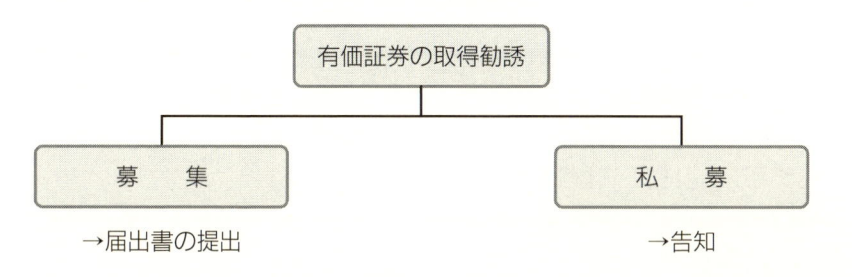

```
        有価証券の取得勧誘
        ┌──────┴──────┐
      募　集              私　募
    →届出書の提出         →告知
```

【稲田　行祐】

Q 8　デリバティブ取引

銀行で金融商品の説明を受けていたところ，当該商品は，「デリバティブ取引」を用いたものであるとの説明を受けました。デリバティブ取引とは一体何ですか。

A

> デリバティブ取引は，金融派生商品を扱った取引全般を意味し，具体的には先渡取引，先物取引，オプション取引，スワップ取引等があります。金融商品取引法において規制対象となるデリバティブ取引は，「市場デリバティブ取引」，「店頭デリバティブ取引」または「外国市場デリバティブ取引」を指すものとされています（金商法2条20項）。また，同法では，デリバティブ取引の内容を規定する概念として金融指標概念が存在しています。

解説

1　デリバティブとは

　デリバティブ商品は，一般に「金融派生商品」などと呼称されていますが，これは，株式や債券，金利，通貨などの原資産に基づいて，派生的に開発された商品のことをいいます。原資産そのものを取引するのではなく，先物取引，オプション取引，スワップ取引など，原資産の売買権や交換権を取引するものであることから，「派生」という意味の英単語である「Derivative」に由来して，このように呼ばれています。
　デリバティブは，金利や通貨の変動等によって生じる財務状態の不安定性を

回避する，いわばリスク・ヘッジ目的で用いられる場合や，大きなリスクの下で多額のリターンを得るための投資目的で用いられる場合など，様々な活用方法があります。

最近では，いわゆるリーマンショックが発生した際に，デリバティブの影響がとり沙汰されて大きな話題となったように，今日では金融取引の中でも大きな地位を占めるようになっています。また近時は，FX取引の普及に見られるように，一般の個人投資家にもデリバティブが浸透しています。

２ デリバティブ取引とは具体的にどのような取引か

デリバティブ取引には，先渡取引，先物取引，オプション取引，スワップ取引といった種類があります。それぞれの取引は具体的にはどのようなものなのでしょうか。

(1) 先渡取引

先渡取引は，将来の一定時期を決済時期として相対で行う取引のことをいいます。現物決済が原則とされており，実際に現物の商品の受け渡しを行うため，元本100％分の資金が必要とされます。

(2) 先物取引

先物取引とは，将来の一定時期を決済時期として行われる取引のことで，売買の当事者が将来の一定の時期において金融商品およびその対価の授受を約する売買で，当該売買の目的となっている金融商品の転売または買戻しをしたときは，差金の授受によって決済することができる取引のことです。

(a) 転売による先物取引 たとえば，Aが値上がりすることを予想して，取引所を通して2か月後に120万円でX社株式を購入するという先物買い契約を締結したとします。そしてAの予想どおり，X社株式が150万円に値上がりした場合，2か月後の時点において，X社株式をその時点の時価で転売する契約を締結すれば，120万円を用立てしなくても，利益である30万円を手にするだけで取引をすることができます。

逆にAの予想に反して値下がりした場合には，差額である30万円を支払うことで済ませることができ，元本100％分の資金が必要とされていません。

(b) 買戻しによる先物取引　Aが時価200万円相当のY社株式をもっているとします。Aは今後相場が下落すると予想し、取引所を通じて2か月後に200万円で売るという先物売り契約を締結したとします。実際、Aの予想どおり、相場が下落してY社株式が2か月後に150万円になった場合、買戻し決済を行えば、先物取引として50万円の利益を得ることになります。

もともと保有していた株式等の値下がりをカバーするためになされる取引は、ヘッジ取引といわれています。

(3) オプション取引

(a) オプション取引とは　オプション取引とは、「原資産を将来の一定期日または期間内にあらかじめ決めた価格で買付けを行ったり、売付けを行ったりする権利の売買」のことです。

オプションを取得する買手はオプション料（プレミアム）をオプションの売手に支払い、権利を取得することになります。

利益は無制限に発生する可能性がありますが、リスク（損失）は常に支払うオプション料に限定されることになります。オプションを設定する売手は取引所が指定する一定量額（証拠金）を差し入れたうえで、オプションを設定し、これを販売することでオプション料（プレミアム）を買手からあらかじめ受け取ります。

売手は約定時点でプレミアムを受け取ることができ、利益はこの受け取ったオプション料（プレミアム）に限定されます。一方リスク（損失）は無制限に発生する可能性があり、原資産の市場価格が差し入れた証拠金の額を超えた時点で追加証拠金の積み増し（追い証）もしくは強制決済が求められることになります。

先物取引の場合には、相場が予想に反して上昇した場合であっても、契約時に設定した市場より安価な価格で売却しなくてはなりません。しかしながら、オプション取引においては、権利を行使しなければ不利な契約を締結しなくてもすむことにメリットがあります。

(b) オプション取引の種類

(イ) 売り買いや原資産による区別　オプション取引の中には、あらかじめ定められた価格で権利行使時期に特定の商品を買うコールオプション、あら

かじめ定められた価格で権利行使時期に特定の商品を売るプットオプションがあります。

また原資産による区別もあり，原資産が株式であれば株式オプション，金利であれば金利オプション，通貨であれば通貨オプションといわれます。

(ロ) 権利行使時期による区別　権利行使時期による区別としては，オプションの権利行使期間中であればいつでも権利を行使できるアメリカンオプション，取引最終日しか権利を行使できないヨーロピアンオプション，あらかじめ複数の権利行使日が設定されており，そのうちのいずれかの日において権利行使が可能であるバミューダンオプションに区別されます。

(ハ) 取引場所による区別　取引の場所による区別としては，①市場デリバティブ取引，②店頭デリバティブ取引，③外国市場デリバティブ取引に分類されます（金商法2条20項）。

市場デリバティブ取引とは，金融商品市場において，その市場を開設する者の定める基準および方法に従い行うデリバティブ取引のことをさし，国債証券先物取引，株価指数オプション取引等があります。

また，店頭デリバティブ取引とは，金融商品市場および外国金融商品市場を使わず，業者と顧客が1対1で行うデリバティブ取引のことをいいます。たとえば店頭外国為替証拠金取引や個別株式店頭オプション取引などがあります。

(4) スワップ取引

スワップ取引とは，将来受け取ったり払ったりするキャッシュフローを交換する取引のことで，当事者が元本として定めた金額について当事者の一方が相手方と取り決めた金融商品の利率等もしくは金融指標の約定した期間における変化率に基づいて金銭を支払い，相手方が当事者の一方と取り決めた金融商品の利率等，もしくは金融指標の約定した期間における変化率に基づいて金銭を支払うことを相互に約する取引のことをいいます。

たとえば，甲と乙が元本10億円，期間3年の借入金債務をA銀行に対して負っていて，甲の借入れは固定金利6％ですが，甲は変動金利の借入れに変更したいと考えているとします。そして乙の借入れが変動金利であった場合に，甲が乙との間で固定金利と変動金利の支払を交換するというような事例が考えられます。

3 金融指標（金商法2条25項）

デリバティブ取引の内容を規定する概念として金融指標概念があります。

当事者は，あらかじめ金融指標として約定する数値と将来の一定の時期における現実の金融指標の数値の差に基づいて算出される金銭の授受を約して取引をします。

ここにおける金融指標とは，以下のようなものをさします。

① 金融商品の価値または金融商品（通貨を除く。）の利率等
② 気象庁その他の物が発表する気象の観測の成果に係る数値（平均気温や天候等）
③ 政令補充事項（その変動に影響を及ぼすことが不可能もしくは著しく困難であって，事業者の事業活動に重大な影響を与える指標または，社会経済の状況に関する統計の数値であって，これらの指標または数値に係るデリバティブ取引について投資者の保護を確保することが必要と認められるものとして政令で定めるもの）
④ ①から③に掲げるものに基づいて算出した数値

たとえば，東証業種別株価指数先物，東京証券取引所におけるTOPIX先物などがあげられます。

【角野　佑子＝中村　健三】

第2章

ディスクロージャー規制

第1節　全体像

Q 9　ディスクロージャー規制の全体像

金融商品取引法上のディスクロージャー規制とは何ですか。その趣旨および全体像について教えてください。

A

> 　金融商品取引法のディスクロージャー規制の目的は，投資家に対して，有価証券および発行者に関する情報が公平かつ適時に開示されることにより，有価証券の発行および金融商品等の取引を公正にし，有価証券の流通を円滑にするほか，資本市場の機能の十全な発揮により，金融商品等の公正な価格形成等を図ることにより，国民経済の健全な発展および投資者保護を図ることにあります。
>
> 　かかる目的を実現するために，金融商品取引法は，有価証券の発行開示規制，流通開示規制，有価証券報告書等に虚偽記載がある場合の損害賠償責任，公開買付規制および大量保有報告制度について規定しています。

解説

1　ディスクロージャー規制の趣旨

ディスクロージャー規制の趣旨は，投資家に対して，有価証券および発行者に関する情報が公平かつ適時に開示されることにより，有価証券の発行および

金融商品等の取引を公正にし，有価証券の流通を円滑にするほか，資本市場の機能の十全な発揮により，金融商品等の公正な価格形成等を図ることにより，国民経済の健全な発展および投資者保護を図ることにあります。

２ ディスクロージャー規制の全体像

１の趣旨を実現するために，金融商品取引法は，以下の規制を設けています。

(1) 有価証券の発行開示規制

有価証券の発行の際には，投資家に対して企業内容等が適切に開示されていることが必要であることから，金融商品取引法は，新たに発行する有価証券の取得勧誘について，「募集」と「私募」に分け，前者について開示義務を課しています。以下では，１項有価証券の「募集」と「私募」について説明します。

まず，有価証券の「募集」とは，新たに発行される有価証券の取得勧誘で，次のどれかに該当する場合をいいます。

① 多数の者（50名以上）（金商法施行令１条の５）を相手方として行う場合（金商法２条３項１号）
② 適格機関投資家私募に該当しない場合（金商法２条３項２号イ）
③ 特定投資家私募に該当しない場合（金商法２条３項２号ロ）

そして，有価証券の取得勧誘で，「募集」に該当しない場合が「私募」になります。

次に，規制内容ですが，「募集」に該当する場合は，原則として財務局等に対する有価証券届出書の提出（金商法４条１項本文）のほか，実際に取得させる際に目論見書を相手方に交付することが必要となります（金商法15条２項）。

他方，「私募」に該当する場合は，有価証券届出書の提出や目論見書の交付は必要とされておらず，勧誘の際に，有価証券届出書を提出していないことや転売制限措置の内容等を相手方に対して告知すれば足ります（金商法23条の13第４項，企業内容開示府令14条の15第１項）。

なお，２項有価証券については，流動性が低いことから原則としてディスクロージャー規制は設けられていませんが，集団投資スキームのうち，出資額の

100分の50を超える額を充てて有価証券に対する出資を行うもの等，投資者保護のため情報開示の必要性が高いと考えられる2項有価証券については開示規制の対象となります（金商法3条3号）。

ただ，2項有価証券においては，「募集」の定義が1項有価証券と異なっており，新たに発行される有価証券の取得勧誘で，相当程度多数の者（500名以上）が取得することとなる場合（金商法2条3項3号，金商法施行令1条の7）をいうことに注意する必要があります。

(2) 有価証券の流通開示規制

流通性が高い有価証券については，投資家保護のため，当該有価証券発行後も継続的にその企業内容等を開示することが必要です。

そこで，次の有価証券の発行者は原則として，有価証券報告書の提出義務を負います（金商法24条1項）。

① 金融商品取引所に上場されている有価証券（上場会社）
② 認可金融商品取引業協会に登録された店頭売買有価証券（店頭登録会社）
③ ①②以外で，その募集または売出しにつき，有価証券届出書または発行登録追補書類を提出した有価証券（発行開示会社）
④ ①〜③以外で，外形基準に該当する会社の有価証券

また，有価証券報告書の提出義務者のうち，幅広い投資者の参加が予定され流動性が高い市場がある上場会社等で，株券等のエクイティものの有価証券の発行者は，四半期報告書（金商法24条の4の7第1項）のほか，確認書（金商法24条の4の2第1項）および内部統制報告書（金商法24条の4の4第1項）を提出する必要があります。

ここで，確認書とは，有価証券報告書の記載内容が金融商品取引法に基づき適正であることを当該会社の代表者（および最高財務責任者）が確認した旨を記載した書面のことです。また，内部統制報告書とは，会社の属する企業集団および会社に係る財務計算に関する書類その他の情報の適正性を確保するために必要なものとして内閣府令で定める体制について，内閣府令で定めるところにより評価した報告書のことです。

これらは，会社における内部統制を充実させることにより，有価証券報告書等の記載内容の適正さを確保し，個々の開示企業のみならず証券市場全体に対

する信頼を高めることを目的とするものです。

なお、非上場会社やファンドであっても、有価証券届出書を提出していたり、外形基準に該当する場合は、有価証券報告書を提出する必要があります。

(3) 有価証券に虚偽記載があった場合の損害賠償責任

粉飾の予防および投資家の損害の事後的回復手段を確保すべく、金融商品取引法は様々な損害賠償制度を設けています。

まず、有価証券届出書に虚偽記載等があった場合、投資家は、届出者やその役員・売出人等に対して損害賠償を請求することができます（金商法18条1項・21条1項）。

また、目論見書に虚偽記載等があった場合は、投資家は目論見書の使用者および作成者に対して損害賠償を請求することができます（金商法18条2項）。

有価証券届出書の届出者や目論見書の作成者の賠償責任は、いわゆる無過失責任とされており、投資家は届出者等の故意・過失を立証する必要がありません。

さらに、有価証券報告書等に虚偽記載等があった場合は、提出者やその役員・売出人等に対して損害賠償を請求することができます（金商法21条の2第1項）。

有価証券報告書等の提出者の賠償責任は、いわゆる無過失責任とされており、投資家は提出者の故意・過失を立証する必要がありません。

また、提出者に対する損害賠償の額は、投資家が当該有価証券の取得について支払った額から、損害賠償を請求する時における市場価額（損害賠償請求前に当該有価証券を処分した場合は、その処分価額）を控除した額とされています（金商法21条の2第1項・19条1項）。さらに、当該書類の虚偽記載等の事実が公表されたときは、当該虚偽記載等の事実が公表された日前1年以内に当該有価証券を取得し、当該公表日において引き続き当該有価証券を所有する者は、当該公表日前1か月間の当該有価証券の市場価額（または処分推定価額）の平均額から、当該公表日後1か月間の当該有価証券の市場価額（または処分推定価額）の平均額を控除した額を、当該虚偽書類等により生じた損害の額とすることができるなど、立証責任の転換が図られています（金商法21条の2第2項）。

3　公開買付規制

不特定かつ多数の者に対し，公告により株券等の買付け等の申込みまたは売付け等の申込みの勧誘を行い，取引所金融商品市場外で株券等の買付け等を行う場合には，いわゆる公開買付規制に服することになります。これは，会社支配権等に影響を及ぼしうるような一定の有価証券の買付け等について，投資家に必要十分な情報と熟慮期間を付与したうえで，的確な投資判断を行わせるため，手続の公正性・透明性を確保するための制度であり，対象となる株券等の発行者以外の者が行う公開買付けについては，以下のような手続を踏む必要があります。

- 公開買付開始公告
- 関東財務局長に公開買付届出書の提出
- 公開買付説明書の作成，交付
（対象会社が関東財務局長に意見表明報告書の提出）
- 意見表明報告書に質問の記載があれば，関東財務局長に対質問回答報告書の提出
- 買付条件等の変更・撤回あれば，公告。撤回の場合は，関東財務局長に撤回届出書の提出
- 結果の公告または公表
- 関東財務局長に公開買付報告書の提出
- 通知書の送付
- 大量保有報告書の提出
（上記の書面等に不備があれば，訂正の公告，訂正届出書の提出等が必要）

4　大量保有報告制度

上場株券等の保有割合が5％を超える場合には，大量保有者となった日から5営業日以内に大量保有報告書を提出しなければならず，その後保有割合が1％以上増減した場合等には，5営業日以内に変更報告書を提出しなければなら

ないとされています。

　なお，証券会社や銀行，保険会社等の日々営業活動として大量の上場株券等の売買を行っている機関投資家等については，取引のつど詳細な情報開示を求めると事務負担が過大になるため，報告頻度等を軽減する特例も存在します。

【稲田　行祐＝古川　純平】

第2節　発行開示規制

Q10　新たに発行される1項有価証券の取得勧誘に関する規則

株式会社である当社は，この度，新株を発行することを検討しています。新株の取得を勧誘する際，金融商品取引法上どのような規制があるのでしょうか。

A

　50名以上の者に対して取得勧誘を行う場合等，その取得勧誘が「募集」に該当する場合は，有価証券届出書を提出する必要があります。

　他方，50名未満の者に対して取得勧誘を行う場合等，その取得勧誘が「私募」に該当する場合は，有価証券届出書を提出する必要はありませんが，有価証券届出書が提出されていないことや転売制限の内容を相手方に告知する必要があります。

解説

1　新たに発行される1項有価証券の取得勧誘の分類

(1)　募　集

　Q7で述べたとおり有価証券の発行の際には，投資家に対して企業内容等が適切に開示されていることが必要であることから，金融商品取引法は，新たに発行する有価証券の取得勧誘について，「募集」と「私募」に分け，前者につ

いて開示義務を課しています。

　ここで，「募集」とは，新たに発行される有価証券の取得勧誘で，
① 多数の者（50名以上。金商法施行令1条の5）を相手方として行う場合（金商法2条3項1号）
② 適格機関投資家のみを相手方として行い，かつ適格機関投資家以外の者への譲渡のおそれが少ない場合（適格機関投資家私募）に該当しない場合（金商法2条3項2号イ）
③ 特定投資家のみを相手方として行い，かつ特定投資家等以外の者への譲渡のおそれが少ない場合（特定投資家私募）に該当しない場合（金商法2条3項2号ロ）

をいいます。

募　集

（新たに発行される有価証券の取得勧誘のうち，次のいずれかに該当するもの）
① 多数の者を相手方として行う場合
② 適格機関投資家私募（プロ私募）に該当しない場合
③ 特定投資家私募に該当しない場合

---

(2) 私　募

(a) 少人数私募　前記(1)①のとおり，50名以上の者を相手方として取得勧誘を行う場合は，原則として，当該勧誘は「募集」に該当します。他方，50名未満の者を相手方として取得勧誘を行う場合は，原則として，当該勧誘は（少人数）「私募」とされます（金商法2条3項1号，金商法施行令1条の5）。ここでいう「50名以上の者」には，次の**(b)**の転売制限措置が講じられている場合の当該適格機関投資家は算入しません（金商法2条3項1号括弧書，金商法施行令1条の4）。

　このように被勧誘者の数を基準とする理由は，一般に，被勧誘者の数が少数

である場合は，被勧誘者は勧誘者に対して投資判断に必要な情報を請求できる強力な取引上の地位に立ちますが，被勧誘者の数が多数である場合はそのような地位にないため，法で特別の情報開示を要求する必要があるという考え方に基づきます。

　もっとも，50名未満の者を相手方とする場合であっても，当該有価証券が「多数の者に所有されるおそれが少ない」といえない場合は，「募集」になります（金商法2条3項2号ハ，金商法施行令1条の7）。これは，当初の相手方をわざと少なくし，転売により投資者を増やすというような潜脱行為を防止するためです。

　ここでいう「多数の者に所有されるおそれが少ない」かどうかの要件は有価証券に応じて異なります。たとえば，株券については，当該株券の発行者が当該株券と同一内容ですでに上場されているものを発行していないこと等が挙げられています（金商法施行令1条の7第2号イ(1)）。よって，すでに上場している株券について新たに取得勧誘を行う場合は，たとえ50名未満の者を相手方とする場合であっても，「私募」とはならず，「募集」になります。また，普通社債については，当該普通社債の発行者が当該普通社債と同一内容ですでに上場されているものを発行していないことのほかに，当該普通社債を取得した者が当該普通社債を一括して譲渡する場合以外に譲渡することが禁止される旨の制限（転売制限）が付されていることが当該普通社債に記載され，当該普通社債の取得者に交付されること等の措置が別途必要とされています（金商法施行令1条の7第2号ハ(3)，定義府令13条3項1号）。

　なお，1回あたりの取得勧誘の相手方が50名未満であっても，当該有価証券の発行日から6か月以内に，同種の新規発行証券の取得勧誘を行っており，取得勧誘をした相手方の合計が50名以上となる場合は，「私募」とはならず，「募集」になります（金商法2条3項2号ハ括弧書，金商法施行令1条の6）。これは，1回あたりの相手方をわざと少なくするような潜脱行為を防止するためです。

　(b) 適格機関投資家私募（プロ私募）　　前記(1)②のとおり，適格機関投資家のみを相手方として行い，かつ「当該有価証券がその取得者から適格機関投資家以外の者に譲渡されるおそれが少ない」場合は，「私募」とされます（適格機関投資家私募。金商法2条3項2号イ）。

まず，適格機関投資家とは，有価証券に対する投資に係る専門的知識および経験を有する者として，金融商品取引法第2条に規定する定義に関する内閣府令10条1項で定められた者をいいます。たとえば，金融機関，法人（有価証券残高10億円以上）・個人（有価証券残高10億円以上，かつ口座開設1年経過）等で適格機関投資家としての届出を金融庁に行った者などが挙げられます。

　次に，「当該有価証券がその取得者から適格機関投資家以外の者に譲渡されるおそれが少ない」かどうかの要件は，少人数私募の場合同様，有価証券に応じて異なります。たとえば，株券については，当該株券の発行者が当該株券と同一内容ですでに上場されている株券を発行していないこと等が挙げられています（金商法施行令1条の4第1号イ）。よって，すでに上場している株券について新たに取得勧誘を行う場合は，たとえ適格機関投資家を相手方とする場合であっても，「私募」とはならず，「募集」になります。もっとも，少人数私募の場合と異なり，たとえ当該株券が非上場であっても，当該株券を取得した適格機関投資家がその株券等を適格機関投資家以外の者に譲渡を行わない旨を定めた譲渡制限契約を締結することを取得の条件として，その取得勧誘が行われることが必要とされています（転売制限。金商法施行令1条の4第1号ハ）。

　(c)　特定投資家私募　　前記(1)③のとおり，特定投資家のみを相手方として行い，かつ「その取得者から特定投資家等以外の者に譲渡されるおそれが少ない」場合は，「私募」とされます（特定投資家私募。金商法2条3項2号ロ）。

　まず，特定投資家とは，
　①　一般投資者に移行不可能な特定投資家（適格機関投資家，国，日本銀行）
　　　（金商法2条31項），
　②　一般投資者に移行可能な特定投資家（上場会社，資本金5億円以上の株式会社等）（金商法34条の2・2条31項4号，定義府令23条），
　③　特定投資家に移行可能な一般投資者（上記以外の法人，出資金3億円以上の匿名組合の営業者等，純資産・投資資産の額が3億円以上で，かつ投資経験が1年以上の個人）（金商法34条の3・34条の4，金商業等府令61条・62条）
をいいます。

　上記②③の者については，金融商品取引業者等との契約によって特定投資家に該当するかどうかが決まるため，発行者自身が取得勧誘の相手方が特定投資

家に該当するかどうかの確認を行うことは困難です。そこで，取得勧誘の相手方が①である場合を除き，その取得勧誘を金融商品取引業者に委託しなければなりません（金商法2条3項2号ロ(1)）。

次に，「その取得者から特定投資家等以外の者に譲渡されるおそれが少ない」かどうかの要件は，適格機関投資家私募の場合と同様となっています（金商法施行令1条の5の2第2項，定義府令11条の2・12条）。

(3) 取得勧誘類似行為

前記(1)で，「募集」とは，新たに発行される有価証券の取得勧誘であると説明しましたが，ここでいう「取得勧誘」には，「取得勧誘類似行為」も含まれます。

「取得勧誘類似行為」とは，既発行有価証券の売付けまたは買付けの勧誘として本来は「売出し」に該当するものですが，「募集」として扱うことが望ましいとされたものです（金商法2条4項柱書，定義府令9条）。たとえば，会社法199条の規定に従い行う自己株式の処分については，本来は「売出し」に該当しうるものですが，会社法上募集の手続が採られていることとの整合性，発行者による自己株式の処分は実質的に新株発行と同視できること等から，「取得勧誘類似行為」とされています（定義府令9条1号）。

2　規制内容

(1) 取得勧誘が募集に該当する場合

(a) 有価証券届出書の提出義務　有価証券の取得勧誘が，「募集」に該当する場合は，発行者が内閣総理大臣（実際は管轄財務局または関東財務局。企業内容開示府令20条1項・2項。以下「財務局等」といいます）に有価証券届出書を提出していなければ当該取得勧誘を行うことができません（金商法4条1項本文）。ただし，取締役等に対するストックオプションを付与する場合等有価証券届出書による情報開示を求めなくても投資者保護に欠けるおそれがない場合は，上記届出義務が免除されています（金商法4条1項ただし書，金商法施行令2条の12）。

(b) 適格機関投資家取得有価証券一般勧誘　なお，当該取得勧誘が「募集」に該当しなくても，「適格機関投資家取得有価証券一般勧誘」に該当する

場合は，原則として，発行者が財務局等に有価証券届出書を提出していなければ当該交付勧誘等を行うことができません（金商法4条2項）。「適格機関投資家取得有価証券一般勧誘」とは，適格機関投資家私募によって有価証券を取得した適格機関投資家が，当該有価証券の交付勧誘等を適格機関投資家以外の者に対して行うことをいいます。前記⓵(2)で説明したとおり，適格機関投資家私募とされるには，適格機関投資家以外の者への転売制限措置が講じられていることが必要ですが，たとえ転売制限措置が講じられている場合でも，当該有価証券を取得した適格機関投資家が，当該有価証券を適格機関投資家以外の者に転売するために，それらの者に対して交付勧誘等を行うことも考えられます。そこで，このような場合においても情報を開示すべきとしたものです。

特定投資家等取得有価証券についても，これと同様の規定が設けられています（特定投資家等取得有価証券一般勧誘。金商法4条3項）。

(2) 取得勧誘が私募に該当する場合

有価証券の取得勧誘が「私募」に該当する場合は，有価証券届出書を提出する必要はありません。

しかし，前記⓵(1)～(3)で説明したとおり，少人数私募，適格機関投資家私募および特定投資家私募に該当するためには，転売制限措置が講じられている必要がありますが，仮に転売制限措置に反する譲渡が行われた場合であっても，当該譲受人が当該転売制限について善意であれば当該譲渡は有効となります。そこで，転売制限措置の実効性を確保すべく，取得勧誘を行う者は，相手方に対して，以下の告知をすることが必要とされています。

(a) 少人数に対し取得勧誘を行う場合　　原則として，少人数に対し取得勧誘を行う（少人数私募）ため有価証券届出書を提出していないこと，⓵(2)(a)で説明した転売制限措置の内容を相手方に告知することが必要です（金商法23条の13第4項，企業内容開示府令14条の15第1項）。また，実際に取得させる場合には，あらかじめまたは同時に告知内容を記載した書面を相手方に交付することが必要です（金商法23条の13第5項）。

ただし，株券等一定の有価証券については，当該告知は必要ありません（金商法23条の13第4項柱書括弧書，金商法施行令3条の3，企業内容開示府令14条の16）。これは，⓵(2)(a)で説明したように，少人数私募においては，適格機関投資

家私募や特定投資家私募の場合と異なり，株券が「多数の者に所有されるおそれが少ない」かどうかの要件として，転売制限を設けることが要求されていないことが理由です。また，当該少人数向けの勧誘に係る有価証券に関して開示が行われている場合および発行価額の総額が１億円未満の場合も告知義務は免除されます（金商法23条の13第4項柱書ただし書，企業内容開示府令14条の15第2項）。

(b) 適格機関投資家に対し取得勧誘を行う場合　適格機関投資家に対し取得勧誘を行う（適格機関投資家私募）ため有価証券届出書を提出していないこと，__1__(2)(b)で説明した転売制限措置の内容を相手方に告知することが必要です（金商法23条の13第1項，企業内容開示府令14条の14第1項）。また，実際に取得させる場合には，あらかじめまたは同時に告知内容を記載した書面を相手方に交付することが必要です（金商法23条の13第2項）。

なお，当該適格機関投資家向けの勧誘に係る有価証券に関して開示が行われている場合および発行価額の総額が１億円未満の場合は告知義務は免除されます（金商法23条の13第1項柱書ただし書，企業内容開示府令14条の14第2項）。

(c) 特定投資家に対し取得勧誘を行う場合　特定投資家に対し取得勧誘を行う（特定投資家私募）ため有価証券届出書を提出していないこと，__1__(2)(b)で説明した転売制限措置の内容を相手方に告知することが必要です（金商法23条の13第3項，企業内容開示府令14条の14の2）。

なお，特定投資家向け有価証券は，いわゆるプロ向け市場にて取引されるものであり，取引のつど書面を交付するのは煩雑であるとの実務上の要請から，少人数向け勧誘や適格機関投資家向け勧誘の場合と異なり，実際に取得させる場合における，あらかじめまたは同時の告知内容を記載した書面の交付が要求されていません。

第 2 章　ディスクロージャー規制　第 2 節　発行開示規制

■新たに発行される 1 項有価証券の取得勧誘に関する規制

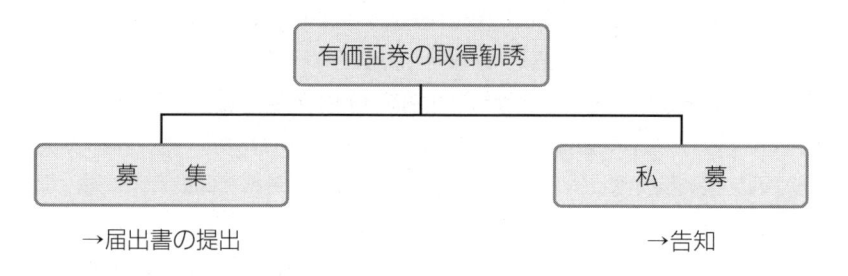

```
            有価証券の取得勧誘
           ┌────────┴────────┐
         募　集              私　募
       →届出書の提出          →告知
```

【稲田　行祐】

Q11 すでに発行された1項有価証券の売付け勧誘等に関する規制

すでに発行された株式の売付けの申込みまたは買付けの申込みを勧誘する際，金融商品取引法上どのような規制があるのでしょうか。

A

50名以上の者に対して売付け勧誘等を行う場合等，その売付け勧誘等が「売出し」に該当する場合は，有価証券届出書を提出する必要があります。

他方，50名未満の者に対して売付け勧誘等を行う場合等，その売付け勧誘等が「私売出し」に該当する場合は，有価証券届出書を提出する必要はありませんが，有価証券届出書が提出されていないことや転売制限の内容を相手方に告知する必要があります。

解説

1 既発行の1項有価証券の売付け勧誘等の分類

(1) 売出し

金融商品取引法は，すでに発行された有価証券の売付けの申込みまたは買付けの申込みの勧誘（以下「売付け勧誘等」といいます。なお，買付けと取得とは同義です）について，「売出し」と「私売出し」に分け，前者についてのみ開示義務を課しています。

ここで，「売出し」とは，すでに発行された有価証券の売付け勧誘等で，

① 多数の者（50名以上。金商法施行令1条の8）を相手方として行う場合（金商法2条4項1号）

② 適格機関投資家のみを相手方として行い，かつ適格機関投資家以外の者への譲渡のおそれが少ない場合（適格機関投資家私売出し）に該当しない場合（金商法2条4項2号イ）
③ 特定投資家のみを相手方として行い，かつ特定投資家等以外の者への譲渡のおそれが少ない場合（特定投資家私売出し）に該当しない場合（金商法2条4項2号ロ）

をいいます。

売 出 し

（すでに発行された有価証券売付け勧誘等のうち，次のいずれかに該当するもの）
① 多数の者を相手方として行う場合
② 適格機関投資家私売出し（プロ私売出し）に該当しない場合
③ 特定投資家私売出しに該当しない場合

---

(2) 私売出しの定義

(a) 少人数私売出し　前記(1)①のとおり，50名以上の者を相手方として売付け勧誘を行う場合は，原則として，当該勧誘は「売出し」に該当します。他方，50名未満の者を相手方として売付け勧誘を行う場合は，原則として，当該勧誘は（少人数）「私売出し」とされます（金商法2条4項1号，金商法施行令1条の8）。ここでいう「50名以上の者」には，次の**(b)**の転売制限措置が講じられている場合の当該適格機関投資家を算入しないのは募集の場合と同様です（金商法2条4項1号括弧書，金商法施行令1条の7の4）。

このように被勧誘者の数を基準とする理由は，一般に，被勧誘者の数が少数である場合は，被勧誘者は勧誘者に対して投資判断に必要な情報を請求できる強力な取引上の地位に立ちますが，被勧誘者の数が多数である場合はそのような地位にないため，法で特別の情報開示を要求する必要があるという考え方に基づきます。

Q11 すでに発行された1項有価証券の売付け勧誘等に関する規制

　もっとも，50名未満の者を相手方とする場合であっても，当該有価証券が「多数の者に所有されるおそれが少ない」といえない場合は，「売出し」になります（金商法2条4項2号ハ，金商法施行令1条の8の4）。これは，当初の相手方をわざと少なくし，転売により投資者を増やすというような潜脱行為を防止するためです。

　ここでいう「多数の者に所有されるおそれが少ない」かどうかの要件は有価証券に応じて異なります。たとえば，株券については，当該株券の発行者が当該株券と同一内容ですでに上場されているものを発行していないこと等が挙げられています（金商法施行令1条の8の4第3号イ⑴）。よって，すでに上場している株券について売付け勧誘等を行う場合は，たとえ50名未満の者を相手方とする場合であっても，「私売出し」とはならず，「売出し」になります。また，普通社債については，当該普通社債の発行者が当該普通社債と同一内容ですでに上場されているものを発行していないことのほかに，当該普通社債を取得した者が当該普通社債を一括して譲渡する場合以外に譲渡することが禁止される旨の制限（転売制限）が付されていることが当該普通社債に記載され，当該普通社債の取得者に交付されること等の措置が別途必要とされています（金商法施行令1条の8の4第3号ハ，定義府令13条の7第3項1号）。

　なお，1回あたりの売付け勧誘等の相手方が50名未満であっても，当該有価証券の売付け勧誘等が行われた日から1か月以内に，同種の既発行証券の売付け勧誘等を行っており，売付け勧誘等をした相手方の合計が50名以上となる場合は，「私売出し」とはならず，「売出し」になります（金商法2条4項2号ハ括弧書，金商法施行令1条の8の3）。これも，募集の場合と同様，1回あたりの相手方をわざと少なくするような潜脱行為を防止するためです。

　(b) 適格機関投資家私売出し（プロ私売出し）　前記(1)②のとおり，適格機関投資家のみを相手方として行い，かつ「その取得者から適格機関投資家以外の者に譲渡されるおそれが少ない」場合は，「私売出し」とされます（適格機関投資家私売出し。金商法2条4項2号イ）。

　まず，適格機関投資家とは，有価証券に対する投資に係る専門的知識および経験を有する者として，金融商品取引法第2条に規定する定義に関する内閣府令10条1項で定められた者をいいます。たとえば，金融機関，法人（有価証券

残高10億円以上)・個人（有価証券残高10億円以上，かつ口座開設1年経過）等で適格機関投資家としての届出を金融庁に行った者などが挙げられます。

　次に，「当該有価証券がその取得者から適格機関投資家以外の者に譲渡されるおそれが少ない」かどうかの要件は，少人数私売出しの場合同様，有価証券に応じて異なります。たとえば，株券については，当該株券の発行者が当該株券と同一内容ですでに上場されている株券を発行していないこと等が挙げられています（金商法施行令1条の7の4第1号イ）。よって，すでに上場している株券について新たに取得勧誘を行う場合は，たとえ適格機関投資家を相手方とする場合であっても，「私売出し」とはならず，「売出し」になります。もっとも，少人数売出しの場合と異なり，たとえ当該株券が非上場であっても，当該株券を取得した適格機関投資家がその株券等を適格機関投資家以外の者に譲渡を行わない旨を定めた譲渡制限契約を締結することを取得の条件として，その取得勧誘が行われることが必要とされています（転売制限。金商法施行令1条の7の4第1号ハ）。

　(c) 特定投資家私売出し　　前記(1)③のとおり，特定投資家のみを相手方として行い，かつ，「その取得者から適格機関投資家等以外の者に譲渡されるおそれが少ない」場合は，「私売出し」とされます（特定投資家私売出し。金商法2条4項2号ロ）。

　まず，特定投資家とは，
① 　一般投資者に移行不可能な特定投資家（適格機関投資家，国，日本銀行）（金商法2条31項）
② 　一般投資者に移行可能な特定投資家（上場会社，資本金5億円以上の株式会社等）（金商法34条の2・2条31項4号，定義府令23条）
③ 　特定投資家に移行可能な一般投資者（上記以外の法人，出資金3億円以上の匿名組合の営業者等，純資産・投資資産の額が3億円以上で，かつ投資経験が1年以上の個人）（金商法34条の3・34条の4，金商業等府令61条・62条）

をいいます。

　上記②③の者については，金融商品取引業者等との契約によって特定投資家に該当するかどうかが決まるため，発行者自身が取得勧誘の相手方が特定投資家に該当するかどうかの確認を行うことは困難です。そこで，取得勧誘の相手

方が①である場合を除き，その取得勧誘を金融商品取引業者に委託しなければなりません（金商法2条4項2号ロ(1)）。

次に，「その取得者から特定投資家等以外の者に譲渡されるおそれが少ない」かどうかの要件は，適格機関投資家私募の場合と同様となっています（金商法施行令1条の8の2第1号，定義府令13条の5）。

2 規制内容

(1) 売付け勧誘が売出しに該当する場合

有価証券の売付け勧誘が，「売出し」に該当する場合は，発行者が財務局等に有価証券届出書を提出していなければ当該取得勧誘を行うことができません（金商法4条1項本文）。ただし，当該有価証券について開示が行われている場合等は，上記届出義務が免除されています（同項ただし書）。

もっとも，当該売付け勧誘が「売出し」に該当しなくても，「適格機関投資家取得有価証券一般勧誘」，「特定投資家等取得有価証券一般勧誘」に該当する場合は，発行者が財務局等に有価証券届出書を提出していなければ当該売付け勧誘等を行うことができません（金商法4条2項）。

「適格機関投資家取得有価証券一般勧誘」とは，適格機関投資家私売出しによって有価証券を取得した適格機関投資家が，当該有価証券の交付勧誘等を適格機関投資家以外の者に対して行うことをいいます。前記 1 (2)で説明したとおり，適格機関投資家私売出しとされるには，適格機関投資家以外の者への転売制限措置が講じられていることが必要ですが，たとえ転売制限措置が講じられている場合でも，当該有価証券を取得した適格機関投資家が，当該有価証券を適格機関投資家以外の者に転売するために，それらの者に対して交付勧誘等を行うことも考えられます。そこで，このような場合においても情報を開示すべきとしたものです。

特定投資家等取得有価証券についても，これと同様の規定が設けられています（特定投資家等取得有価証券一般勧誘。金商法4条3項）。

なお，いずれの場合も，発行者が有価証券届出書を提出することとなっており，売出しをしようとする者は当然には有価証券の発行者に対して，届出をす

るよう請求する権利を有しません。よって，発行者から有価証券を取得し，それを売出しにより処分することを検討している場合は，有価証券を取得する際に，発行者との間で将来における売出しの届出義務等を約定することが必要です。

(2) 売付け勧誘が私売出しに該当する場合

有価証券の売付け勧誘が「私売出し」に該当する場合は，有価証券届出書を提出する必要はありません。

しかし，前記 1 (1)〜(3)で説明したとおり，少人数私売出し，適格機関投資家私売出しおよび特定投資家私売出しに該当するためには，転売制限措置が講じられている必要がありますが，仮に転売制限措置に反する譲渡が行われた場合であっても，当該譲受人が当該転売制限について善意であれば当該譲渡は有効となります。そこで，転売制限措置の実効性を確保すべく，売付け勧誘を行う者は，相手方に対して，以下の告知をすることが必要とされています。

(a) **少人数に対し売付け勧誘等を行う場合**　少人数に対し売付け勧誘等を行う（少人数私売出し）ため有価証券届出書を提出していないこと， 1 (2)(a)で説明した転売制限措置の内容を相手方に告知することが必要です（金商法23条の13第4項，企業内容開示府令14条の15第1項）。また，実際に売り付ける場合には，あらかじめまたは同時に告知内容を記載した書面を相手方に交付することが必要です（金商法23条の13第5項）。

ただし，株券等一定の有価証券については，当該告知は必要ありません（金商法23条の13第4項柱書括弧書，金商法施行令3条の3，企業内容開示府令14条の16）。これは， 1 (2)(a)で説明したように，少人数私売出しにおいては，適格機関投資家私売出しや特定投資家私売出しの場合と異なり，株式が「多数の者に所有されるおそれが少ない」かどうかの要件として，転売制限を設けることが要求されていないことが理由です。また，当該少人数向けの勧誘に係る有価証券に関して開示が行われている場合および譲渡価額の総額が1億円未満の場合も告知義務は免除されます（金商法23条の13第4項柱書ただし書，企業内容開示府令14条の15第2項）。

(b) **適格機関投資家に対し売付け勧誘等を行う場合**　適格機関投資家に対し売付け勧誘を行う（適格機関投資家私売出し）ため有価証券届出書を提出して

いないこと，`1`(2)(b)で説明した転売制限措置の内容を相手方に告知することが必要です（金商法23条の13第1項，企業内容開示府令14条の14第1項）。また，実際に売り付ける場合には，あらかじめまたは同時に告知内容を記載した書面を相手方に交付することが必要です（金商法23条の13第2項）。

なお，当該適格機関投資家向けの勧誘に係る有価証券に関して開示が行われている場合および発行価額の総額が1億円未満の場合は告知義務は免除されます（金商法23条の13第1項柱書ただし書，企業内容開示府令14条の14第2項）。

(c) 特定投資家に対し売付け勧誘等を行う場合　特定投資家に対し売付け勧誘を行う（特定投資家私売出し）ため有価証券届出書を提出していないこと，`1`(2)(b)で説明した転売制限措置の内容を相手方に告知することが必要です（金商法23条の13第3項，企業内容開示府令14条の14の2）。

なお，特定投資家向け有価証券は，いわゆるプロ向け市場にて取引されるものであり，取引のつど書面を交付するのは煩雑であるとの実務上の要請から，少人数向け勧誘や適格機関投資家向け勧誘の場合と異なり，実際に売り付ける場合における，あらかじめまたは同時の告知内容を記載した書面の交付が要求されていません。

■すでに発行された1項有価証券の売付け勧誘等に関する規制

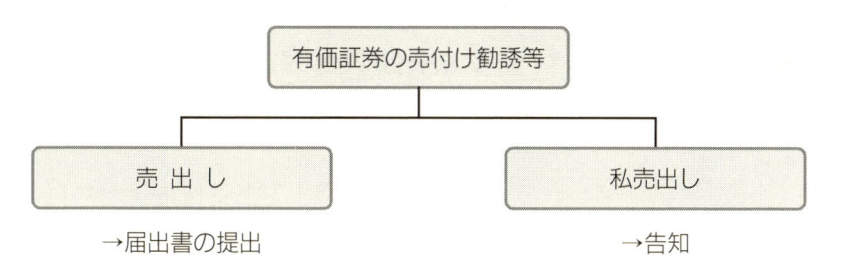

```
           有価証券の売付け勧誘等
            ┌──────┴──────┐
          売出し              私売出し
        →届出書の提出          →告知
```

【稲田　行祐】

Q12 新たに発行される 2 項有価証券の取得勧誘に関する規制

ベンチャー企業に対する出資を主な業務とする投資ファンドを組成し，その持分の取得について勧誘しようと思っています。具体的には，投資事業有限責任組合契約に基づく権利の取得について勧誘しようと思っていますが，この際，金融商品取引法上どのような規制があるでしょうか。

A

> 500名以上の者が当該投資事業有限責任契約に基づく権利を取得する場合は，当該取得勧誘は「募集」に該当するため，有価証券届出書を提出する必要があります。

解説

1 新たに発行される 2 項有価証券の取得勧誘の分類

(1) 募 集

2 項有価証券は，流動性が低いことから，原則として開示規制の対象となりません。しかし，集団投資スキームのうち，出資額の100分の50を超える額を充てて有価証券に対する出資を行うもの等，投資者保護のため情報開示の必要性が高いと考えられる 2 項有価証券は開示規制の対象となります（有価証券投資事業権利等。金商法 3 条 3 号）。

なお，新たに発行する有価証券の取得勧誘について，「募集」と「私募」に分け，前者についてのみ開示義務を課す点は， 1 項有価証券と同様ですが，募集の定義が異なります。すなわち， 2 項有価証券の「募集」とは，新たに発行

される有価証券の取得勧誘で，相当程度多数の者（500名以上。金商法施行令1条の7の2）が取得することとなる場合（金商法2条3項3号）をいいます。集団投資スキーム持分等は，その組成において投資者の需要等を踏まえながら内容を確定していく方法が多く採られるため，いつの時点が取得申込みにあたるのか判断が難しいことから，勧誘の相手方の数ではなく，勧誘に応じて取得した者の数が基準になります。

なお，勧誘時点において500名以上が有価証券を所有することとなる見込みがある場合は，原則として有価証券届出書の提出義務が生じることに留意する必要があります。

募　集

新たに発行される有価証券の取得勧誘で，多数の者が取得することとなる場合

---

(2) 私　募

取得者の数が500名未満であれば，私募になります（少人数私募）。

なお，1項有価証券の私募の場合と異なり，2項有価証券の場合は，有価証券の内容に応じて転売制限措置を講じることは要求されていません。

また，1項有価証券の場合の人数通算規定（金商法施行令1条の6）は，2項有価証券の募集には適用はありません。したがって，2項有価証券の新たな取得勧誘または売付け勧誘等が，従前の取得勧誘と異なるものと認められる場合には，それぞれの取得勧誘ごとに人数を算定することになります。

2 規制の内容

(1) 取得勧誘が募集に該当する場合

有価証券の取得勧誘が，「募集」に該当する場合は，発行者が財務局等に有価証券届出書を提出していなければ当該取得勧誘を行うことができません（金

商法4条1項本文）。ただし，発行総額が1億円未満である場合等は，上記届出義務が免除されています（金商法4条1項ただし書）。

(2) 取得勧誘が私募に該当する場合

少人数に対し取得勧誘を行うため有価証券届出書を提出していないことおよび当該投資事業有限責任組合契約に基づく権利が金融商品取引法2条2項5号の集団投資スキーム持分に該当することを相手方に告知することが必要です（金商法23条の13第4項2号，特定有価証券開示府令20条1項3号）。また，実際に取得させる場合には，あらかじめまたは同時に告知内容を記載した書面を相手方に交付することが必要です（金商法23条の13第5項）。

■新たに発行される2項有価証券の取得勧誘に関する規制

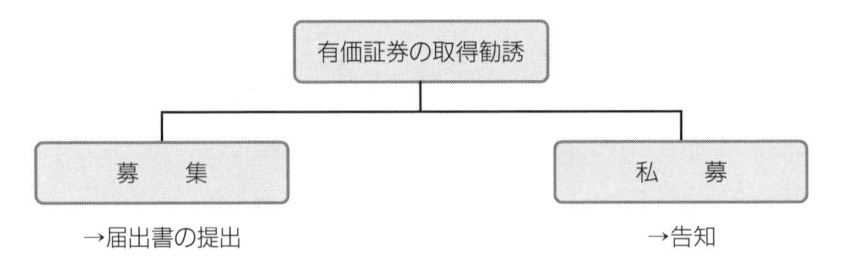

```
        有価証券の取得勧誘
         ／        ＼
      募　集        私　募
    →届出書の提出    →告知
```

【稲田　行祐】

Q13 有価証券届出書，有価証券通知書

有価証券届出書と有価証券通知書について教えてください。

A

　　内国会社の有価証券届出書には，通常方式等7種類の様式が用意されています。なお，発行体が保有する資産を裏づけとして発行されるABSやファンド持分等の特定有価証券については，特定有価証券の種類ごとに様式が用意されています。
　　有価証券届出書を提出することにより，直ちに募集・売出しを行うことが可能になります。ただし，実際に投資家に有価証券を取得させるには，有価証券届出書の効力が発生していることが必要です。
　　なお，有価証券の取得勧誘または売付け勧誘等が募集または売出しに該当するが，有価証券届出書の提出義務が免除されるような場合であっても，一定の場合には有価証券通知書を提出する必要があります。

解説

1　有価証券届出書

(1)　有価証券届出書の様式

　金融商品取引法は，有価証券の性質に着目した開示制度を整備しています。即ち，有価証券を，①発行体自体の信用力にその価値を置く企業金融型証券（株券・社債等），②発行体が保有する資産をその価値の裏づけとする資産金融型証券（ABS・集団投資スキーム等）に分類し，それぞれに対応して，有価証券届

出書の様式も異なっています。ここでは，企業金融型証券の有価証券届出書について説明し，資産金融型証券については(2)において解説します。

まず，内国会社の有価証券届出書には，次の7種類の様式が用意されています。

① 2号様式（通常方式）
② 2号の2様式（組込方式）
③ 2号の3様式（参照方式）
④ 2号の4様式（株式新規公開）
⑤ 2号の5様式（少額募集等）
⑥ 2号の6様式（特定組織再編成発行手続等）
⑦ 2号の7様式（新規公開特定組織再編成発行手続等）

たとえば，ある株式会社が新株を発行する場合は，基本的には，証券情報，企業情報およびその他の事情を記載することになりますが（通常方式），すでに1年間継続して有価証券報告書を提出している会社であれば，企業情報の記載に代えて直近の有価証券報告書の写しをとじ込む方法（組込方式）により，すでに1年間継続して有価証券報告書を提出しており，かつ，当該会社が発行した有価証券の取引状況が一定の基準に該当する会社であれば，企業情報の記載に代えて直近の有価証券報告書を参照すべき旨を記載する方法（参照方式）によって有価証券届出書を作成することができます。その他，新規に株式を公開する場合や，少額募集等を行う場合は，それぞれに応じた様式を使用することになります。

(2) 特定有価証券の有価証券届出書

発行体が保有する資産をその価値の裏づけとする資産金融型証券は，金融商品取引法においては「特定有価証券」と呼ばれ（金商法5条1項柱書），有価証券届出書の内容について異なる取扱いがなされています。

特定有価証券としては，資産の流動化に関する法律に規定する特定社債券，同法に規定する優先出資証券または新優先出資引受権を表示する証券や金融商品取引法3条3号に規定する有価証券投資事業権利等が挙げられます（金商法施行令2条の13，特定有価証券開示府令8条）。

そして，特定有価証券の種類ごとに有価証券届出書の様式が用意されており，

たとえば，投資事業有限責任組合契約に基づく権利を募集する場合であれば，内国有価証券投資事業権利等として6号の5様式を使用することになり，証券情報のほかに発行者情報を記載します（特定有価証券開示府令10条1項13号）。

［2］ 有価証券届出書の提出の効果

　有価証券届出書が提出されていれば，発行者や金融商品取引業者等は募集または売出しを行うことができますが，投資家に実際に有価証券を取得させまたは売り付けるには，当該有価証券届出書の効力が発生している必要があります（金商法15条1項）。

　有価証券届出書の効力は，原則として，財務局等が受理した日から15日を経過した日に発生します（金商法8条1項）。この期間は，待機期間と呼ばれ，財務局の審査期間であるとともに，投資家の熟慮期間でもあります。なお，［1］(1)で説明した組込方式または参照方式による有価証券報告書を作成している場合は，届出書類の内容が公衆に容易に理解されるため，15日に満たない期間，具体的には概ね7日間でその効力が発生するとされています（企業内容等開示ガイドライン8－2）。

　よって，公募増資や第三者割当増資においては，申込受付を開始する15日前（または7日前）までに有価証券届出書を提出することが必要になります（株主割当においては，新株割当の25日前までに有価証券届出書を提出しなければなりません。金商法4条4項）。

［3］ 有価証券通知書

　有価証券の取得勧誘または売付け勧誘等が募集または売出しに該当する場合であっても，発行価額または売出価額の総額が1億円未満である場合等は，有価証券届出義務が免除されています（金商法4条1項）。

　もっとも，発行総額が1億円未満である場合であっても，発行総額が1000万円超である場合や特定募集等（金商法4条5項）がなされる場合は，発行者は当該取得勧誘または売出し勧誘等が開始される日の前日までに，有価証券通知

書を財務局等に提出しなければなりません（金商法4条6項，企業内容開示府令4条4項）。

なお，有価証券通知書は，当局の監督のためのものですので，公衆の縦覧には供されません。

4　提 出 先

有価証券届出書および有価証券通知書の提出先は，提出会社の資本金額および金融商品取引所の上場の有無により，次のように区分されています（企業内容開示府令20条1項・2項）。

① 資本金額50億円未満の会社および非上場会社は，本店所在地を管轄する財務局または財務支局
② ①以外の会社は，関東財務局

5　訂　　正

有価証券届出書の提出後，その効力発生前において，重要事項の変更その他公益または投資者保護のため当該書類の内容を訂正する必要がある場合は，訂正届出書を提出する必要があります（金商法7条前段，企業内容開示府令11条，企業内容等開示ガイドライン7－1等）。また，これら以外の場合であっても，訂正届出書を提出することは可能です（金商法7条後段，企業内容等開示ガイドライン7－7）。

なお，財務局等は，届出者に対して訂正届出書の提出を命ずることができます（金商法9条）。

【稲田　行祐】

Q14　目論見書

目論見書について教えてください。

A

> 目論見書とは，有価証券の募集または売出し，適格機関投資家取得有価証券一般勧誘および特定投資家取得有価証券一般勧誘のために，当該有価証券の発行者の事業その他の事項に関する説明を記載する文書で，投資家に有価証券を取得させまたは売り付ける場合に，あらかじめまたは同時に交付しなければならないものをいいます。

解説

1　目論見書の作成・交付義務

(1) 目論見書の意義

　Q13で説明したとおり，有価証券の募集または売出し，適格機関投資家取得有価証券一般勧誘および特定投資家取得有価証券一般勧誘においては，有価証券届出書を提出すれば当該勧誘行為ができます。しかし，有価証券届出書は財務局等に備置され公衆の縦覧に供される間接的な開示書類にすぎず，投資家に対する情報提供としては必ずしも十分なものとはいえません。そこで，金融商品取引法は，投資家に対する直接的な開示書類として目論見書の作成・交付義務を規定しています。

(2) 目論見書の作成義務

　有価証券届出書の提出義務が生じる勧誘，すなわち，発行総額が1億円以上の募集，非開示有価証券の売出総額1億円以上の売出し，適格機関投資家取得

有価証券一般勧誘および特定投資家取得有価証券一般勧誘（開示有価証券は除く）に係る有価証券の発行者は目論見書を作成する義務があります（金商法13条1項前段）。

(3) 目論見書の交付義務

有価証券の発行者，売出人，引受人，金融商品取引業者等は，有価証券届出書の提出義務が生じる勧誘または既開示有価証券の売出総額が1億円以上の売出しにより，当該有価証券を投資家に取得させまたは売り付ける場合は，目論見書をあらかじめまたは同時に交付する義務があります（金商法15条2項）。

ただし，適格機関投資家に取得させまたは売り付ける場合や，目論見書の交付を受けないことに同意し，当該有価証券と同一の銘柄を所有しているか，その同居者がすでにその目論見書の交付を受け，または確実に交付を受けると見込まれる場合は，目論見書の交付義務は免除されます（金商法15条2項ただし書）。

上記のようなすべての投資家に交付することが義務づけられている目論見書を交付目論見書といいますが，投資信託証券（金商法2条1項10号・11号）については，これとは別に，投資家から請求があったときに交付することが義務づけられている目論見書，いわゆる請求目論見書が存在します（金商法15条3項，金商法施行令3条の2）。

2 目論見書の内容

交付目論見書には，有価証券届出書の記載事項と，有価証券届出書の記載事項以外の特記事項を記載することになります（金商法13条2項1号，企業内容開示府令12条・13条）。

前者について，たとえば2号様式を使用している場合は，第1部から第3部に掲げる事項を記載します。また，後者について，たとえば有価証券届出書の提出義務が生じる勧誘に係る目論見書においては，有価証券届出書が効力を生じている旨等を，既開示有価証券の売出総額が1億円以上の売出しに係る目論見書には，当該売出しに係る届出が行われていないこと等を記載します。

また，特定有価証券については，有価証券の内容に応じて，記載内容，特記事項が規定されています（特定有価証券開示府令15条・15条の2）。　【稲田　行祐】

Q15　発行登録制度

発行登録制度について教えてください。

A

　　将来，有価証券の募集または売出しを予定している者は，発行登録書をあらかじめ財務局等に提出して有価証券の募集または売出しを登録すれば，発行予定期間内はいつでも当該有価証券の取得勧誘または売付け勧誘等が可能となります。
　　また，発行登録書の効力が生じていれば，発行登録追補書類を提出するだけで，募集または売出しにより実際に有価証券を取得させまたは売り付けることができます。

解説

1　発行登録制度

(1) 制度趣旨

　Q13で述べたとおり，発行者や金融商品取引業者が，有価証券の募集または売出しにより有価証券を取得させまたは売り付けるには，有価証券届出書の提出の効力が生じていること（すなわち，財務局等が有価証券届出書を受理してから15日または7日が経過していること）が必要です。しかし，これでは機動的な資金調達が妨げられるおそれもあることから，発行登録制度が設けられています（金商法23条の3）。
　すなわち，将来，有価証券の募集または売出しを予定している者は，発行登録書をあらかじめ財務局に提出して有価証券の募集または売出しを登録すれば，

発行予定期間内はいつでも当該有価証券の取得勧誘または売付け勧誘等が可能となります。また，発行登録書の効力が生じていれば，発行登録追補書類を提出するだけで，募集または売出しにより実際に有価証券を取得させまたは売り付けることができます。

(2) 要　件

発行登録書，発行登録追補書類および目論見書には，企業に関する情報が記載されず，直近の有価証券報告書等を参照すべき旨のみ開示されます。そこで，発行登録制度を利用できるのは，有価証券届出書において参照方式の利用が可能な者（金商法5条4項）に限られています。

また，発行価額または売出価額の総額（発行予定額）が1億円以上であることが必要です。さらに，転売制限が付されている有価証券の売出しについては，発行登録制度は認められていません。具体的には，適格機関投資家向け勧誘または少人数向け勧誘に該当するものであった有価証券の売出し等については，発行登録制度は利用できません（金商法23条の3第1項ただし書）。これは，転売制限が付されている有価証券について，その転売制限に違反する売出しについてまでかかる制度を認める必要性が乏しいからです。

2　発行登録書の提出

(1) 発行登録書の様式・記載事項等

有価証券の募集または売出しを登録するために，発行予定期間（1年または2年間。金商法23条の6，企業内容開示府令14条の6），有価証券の種類，発行予定額等が記載された発行登録書（企業内容開示府令14条の3）を作成し，定款等の添付書類（金商法23条の3第2項，企業内容開示府令14条の4）とともに財務局等に提出します。なお，発行登録は，募集または売出しごとに，また，有価証券の種類ごとに行うことになります（企業内容等開示ガイドライン23の3－4）。

発行登録がなされた募集または売出しについては，募集または売出しに関する金商法上の規定は適用されません（金商法23条の3第3項）。

(2) 発行登録書の効力発生

発行登録書の効力については，有価証券届出書の効力に関する規定が準用さ

れているので，発行登録書は，財務局等が発行登録書を受理した日から15日を経過した日に効力が生じることになります（金商法23条の5第1項・8条1項）。ただ，発行登録書提出者は，参照方式による有価証券報告書を作成しているため，届出書類の内容が公衆に容易に理解されるとして，15日に満たない期間，具体的には概ね7日間でその効力が発生することになります（企業内容等開示ガイドライン8－2）。かかる効力発生後は有価証券の取得勧誘が可能になります。

3 発行登録追補書類等

　発行登録者や金融商品取引業者が，発行登録された有価証券を募集または売出しにより実際に取得させまたは売り付ける場合は，当該有価証券の募集または売出しごとに，その発行価額または売出価額の総額や発行条件または売出条件等が記載された発行登録追補書類を添付書類とともに財務局等に提出すれば足ります（金商法23条の8第1項・5項，企業内容開示府令14条の8）。ただ，投資者に対して，目論見書をあらかじめまたは同時に交付しなければならないことは，募集または売出しの場合と同様です（金商法23条の12・15条2項）。

　なお，発行登録追補書類は，実際に有価証券を取得させまたは売り付ける前であれば，いつでも提出できるのが原則です。もっとも，株主割当による募集または売出しに係る発行登録については，原則として，割当日の10日前までに提出しなければなりません（金商法23条の8第3項）。

【稲田　行祐】

第3節　流通開示規制

Q16　上場会社の流通開示

上場会社についてどのような流通開示規制があるのでしょうか。

A

> 　上場会社には，有価証券報告書の提出義務があります。また，四半期ごとに四半期報告書を，法定事由が生じた場合は臨時報告書や自己株券買付状況報告書を提出する必要があります。
> 　さらに，有価証券報告書と併せて，Q9，Q17の確認書および内部統制報告書を提出する必要があります。

解説

1　有価証券報告書

(1) 提出義務

(a) 投資家保護のため，流通性が高い有価証券については，当該有価証券発行後も継続的にその企業内容等を開示することが必要です。

そこで，次の有価証券の発行者は有価証券報告書の提出義務を負います（金商法24条1項）。

① 金融商品取引所に上場されている有価証券（上場会社）
② 認可金融商品取引業協会に登録された店頭売買有価証券（店頭登録会社）
③ ①②以外で，その募集または売出しにつき，有価証券届出書または発行

登録追補書類を提出した有価証券（発行開示会社）
④ ①~③以外で，外形基準に該当する会社の有価証券

ここで，外形基準とは，株券等については，当該事業年度または前4事業年度においてその所有者が1000名以上であるもの，有価証券投資事業権利等については，当該事業年度末日においてその所有者が500名以上であるものをいいます（金商法24条1項4号，金商法施行令3条の6第4項・4条の2第5項）。これは，上場されていない有価証券であっても，多数の投資者に保有されることとなった場合は，上場有価証券と同様の情報開示が必要とされることから規定されたものです。

(b) 提出義務の免除　もっとも，次の場合には，有価証券の流通性がなくなり，投資家保護の必要性も低下するという理由から，有価証券報告書の提出義務が免除されています。

① (a)の③により有価証券報告書の提出義務を負う場合で，株券の直近の募集または売出しに係る有価証券届出書等の提出日の帰属する事業年度終了後5年を経過しており，その事業年度を含む前5事業年度のすべての末日におけるその株券の所有者が300名未満で，有価証券報告書を提出しなくても公益または投資者保護に欠けることがないものとして内閣総理大臣の承認を受けたとき（金商法24条1項ただし書，金商法施行令3条の5）

② (a)の④により有価証券報告書の提出義務を負う場合で，その当該会社の資本金額が5億円未満であるとき（有価証券投資事業権利等の場合は，1億円未満），および当該事業年度の末日における当該有価証券の所有者が300名未満のとき（金商法24条1項ただし書，金商法施行令4条の11）

(c) 提出義務の中断　さらに，(a)③または④に該当することにより有価証券報告書の提出義務を負う者が次のいずれかに該当し，金融庁長官の承認を受けた場合にも，有価証券の流通性がなくなり投資家保護の必要性も低下するとして，有価証券報告書を提出する必要がなくなります（金商法24条1項ただし書，金商法施行令4条2項，企業内容開示府令16条2項）。

① 清算中の者
② 相当の期間事業を休止している者
③ (a)③により有価証券報告書の提出義務を負う者で，当該有価証券の所有

者が25名未満である者

なお，これらの場合は，それに係る承認申請のあった日の属する事業年度から，これらに該当しないこととなる日の属する事業年度の直前事業年度までの有価証券報告書を提出する必要がないこととなります。

(2) **提出時期，提出先**

有価証券報告書は，毎事業年度経過後3か月以内に提出する必要があります（金商法24条1項本文）。もっとも，やむを得ない理由により当該期間内に提出できないと認められる場合には，あらかじめ財務局長等の承認を得たうえで，期限を延長することができます（企業内容開示府令15条の2）。

なお，提出先は，有価証券届出書等と同じで，提出会社の資本金額および金融商品取引所の上場の有無により，次のように区分されています（企業内容開示府令20条1項・2項）。

① 資本金額50億円未満の会社および非上場会社は，本店所在地を管轄する財務局または財務支局
② ①以外の会社は，関東財務局

(3) **記載事項，訂正**

有価証券報告書には，当該会社の商号，属する企業集団および経理状況その他の公益または投資者保護のために必要かつ適当なものを記載する必要があります。そして，内国会社の有価証券報告書には，次の3種類の様式が用意されています（企業内容開示府令15条1号）。

① 3号様式（通常様式）
② 3号の2様式（少額募集様式）
③ 4号様式（新規公開様式）

基本的には，通常様式を用いることになりますが，少額募集を行う場合や新規に株式を公開する場合は，それぞれに応じた様式を使用することになります。

有価証券報告書の提出後，その効力発生前において，重要事項の変更その他公益または投資者保護のため当該書類の内容を訂正する必要がある場合は，訂正届出書を提出する必要があります（金商法24条の2第1項・7条前段，企業内容開示府令11条）。また，これら以外の場合であっても，訂正届出書を提出することは可能です（金商法24条の2第1項・7条後段）。

なお，財務局等は，届出者に対して訂正届出書の提出を命ずることができます（金商法24条の2第1項・9条1項）。

2　四半期報告書

(1)　提出義務

　四半期報告書は，有価証券報告書を補完するもので，投資判断に影響を与える事実をより頻繁に開示することにより，投資家に対する充実した情報開示を確保しようとするものです。

　かかる四半期報告書の提出義務を負うのは，有価証券報告書の提出義務者のうち，幅広い投資者の参加が予定され流動性が高い市場がある上場会社と店頭登録会社（1(a)①②）で，株券等のエクイティものの有価証券の発行者です（金商法24条の4の7第1項，金商法施行令4条の2の10第1項）。

　なお，各年度末においては，有価証券報告書を提出すれば足り，四半期報告書を提出する必要はありません。

　また，上記以外の会社であっても，四半期報告書を任意に提出することは可能です（金商法24条の4の7第2項）。

(2)　提出時期

　四半期報告書は，原則として，各四半期経過後45日以内に提出する必要があります（金商法施行令4条の2の10第3項）。

　もっとも，やむを得ない理由により当該期間内に提出できないと認められる場合には，あらかじめ財務局長等の承認を得たうえで，期限を延長することができます（企業内容開示府令17条の15の2）。

(3)　記載事項，訂正

　四半期報告書には，当該会社の属する企業集団の経理状況その他の公益または投資者保護のために必要かつ適当なものを記載する必要があります。そして，内国会社の四半期報告書には4号の3様式が用意されています（企業内容開示府令17条の15第1項1号）。

　なお，四半期報告書の訂正については，有価証券報告書の場合と同様です（金商法24条の4の7第4項・7条・9条等）。

3 臨時報告書

(1) 提出義務

臨時報告書は，四半期報告書とともに，有価証券報告書を補完するもので，企業内容等について臨時的に発生した事実で，投資判断に重要な影響を与えるものを直ちに開示することにより，投資家を保護しようとするものです。

かかる臨時報告書の提出義務を負うのは，有価証券報告書の提出義務者で，その発行する有価証券の募集または売出しが海外で行われる場合，その他公益または投資者保護のため必要かつ適当なものとして内閣府令で定める場合に該当することとなった者です（金商法24条の5第4項，企業内容開示府令19条）。

具体的な提出事由は，企業内容等の開示に関する内閣府令19条1項および2項に記載されており，海外における有価証券の募集または売出しや私募による有価証券の発行，届出を要しないストックオプションの発行等が挙げられています。

(2) 提出時期

提出時期については，提出事由ごとに多少異なりますが，基本的には，当該提出事由が発生したときから遅滞なく，または当該提出事由に関する取締役会決議もしくは株主総会決議があったときから遅滞なく等とされています。

(3) 記載事項，訂正

臨時報告書には，提出事由ごとにその内容を記載する必要があります。そして，内国会社の臨時報告書には5号の3様式が用意されています（企業内容開示府令19条2項）。

なお，臨時報告書の訂正については，有価証券報告書の場合と同様です（金商法24条の5第5項・7条・9条等）。

4 自己株券買付状況報告書

(1) 提出義務

自己株式の取得は，新株の発行の反対の効果を持つ行為であり，会社の資本

構成に変動をもたらすため、投資判断にも大きな影響を与えます。そこで、上場会社や店頭登録会社（ 1 (1)(a)①②）等は、自己株式の取得について株主総会決議または取締役会決議があった場合は、自己株券買付状況報告書を提出しなければなりません（金商法24条の6第1項、金商法施行令4条の3）。

(2) **提出時期**

自己株式の取得について決議があった株主総会または取締役会（以下「株主総会等」といいます）の終結した日の属する月から、株主総会等で決議した自己株式を取得することができる期間の満了する日の属する月までの各月（以下「報告月」といいます）ごとに、各報告月の翌月15日までに、自己株券買付状況報告書を提出する必要があります。

(3) **記載事項、訂正**

自己株券買付状況報告書には、各報告月中に行った自己株式の買付状況に関する事項、その他の公益または投資者保護のため必要かつ適当な事項を記載する必要があり、具体的には17号様式が用意されています（企業内容開示府令19条の3）。

なお、自己株券買付状況報告書の訂正については、有価証券報告書の場合と同様です（金商法24条の6第2項・7条・9条等）。

上場会社の流通開示規制

① 有価証券報告書
② 四半期報告書
③ 臨時報告書
④ 自己株券買付状況報告書

【稲田　行祐】

Q17 確認書，内部統制報告書

確認書と内部統制報告書について教えてください。

A

> 確認書とは，有価証券報告書の記載内容が金融商品取引法に基づき適正であることを，当該会社の代表者（および最高財務責任者）が確認した旨を記載した書面です。
> 内部統制報告書とは，会社の属する企業集団および会社に係る財務計算に関する書類その他の情報の適正性を確保するために必要な体制について，当該会社の代表者（および最高財務責任者）の評価等を記載した報告書のことです。

解説

1 確認書

(1) 確認書とは

確認書とは，有価証券報告書の記載内容が金融商品取引法に基づき適正であることを，当該会社の代表者（および最高財務責任者）が確認した旨を記載した書面のことです。

金融商品取引法成立以前は，かかる確認書の提出は任意とされていましたが，充実した内部統制を確保するために，2 で説明する内部統制報告書とともに金融商品取引法施行時に義務化されたものです。

確認書の提出義務を負うのは，四半期報告書と同様です。具体的には，有価証券報告書の提出義務者のうち，幅広い投資者の参加が予定され流動性が高い

市場がある上場会社と店頭登録会社（**Q16**□1□(1)(a)①②）で，株券等のエクイティものの有価証券の発行者です（金商法24条の4の2第1項，金商法施行令4条の2の5第1項）。かかる提出義務を負う者は，有価証券報告書と併せて確認書を財務局等に提出することになります。

なお，確認書の規定は，四半期報告書または半期報告書についても準用されていますので，これらの報告書の提出と併せても確認書の提出が必要となります（金商法24条の4の8・24条の5の2）。

(2) 記載内容

確認書は，提出者が内国会社であるときは，4号の2様式により作成する必要があります（企業内容開示府令17条の10第1項1号）。

具体的には，代表者・最高財務責任者の氏名のほか，次の事項を記載することになります。

① 有価証券報告書の記載内容の適正性に関する事項
② 特記事項

なお，確認書の訂正については，有価証券報告書の場合と同様です（金商法24条の4の3第1項・7条・9条等）。

２ 内部統制報告書

(1) 内部統制報告書とは

内部統制報告書とは，会社の属する企業集団および会社に係る財務計算に関する書類その他の情報の適正性を確保するために必要なものとして内閣府令で定める体制について，内閣府令で定めるところにより評価した報告書のことです。

これは，会社における内部統制を充実させることにより，有価証券報告書等の記載内容の適正さを確保し，個々の開示企業のみならず証券市場全体に対する信頼を高めることを目的とするものです。

内部統制報告書の提出義務を負うのは，四半期報告書や確認書と同様で，有価証券報告書の提出義務者のうち，幅広い投資者の参加が予定され流動性が高い市場がある上場会社と店頭登録会社（**Q16**□1□(1)(a)①②）で，株券等のエクイ

ティものの有価証券の発行者です（金商法24条の4の4第1項、金商法施行令4条の2の7第1項）。かかる提出義務を負う者は、有価証券報告書と併せて内部統制報告書を財務局等に提出することになります。

なお、確認書と異なり、内部統制報告書は有価証券報告書とのみ併せて提出すればよいことになっています。

(2) 記載内容

内部統制報告書は、提出者が内国会社であるときは、財務計算に関する書類その他の情報の適正性を確保するための体制に関する内閣府令第1号様式により作成する必要があります（内部統制府令4条1項1号）。具体的には、代表者・最高財務責任者の氏名のほか、次の事項を記載することになります。

① 財務報告に係る内部統制の基本的枠組みに関する事項
② 評価の範囲、基準日および評価手続に関する事項
③ 評価結果に関する事項
④ 付記事項
⑤ 特記事項

作成した内部統制報告書は、原則として、利害関係のない公認会計士または監査法人の監査証明を受けなくてはなりません（金商法193条の2第2項）。

なお、内部統制報告書の訂正については、有価証券報告書の場合と同様です（金商法24条の4の5第1項・7条・9条等）。

(3) 会社法との関係

なお、会社法においても内部統制が求められていますが、その内容は、取締役の職務執行が法令や定款に適合することを確保するための体制その他株式会社の業務の適正を確保するために必要な体制を整備するもので（会社法362条4項6号、会社法施行規則100条）、取締役の善管注意義務を具体化したものです。よって、金融商品取引法における内部統制とは目的・内容が異なります。

【稲田　行祐】

Q18 非上場会社，ファンドの流通開示

非上場会社やファンドについてどのような流通開示規制があるのでしょうか。

A

> 非上場会社やファンドであっても，有価証券届出書を提出している場合等は，有価証券報告書，半期報告書を提出する必要があります。また，法定事由が生じた場合は臨時報告書を提出する必要があります。

解説

1 非上場会社の流通開示

(1) 有価証券報告書
(a) 提出義務　Q16で述べたとおり有価証券報告書の提出義務を負うのは，次の有価証券の発行者とされています（金商法24条1項）。
① 金融商品取引所に上場されている有価証券（上場会社）
② 認可金融商品取引業協会に登録された店頭売買有価証券（店頭登録会社）
③ ①②以外で，その募集または売出しにつき，有価証券届出書または発行登録追補書類を提出した有価証券（発行開示会社）
④ ①～③以外で，外形基準に該当する会社の有価証券

ここで，外形基準とは，株券等については，当該事業年度または前4事業年度においてその所有者が1000名以上であるもの，有価証券投資事業権利等については，当該事業年度末日においてその所有者が500名以上であるものをい

います（金商法24条1項4号，金商法施行令3条の6第4項・4条の2第5項）。これは，上場されていない有価証券であっても，多数の投資者に保有されることとなった場合は，上場有価証券と同様の情報開示が必要とされることから規定されたものです。

よって，非上場会社であっても，③または④に該当する場合は，有価証券報告書を提出する必要があります。

もっとも，次の場合には，有価証券の流通性がなくなり，投資家保護の必要性も低下するという理由から，有価証券報告書の提出義務が免除されています。

① (a)の③により有価証券報告書の提出義務を負う場合で，株券の直近の募集または売出しに係る有価証券届出書等の提出日の帰属する事業年度終了後5年を経過しており，その事業年度を含む前5事業年度のすべての末日におけるその株券の所有者が300名未満で，有価証券報告書を提出しなくても公益または投資者保護に欠けることがないものとして内閣総理大臣の承認を受けたとき（金商法24条1項ただし書，金商法施行令3条の5）

② (a)の④により有価証券報告書の提出義務を負う場合で，その当該会社の資本金額が5億円未満であるとき（有価証券投資事業権利等の場合は，1億円未満），および当該事業年度の末日における当該有価証券の所有者が300名未満のとき（金商法24条1項ただし書，金商法施行令4条の11）

さらに，(a)③または④に該当することにより有価証券報告書の提出義務を負う者が次のいずれかに該当し，金融庁長官の承認を受けた場合にも，有価証券の流通性がなくなり投資家保護の必要性も低下するとして，有価証券報告書を提出する必要がなくなります（金商法24条1項ただし書，金商法施行令4条2項，企業内容開示府令16条2項）。

① 清算中の者
② 相当の期間事業を休止している者
③ (a)③により有価証券報告書の提出義務を負う者で，当該有価証券の所有者が25名未満である者

なお，これらの場合は，それに係る承認申請のあった日の属する事業年度から，これらに該当しないこととなる日の属する事業年度の直前事業年度までの有価証券報告書を提出する必要がないこととなります。

(b) 提出時期，提出先　有価証券報告書は，毎事業年度経過後3か月以内に提出する必要があります（金商法24条1項本文）。もっとも，やむを得ない理由により当該期間内に提出できないと認められる場合には，あらかじめ財務局長等の承認を得たうえで，期限を延長することができます（企業内容開示府令15条の2）。

なお，提出先は，有価証券届出書等と同じで，提出会社の資本金額および金融商品取引所の上場の有無により，次のように区分されています（企業内容開示府令20条1項・2項）。

① 資本金額50億円未満の会社および非上場会社は，本店所在地を管轄する財務局または財務支局
② ①以外の会社は，関東財務局

(c) 記載事項，訂正　有価証券報告書には，当該会社の商号，属する企業集団および経理状況その他の公益または投資者保護のために必要かつ適当なものを記載する必要があります。そして，内国会社の有価証券報告書には，次の3種類の様式が用意されています（企業内容開示府令15条1号）。

① 3号様式（通常様式）
② 3号の2様式（少額募集様式）
③ 4号様式（新規公開様式）

基本的には，通常様式を用いることになりますが，少額募集を行う場合や新規に株式を公開する場合は，それぞれに応じた様式を使用することになります。

有価証券報告書の提出後，その効力発生前において，重要事項の変更その他公益または投資者保護のため当該書類の内容を訂正する必要がある場合は，訂正届出書を提出する必要があります（金商法24条の2第1項・7条前段，企業内容開示府令11条）。また，これら以外の場合であっても，訂正届出書を提出することは可能です（金商法24条の2第1項・7条後段）。

なお，財務局等は，届出者に対して訂正届出書の提出を命ずることができます（金商法24条の2第1項・9条1項）。

(2) 半期報告書

(a) 幅広い投資者の参加が予定され流動性が高い市場がある上場会社と店頭登録会社（1(1)(a)①②）については，Q16で説明したとおり四半期報告書を

提出しなければなりませんが、それ以外の有価証券報告書提出会社（1(1)(a)③④）については、半期報告書を提出すれば足ります（金商法24条の 5）。

(b) 提出時期　半期報告書は、原則として、半期経過後 3 か月以内に提出する必要があります。

もっとも、やむを得ない理由により当該期間内に提出できないと認められる場合には、あらかじめ財務局長等の承認を得たうえで、期限を延長することができます（企業内容開示府令17条の15の 2）。

(c) 記載事項、訂正　半期報告書には、当該会社の属する企業集団の経理状況その他の公益または投資者保護のために必要かつ適当なものを記載する必要があります。そして、内国会社の四半期報告書には通常方式である 5 号様式と、少額募集様式である 5 号の 2 様式が用意されています（企業内容開示府令18条 1 項 1 号・ 2 号）。

なお、半期報告書の訂正については、有価証券報告書の場合と同様です（金商法24条の 5 第 5 項・ 7 条・ 9 条等）。

(3) 　**臨時報告書**

上場会社と同様に、企業内容等の開示に関する内閣府令19条 1 項・ 2 項に記載された事由が発生した場合は、臨時報告書を提出する必要があります（金商法24条の 5 第 4 項）。

非上場会社の流通開示規制

① 　有価証券報告書
② 　半期報告書
③ 　臨時報告書

2 　ファンドの流通開示

(1) 　有価証券報告書

ファンドであっても，非上場会社と同様，発行開示会社または外形基準該当会社（⬜1⃣(1)ⓐ③④）に該当する場合は有価証券報告書を提出する必要があります（金商法24条1項・5項）。

もっとも，Q13で説明したように，発行体が保有する資産をその価値の裏づけとする資産金融型証券は，金融商品取引法においては「特定有価証券」とされ，有価証券届出書について企業金融型証券（株券・社債等）とは異なる様式が用意されています。これに対応し，有価証券報告書についても，株券等とは異なる様式が用意されています（特定有価証券開示府令22条）。

たとえば，投資事業有限責任組合契約に基づきファンドを組成している場合は，内国有価証券投資事業権利等として9号の5様式を使用することになります（特定有価証券開示府令22条1項13号）。

(2) 半期報告書

非上場会社と同様，半期経過後3か月以内に，当該会社の属する企業集団の経理状況その他の公益または投資者保護のために必要かつ適当なものを記載した半期報告書を提出する必要があります（金商法24条の5第1項・3項）。

(3) 臨時報告書

上場会社や非上場会社と同様に，特定有価証券の内容等の開示に関する内閣府令29条1項・2項に記載された事由が発生した場合は，臨時報告書を提出する必要があります（金商法24条の5第4項）。

ファンドの流通開示規制

① 有価証券報告書
② 半期報告書
③ 臨時報告書

【稲田　行祐】

第4節　虚偽記載がある場合の損害賠償責任

Q19　発行開示書類に虚偽記載がある場合

有価証券届出書や目論見書に虚偽記載等があった場合，投資家は発行者等に対して，どのような請求ができますか。

A

> 有価証券届出書に虚偽記載等があった場合は，届出者やその役員・売出人等に対して損害賠償を請求することができます。
> また，目論見書に虚偽記載等があった場合は，投資家は目論見書の使用者および作成者に対して損害賠償を請求することができます。

解説

1　虚偽記載等のある有価証券届出書の届出者の賠償責任

(1) 概　要

粉飾の予防および投資家の損害の事後的回復手段を確保すべく，金融商品取引法は様々な損害賠償制度を設けています。

まず，有価証券届出書のうちに，重要な事項について虚偽の記載があり，または記載すべき重要な事項もしくは誤解を生じさせないために必要な重要な事実の記載が欠けているときは，当該有価証券届出書の届出者は，当該有価証券を当該募集または売出しに応じて取得した者に対し，損害賠償責任を負います（金商法18条1項本文）。

この賠償責任は，いわゆる無過失責任とされており，投資家（請求者）は届出者の故意・過失を立証する必要がありません。
　ただし，投資家が，当該有価証券の取得の申込みの際に，虚偽表示等を知っていたことを届出者が立証した場合は，届出者は免責されます（金商法18条1項ただし書）。
　なお，ここにおける「重要な事項」に該当するかどうかは，「投資者の投資判断に極めて重要な影響を及ぼすもの」（金商法13条2項1号イ(1)，企業内容開示府令12条）の内容が参考になります。

(2) **損害賠償額**

　(1)の規定による損害賠償の額は，投資家が当該有価証券の取得について支払った額から，次のいずれかを控除した額とされています（金商法19条1項）。

① 損害賠償を請求する時における市場価額（市場価額がないときは，その時における処分推定価額）

② 損害賠償請求前に当該有価証券を処分した場合は，その処分価額

　もっとも，届出者は，投資家が被った損害と虚偽記載等との間の因果関係の不存在を立証した場合は，その範囲で免責されます（金商法19条2項）。

(3) **損害賠償請求権の消滅時効等**

　(1)の損害賠償請求権は，請求権者である投資家が，虚偽記載等を知った時または相当な注意をもって知ることができる時から3年間行使しないときは，時効消滅します（金商法20条前段）。
　また，当該有価証券募集または売出しに係る届出の効力が生じた時から7年間行使しない場合も，損害賠償請求権は消滅します（除斥期間。金商法20条後段）。

2　虚偽記載等のある有価証券届出書の届出者の役員等の賠償責任

(1) **概　　要**

　届出者の賠償責任だけでは，投資家保護として不十分な場合が想定されることから，金融商品取引法は，届出者の役員等の賠償責任も規定しています。
　具体的には，有価証券届出書のうちに虚偽記載等があった場合は，次の者（以下「役員・売出人等」といいます）は，当該有価証券を当該募集または売出しに

応じて取得した者に対し，虚偽記載等により生じた損害の賠償責任を負います（金商法21条1項各号）。

① 届出者の届出書提出時の役員等（取締役，会計参与，監査役もしくは執行役またはこれらに準じる者をいいます）または届出者の発起人
② 当該売出しに係る有価証券の所有者（その者が有価証券を所有している者からその売出しをすることを内容とする契約によりこれを取得した場合はその契約の相手方）
③ 有価証券届出書に係る監査証明について，虚偽記載等があるものを虚偽記載等がないものとして証明した公認会計士または監査法人
④ 当該募集に係る有価証券の発行者または②に掲げる者のいずれかと元引受契約を締結した金融商品取引業者または登録金融機関

元引受契約とは，有価証券の募集または売出しに際して締結する次の各号のいずれかの契約をいいます（金商法21条4項）。

(i) 当該有価証券を取得させることを目的として，当該有価証券の全部または一部を発行者または所有者（金融商品取引業者および登録金融機関を除く）から取得することを内容とする契約（買取引受契約）（金商法21条4項1号）
(ii) 当該有価証券の全部または一部につき他にこれを取得する者がない場合に，その残部を発行者または所有者（金融商品取引業者および登録金融機関を除く）から取得することを内容とする契約（残額引受契約）（金商法21条4項2号）

ただし，投資家が，当該有価証券の取得の申込みの際に，虚偽表示等を知っていたことを届出者が立証した場合は，届出者は免責されます（金商法21条1項ただし書）。

(2) **免責事由**

上記賠償責任は，⬜1⬜の届出者の責任と異なり過失責任とされているため，次の場合には役員・売出人等は免責されます（金商法21条2項）。なお，立証責任は役員・売出人等に転嫁されています。

(a) 役員等，売出人　虚偽記載等を知らず，かつ，相当の注意を用いたにもかかわらず知ることができなかったことを証明したとき
(b) 公認会計士，監査法人　虚偽の監査証明をしたことについて故意・過

失がなかったことを証明したとき

(c) 元引受契約を締結した金融商品取引業者および登録金融機関　虚偽記載等を知らず，かつ，財務書類に係る部分以外の部分については，相当の注意を用いたにもかかわらず知ることができなかったことを証明したとき

(3) その他

なお，届出者ではなく投資家が虚偽記載等と損害の間の因果関係を立証する必要があること，損害賠償額が法定されていないこと，短期消滅時効等が存在しないことも，1 の届出者の責任と異なります。

3　虚偽記載等のある目論見書の使用者の賠償責任

届出が必要な募集または売出し（金商法 4 条 1 項），適格機関投資家取得有価証券一般勧誘であって，当該有価証券について開示が行われていないもの（同条 2 項），特定投資家等取得有価証券一般勧誘であって，当該有価証券について開示が行われていないもの（同条 3 項）またはすでに開示された有価証券の募集または売出しについて，重要な事項について虚偽記載等がある目論見書または重要な事項について虚偽の表示もしくは誤解を生じさせないために必要な事実の表示が欠けている資料を使用して有価証券を取得させた者は，損害賠償責任を負います（金商法17条本文）。

この賠償責任は，4 で説明する虚偽記載等のある目論見書の作成者の賠償責任と異なり，過失責任とされています。もっとも，立証責任は転嫁されており，使用者が，故意・過失がないことを立証する必要があります（金商法17条ただし書）。

4　虚偽記載等のある目論見書の作成者の賠償責任

(1) 概　　要

目論見書のうちに，重要な事項について虚偽記載等があるときは，当該目論見書の作成者は，当該有価証券を当該募集または売出しに応じ，当該目論見書の交付を受けて取得した者に対し，損害賠償責任を負います（金商法18条 2 項）。

この賠償責任は，虚偽記載等のある有価証券届出書の届出者の賠償責任と同様，いわゆる無過失責任とされており，投資家は作成者の故意・過失を立証する必要がありません。これにより，目論見書使用者が自己に故意・過失がないことを立証したことにより，使用者に対して損害賠償を請求することができない場合であっても（3 参照）投資家の保護が図られることになります。ただし，投資家が，当該有価証券の取得の申込みの際に，虚偽記載等を知っていたことを作成者が立証した場合は，作成者は免責されます。

また，損害賠償額が法定されていることや短期消滅時効等については，有価証券届出書に虚偽記載等がある場合の届出者の責任（1 参照）と同様です。

(2) 関係者の責任

なお，目論見書の作成者の役員・売出人の賠償責任は規定されていますが，有価証券届出書の虚偽記載等の場合と異なり，公認会計士・監査法人，元引受契約を締結した金融商品取引業者および登録金融機関の賠償責任は規定されていません（金商法21条3項）。前者については，目論見書に記載される監査証明は有価証券届出書の監査証明の写しであり，有価証券届出書の虚偽記載等に関する規定により対応できること，後者については，前述した目論見書の使用者に関する規定により対応できることがその理由とされています。

5 無届募集または目論見書不交付による賠償責任

有価証券の発行者等が投資家に実際に有価証券を取得させるには，当該有価証券届出書の効力が発生している必要がありますが（金商法15条1項），かかる効力発生前に有価証券を取得させた場合は，取得者に対して損害賠償責任を負います（金商法16条）。

また，有価証券の発行者等が投資家に実際に有価証券を取得させる場合は，目論見書をあらかじめまたは同時に交付する必要がありますが（金商法15条3項），目論見書を交付せずに有価証券を取得させた場合は，取得者に対して損害賠償責任を負います（金商法16条）。

この賠償責任は，いわゆる無過失責任とされており，投資家は届出者の故意・過失を立証する必要がありません。

【稲田　行祐】

Q20 流通開示書類に虚偽記載がある場合

有価証券報告書等に虚偽記載があった場合，投資家は提出者等に対して，どのような請求ができますか。

A

> 有価証券報告書等に虚偽記載等があった場合は，提出者やその役員・売出人等に対して損害賠償を請求することができます。

解説

1 虚偽記載等のある有価証券報告書等の提出者の賠償責任

(1) 概　要

次の公衆縦覧書類（金商法25条1項各号）のうちに，重要な事項について虚偽の記載があり，または記載すべき重要な事項もしくは誤解を生じさせないために必要な重要な事実の記載が欠けているときは，当該書類の提出者は，当該書類の提出者（またはその者を親会社等とする者）が発行者である有価証券を，募集または売出しによらないで取得した者に対し，損害賠償の責任を負います（金商法21条の2第1項本文）。

① 有価証券届出書およびその添付書類ならびにこれらの訂正届出書
② 発行登録書およびその添付書類，発行登録追補書類およびその添付書類ならびにこれらの訂正発行登録書
③ 有価証券報告書およびその添付書類ならびにこれらの訂正報告書
④ 確認書およびその訂正確認書
⑤ 内部統制報告書およびその添付書類ならびにこれらの訂正報告書

⑥ 四半期報告書およびその訂正報告書
⑦ 半期報告書およびその訂正報告書
⑧ 臨時報告書およびその訂正報告書
⑨ 自己株券買付状況報告書およびその訂正報告書
⑩ 親会社等状況報告書およびその訂正報告書

なお，この賠償責任は，いわゆる無過失責任とされており，投資家は公衆縦覧の提出者の故意・過失を立証する必要がありません。

ただし，投資家が，当該有価証券の取得の際に，虚偽記載等を知っていたことを提出者が立証した場合は，提出者は免責されます（金商法21条の2第1項ただし書）。

(2) 損害賠償額

(1)の規定による損害賠償の額は，投資家が当該有価証券の取得について支払った額から，次のいずれかを控除した額とされています（金商法21条の2第1項本文・19条1項）。

① 損害賠償を請求する時における市場価額（市場価額がないときは，その時における処分推定価額）
② 損害賠償請求前に当該有価証券を処分した場合は，その処分価額

もっとも，当該書類の虚偽記載等の事実が公表されたときは，当該虚偽記載等の事実が公表された日（以下「公表日」といいます）前1年以内に当該有価証券を取得し，当該公表日において引き続き当該有価証券を所有する者は，当該公表日前1か月間の当該有価証券の市場価額（または処分推定価額）の平均額から，当該公表日後1か月間の当該有価証券の市場価額（または処分推定価額）の平均額を控除した額を，当該虚偽書類等により生じた損害の額とすることができます（金商法21条の2第2項）。

ここでいう「虚偽記載等の事実が公表されたとき」とは，当該書類の提出者等により，当該書類の虚偽記載等に係る記載すべき重要な事項または誤解を生じさせないために必要な重要な事実について，金融商品取引法25条1項の規定による公衆の縦覧その他の手段により，多数の者の知りうる状態に置く措置がとられたことをいいます（金商法21条の2第3項）。

他方，当該書類の提出者等は，投資家が被った損害と虚偽記載等との間の因

果関係の不存在を立証した場合は，その範囲で免責されます（金商法21条の2第4項）。

また，裁判官は，口頭弁論の全趣旨および証拠調べの結果に基づいて，免責額として相当な額を認定することができます（金商法21条の2第5項）。

(3) 消滅時効等

(1)の損害賠償請求権は，請求権者である投資家が，虚偽記載等を知った時または相当な注意をもって知ることができる時から2年間行使しないときは，時効消滅します（金商法21条の3・20条前段）。

また，当該有価証券報告書等が提出された時から5年間行使しない場合も，損害賠償請求権は消滅します（除斥期間。金商法21条の3・20条後段）。

2 虚偽記載等のある有価証券報告書等の提出者の役員等の賠償責任

(1) 概　要

有価証券届出書のうちに，虚偽記載等があった場合は，次の者（以下「役員・売出人等」といいます）は，虚偽記載等を知らずに当該有価証券を当該募集または売出しによらないで取得した者に対し，虚偽記載等により生じた損害の賠償責任を負います（金商法22条1項）。

① 届出者の届出書提出時の役員等（取締役，会計参与，監査役もしくは執行役またはこれらに準じる者をいいます）または届出者の発起人

② 有価証券届出書に係る監査証明について，虚偽記載等があるものを虚偽記載等がないものとして証明した公認会計士または監査法人

なお，請求権者である投資家が，自己が虚偽記載等につき善意であることを立証する必要があること，流通開示書類に関する虚偽記載等として扱われるため，募集または売出しに関係した金融商品取引業者等は責任主体から除かれていることは，発行開示書類としての有価証券届出書の役員等の損害賠償責任と異なっています。

他方，免責事由や，損害賠償額が法定されていないこと，短期消滅時効等が存在しないこと等は，発行開示書類としての有価証券届出書の役員等の損害賠償責任と同様です（金商法22条2項）。

(2) 有価証券報告書等への準用

また，(1)の規定は，他の公衆縦覧書類に虚偽記載等があった場合について準用されています。

① 有価証券報告書およびその添付書類ならびにこれらの訂正報告書（金商法24条の4）

② 内部統制報告書およびその添付書類ならびにこれらの訂正報告書（金商法24条の4の6）

③ 四半期報告書およびその訂正報告書（金商法24条の4の7第4項）

④ 半期報告書およびその訂正報告書（金商法24条の5第5項）

⑤ 臨時報告書およびその訂正報告書（金商法24条の5第5項）

⑥ 自己株券買付状況報告書およびその訂正報告書（金商法24条の6第2項）

【稲田　行祐】

Q21 有価証券報告書等の虚偽記載等に関する判例

実際に問題となった有価証券報告書等の虚偽記載等に関する判例について教えてください。

A

> 発行開示書類に虚偽記載がある事件に関する判例として有名なものとしては、アジャン・ドール倶楽部事件があります。
> 流通開示書類に虚偽記載がある事件に関する判例として有名なものは、西武鉄道事件とライブドア事件等があります。

解説

1 発行開示書類に虚偽記載がある事件に関する判例

(1) アジャン・ドール倶楽部事件の概要

英国法人Aが情報収集・提供のために日本に設立したアジャン・ドール倶楽部の代表取締役および取締役が、ある短資会社に対して、Aのグループ企業Bの外国証券の取得を勧誘しましたが、その際に用いられた同証券の目論見書の記載は投資資金の送金先、資金の運用方法、担保・保証の有無等多くの重要な点において実態と食い違うものでした。そこで、上記短資会社が、アジャン・ドール倶楽部、同社代表取締役および取締役に対して、平成16年法律第97号による改正前証券取引法17条（虚偽記載のある目論見書等の使用者の賠償責任）、同法21条3項（虚偽記載のある目論見書作成関与者の責任）および会社法350条に基づいて、損害賠償請求を行った事案です[1]。

(2) 論　点

本件では，アジャン・ドール倶楽部の代表取締役および取締役が平成16年法律第97号による改正前証券取引法17条の「有価証券を取得させた者」に該当するかが主な争点となりました。

(3) 判　旨

原審では，「有価証券を取得させた者」は，当該有価証券の発行者，募集もしくは売出しをする者，引受人もしくは証券会社等またはこれらと同視できる者（以下「発行者等」といいます）に限るとし，アジャン・ドール倶楽部の代表取締役および取締役は，当該有価証券の発行者B等と同視できる者ではないとして，請求を棄却しました。

他方，最高裁判所は，平成16年法律第97号による改正前証券取引法17条の文言は責任主体を発行者等に限定していないこと，虚偽記載のある目論見書等の使用禁止を規定する同法13条5項が「何人も」としており，主体を一切限定していないこと，発行者の責任については同法18条2項で規定されていること等を理由に，「有価証券を取得させた者」は，虚偽記載のある目論見書等を使用して有価証券を取得させた者であれば足り，発行者等に限定されないとして，上記代表取締役および取締役も「有価証券を取得させた者」に該当すると判示しました。

［2］ 流通開示書類に虚偽記載がある事件に関する判例

(1) 西武鉄道事件

(a) 事件の概要　　西武鉄道は，東京証券取引所に上場していましたが，同社株式のうち，他人名義で保有しているものの，実質的にはプリンスホテル（旧コクド）が保有しているものが多数あったため，同取引所の上場廃止基準（大株主上位10名および特別利害関係者が所有する株式の数〔いわば市場で流通する可能性の低い株式数のこと〕をいい，この比率が上場株式数の80％以下であることが必要とされています）に抵触する状態となっていました。つまり，西武鉄道は，同社の有価証券報告書等においてプリンスホテルが保有する株式数を過少に記載するといった虚偽記載をプリンスホテルの関与の下に行っていましたが，平成

16年10月に，上記虚偽記載を公表したため，同社株式は大幅に下落し続け，同年12月に上場廃止となりました。

　そこで，西武鉄道の株式を取得した機関投資家や一般投資家が，西武鉄道および同社の役員等に対して，不法行為（民法709条・719条）ないし平成16年法律第97号による改正前証券取引法24条の4（不実の報告書に関する責任），同法22条1項（不実の届出書に関する関係者の責任），同法21条1項1号（不実の届出書に関する関係者の発行市場における賠償責任）等に基づき損害賠償請求を行った事案です[*2]。

　(b)　論　　点　西武鉄道の有価証券報告書虚偽記載をめぐる判決は数多く存在し，「有価証券報告書の虚偽記載と因果関係のある損害の範囲」が主な争点となっています。

　(c)　判　　旨　株式取得額から処分価額を控除した額を損害とする判例[*3]や損害の性質上その額を立証することが極めて困難であるときに，裁判所が自ら損害額を認定することを認める民事訴訟法248条を適用する判例[*4]等があります。後者については具体的には，公表日の株価の15％が損害と認定されたものが存在します。

　なお，(2)で説明するとおり，本事件を踏まえて平成16年改正により損害額の推定規定（証取法21条の2第2項）が導入されました。もっとも，推定規定を利用する場合でも原告は推定損害額を超える損害を被ったことを立証することができ，他方，被告も虚偽記載と損害との因果関係の不存在を反証することもできます。また，発行者の役員等についてはかかる推定規定は適用されませんので，本事件に関する議論は今後も先例としての価値を有すると思われます。

(2)　ライブドア事件

　(a)　事件の概要　ライブドアは，架空売上げや，本来計上できない売却益等を連結売上げに計上した連結損益計算書を掲載した有価証券報告書を提出していました。平成18年1月，証券取引法違反の容疑でライブドアに対する強制捜査が開始され，また，東京地検の検察官からの伝達によりマスメディアで大々的に報道されました。さらに，ライブドアの代表者等が逮捕される等したため，同社株は大幅に下落し続け，同年4月に上場廃止となりました。

　そこで，ライブドアの株式を取得した機関投資家や一般投資家が，ライブド

ア，同社の役員等に対して，不法行為（民法709条・719条）ないし平成18年法律第65号による改正前証券取引法21条の2（縦覧書類の虚偽記載等に係る賠償責任），同法24条の4，同法22条1項，同法21条1項1号等に基づき損害賠償請求を行った事案です（機関投資家訴訟＊5，一般投資家訴訟＊6）。

(b) 論　　点　ライブドアの有価証券報告書虚偽記載をめぐる判決は複数存在し，西武鉄道事件を踏まえて平成16年改正により導入された損害額の推定規定（金商法21条の2第2項）を初めて適用した案件であるとともに，金融商品取引法21条の2中の「虚偽記載等の事実の公表主体や方法」と「有価証券報告書の虚偽記載と因果関係のある損害の範囲」の解釈，認定について意見が分かれています。

(c) 判　　旨　まず，「虚偽記載等の事実の公表主体や方法」の点ですが，以下のように考えられています。

「金融商品取引法21条の2第3項の『公表』は，有価証券報告書等の虚偽記載等による市場価額への影響を排除して，適正な市場価額を回復させる機能を有するものであるから，その公表主体は，投資者にとって信頼できる情報を提供できる者であれば足り，必ずしも一定の処分や指示を行う権限を有する者に限定する理由はない。そして，検察官は，強制捜査権限を有する公益の代表者であるから（検察庁法4条），上記公表主体と認められる。」

また，「『公表』の方法については，特に方法の制限はないから，一般に広く報道されることを前提として，報道機関に事実を伝達することは『公表』にあたると解される。よって，検察官が，司法記者クラブに加盟する複数の報道機関の記者らに対し，それが一般に報道されることを前提にして，便宜供与の一貫として公式に一定の捜査情報を伝達することは『公表』にあたる。」とされています。

次に，「有価証券報告書の虚偽記載と因果関係のある損害の範囲」の点ですが，いずれの判決も金融商品取引法21条の2第2項を適用する点では共通していますが，虚偽記載以外の事情に対する評価がそれぞれ異なっているため，同5項によってどの程度減額するかという点について判断が分かれています。たとえば，東京地判平20・6・13判タ1294号119頁・判時2013号27頁は，推定損害額から3割減額していますが，その控訴審である東京高判平21・12・16金判

1332号7頁では1割しか減額していません。他方、東京地判平21・5・21判タ1306号124頁・判時2047号36頁では、推定損害額の3分の2を減額しています。

> 引用判例

* 1　最判平20・2・15民集62巻2号377頁・判タ1316号138頁・判時2042号120頁。
* 2　東京地判平19・8・28判タ1278号221頁・金判1280号10頁、東京地判平19・9・26判タ1261号304頁・判時2001号119頁等。
* 3　前掲東京地判平19・9・26、東京地判平21・1・30判時2035号145頁・金判1316号52頁、東京地判平21・3・31判タ1297号106頁・判時2042号127頁等。
* 4　東京高判平21・2・26判時2046号40頁・金判1313号26頁、東京高判平22・4・22判時2105号124頁・金判1343号44頁等。
* 5　東京地判平20・6・13判タ1294号119頁・判時2013号27頁、東京高判平21・12・16金判1332号7頁。
* 6　東京地判平21・5・21判タ1306号124頁・判時2047号36頁等。

【稲田　行祐】

第5節　公開買付規制の概要・判例・行政処分

Q22　公開買付該当性

当社は，金融商品取引所（証券取引所）に上場する会社の株式を，取引所外で取得しようと考えていますが，一定の場合には，「公開買付け」によらなければならないと聞きました。どのようなケースであれば，「公開買付け」による必要がありますか。

A

　以下の要件をいずれも満たす場合には，公開買付けを行う必要があります（金商法27条の2第1項本文）。
　① 買付け等の対象が，「株券，新株予約権付社債券その他の有価証券で政令で定めるもの（「株券等」）」に該当すること
　② ①の株券等が，「その株券等について有価証券報告書を提出しなければならない発行者又は特定上場有価証券（流通状況がこれに準ずるものとして政令で定めるものを含み，株券等に限る。）の発行者」の株券等であること
　③ 「当該発行者以外の者が行う買付け等」であること
　④ 金融商品取引法27条の2第1項各号のいずれかに該当すること
　⑤ 金融商品取引法27条の2第1項ただし書に該当しないこと

解説

〔1〕 公開買付けの意義，制度趣旨

　公開買付けとは，不特定かつ多数の者に対し，公告により株券等の買付け等の申込みまたは売付け等の申込みの勧誘を行い，取引所金融商品市場外で株券等の買付け等を行うことをいいます（金商法27条の2第6項）。

　かかる公開買付制度の趣旨としては，会社支配権等に影響を及ぼしうるような一定の有価証券の買付け等について，投資家に必要十分な情報と熟慮期間を付与したうえで，的確な投資判断を行わせるため，手続の公正性・透明性を確保するという点にあります。

　公開買付規制に関しては，対象となる株券等の発行者以外の者が行う公開買付けと，当該発行者が行う公開買付けとで，規制内容等が異なります（ただし，共通する部分も多い）が，以下（Q24の問題でも同様です）では，当該発行者以外の者が行う公開買付けの場合について，解説します。

〔2〕 公開買付制度の適用範囲

(1) 制度の概略（金商法27条の2第1項参照）

　以下の①ないし⑤すべての要件を満たすとき，「公開買付け」によらなければならないとされ，様々な規制が及ぶことになりますので，本設問のようなケースにおいては，まず，以下の各要件を検討し，「公開買付け」による必要があるかを検討する必要があります。

① 買付け等の対象が，「株券，新株予約権付社債券その他の有価証券で政令で定めるもの（「株券等」）」に該当すること
② ①の株券等が，「その株券等について有価証券報告書を提出しなければならない発行者又は特定上場有価証券（流通状況がこれに準ずるものとして政令で定めるものを含み，株券等に限る）の発行者」の株券等であること
③ 「当該発行者以外の者が行う買付け等」であること

④ 金融商品取引法27条の2第1項各号のいずれかに該当すること
⑤ 金融商品取引法27条の2第1項ただし書に該当しないこと

(2) 要件①について

「株券等」については，金融商品取引法施行令6条1項各号で規定されている以下のものをいいます。ただし，公開買付けが会社の支配権に関する株券等の取得を規制するものであることから，議決権のない株券等は除外されています（金商法施行令6条1項，他社株府令2条各号）。

(i) 株券，新株予約権証券および新株予約権付社債券
(ii) 外国の者の発行する証券または証書で(i)に掲げる有価証券の性質を有するもの
(iii) 投資証券等
(iv) 有価証券信託受益証券で，受託有価証券が(i)から(iii)に掲げる有価証券であるもの
(v) 預託証券・証書（金商法2条1項20号）(i)から(iii)までに掲げる有価証券に係る権利を表示するもの

(3) 要件②について

その株券等について有価証券報告書を提出しなければならない会社については，金融商品取引法24条1項各号で定める場合（会社以外の発行者については，金商法27条・24条を参照）であり，詳細は**Q16**，**Q18**の解説をご参照ください。

また，「特定上場有価証券」とは，特定取引所金融商品市場（いわゆるプロ向け市場）のみに上場されている有価証券をいい（金商法2条33項），「流通状況がこれに準ずるものとして政令で定めるもの」とは，「特定店頭売買有価証券」を指します（金商法施行令6条2項）。

特定店頭売買有価証券とは，店頭売買有価証券市場のうち当該店頭売買有価証券市場を開設する認可金融商品取引業協会がその定款の定めるところにより一般投資家等買付け（金商法67条3項に規定する一般投資家等買付けをいう）を禁止しているもののみにおいて売買が行われる店頭売買有価証券をいいます（金商法施行令2条の12の4第3項2号）。

(4) 要件③について

「当該発行者以外の者が行う買付け等」とは，金融商品取引法27条の2第1

項で,「株券等の買付けその他の有償の譲受けをいい,これに類するものとして政令で定めるものを含」むとされています。

そして,ここにいう政令では,これに類するものとして,以下のものが定められています(金商法施行令6条3項各号,他社株府令2条の2)。

(i) 株券等の売買の一方の予約(当該売買を完結する権利を有し,かつ,当該権利の行使により買主としての地位を取得する場合に限る)

(ii) 株券等の売買に係るオプションの取得(当該オプションの行使により当該行使をした者が当該売買において買主としての地位を取得するものに限る)

(iii) その他内閣府令で定めるもの(ここでいう内閣府令とは,他社株府令2条の2であり,そこでは「社債券の取得(当該社債券に係る権利として当該社債券の発行者以外の者が発行者である株券等により償還される権利(当該社債券を取得する者が当該社債券の発行者に対し当該株券等による償還をさせることができる権利に限る。)を取得するものに限る)とする。」とされています)

なお,上記(ii)に関連して,コール・オプションの行使や,プットオプションの行使の際にも,再度公開買付けの規制が及ぶかについては,金融庁の「株券等の公開買付けに関するQ&A」問13,問14の回答において,「金融商品取引法27条の2第1項各号の要件に該当する場合,通常,公開買付けを行う必要があると考えられますが,取引の実態に照らし,公開買付規制の趣旨に反しないと認められる場合には,この限りではないと考えられます。」とされています。これは,上記のオプションの行使の際にも,原則として公開買付規制の適用を受けることとしながら,コール・オプションやプット・オプションについては,様々なものがありえ,その中には行使の際に公開買付けを行わなくても,公開買付規制の趣旨に反しないと考えられる場合がまったくないとは言い切れないことから,公開買付規制の趣旨に反しない場合にはこの限りではないとする一般論もあわせて記載されたものです(金融庁の「株券等の公開買付けに関するQ&A(案)」に関する「主要な御意見等の概要及びそれに対する金融庁の考え方」参照)。

(5) 要件④について

金融商品取引法27条の2第1項1号ないし5号では,以下の場合に,公開買付規制の対象となることが規定されています。

(a) 第1号

(イ)　規定の内容　　取引所金融商品市場外における株券等の買付け等（取引所金融商品市場における有価証券の売買等に準ずるものとして政令で定める取引［ア］による株券等の買付け等および著しく少数の者から買付け等を行うものとして政令で定める場合［イ］における株券等の買付け等を除く）の後におけるその者の所有（これに準ずるものとして政令［ウ］で定める場合を含む。以下同じ）に係る株券等の株券等所有割合（その者に特別関係者［エ］（金商法27条の2第7項1号に掲げる者については，内閣府令で定める者を除く）がある場合にあっては，その株券等所有割合を加算したもの。以下同じ）が100分の5を超える場合における当該株券等の買付け等

　(ロ)　除外事由　　上記のとおり，［ア］および［イ］の場合の株券等の買付け等が除外されていますが，ここで［ア］は店頭売買有価証券市場における店頭売買有価証券の取引または一定の要件を満たす私設取引システムを用いて行う取引（金商法施行令6条の2第2項）をいいます。

　また，［イ］は株券等の買付け等を行う相手方の人数と，当該買付け等を行う日前60日間に，取引所金融商品市場外において行った当該株券等の発行者の発行する株券等の買付け等の相手方の人数との合計が10名以下である場合をいいます（金商法施行令6条の2第3項）。これは，10名以下という少数の者からの買付けであれば，その保有割合が後述する3分の1を超えない限り，市場に与える影響は少ないため，公開買付けの規制を及ぼす必要はないという考えに基づくものと考えられます。

　(ハ)　［ウ］所有に準ずるもの　　所有に準ずるものとしては，金商法施行令7条1項に定めがあり，以下に掲げる場合とされています。
　(i)　売買その他の契約に基づき株券等の引渡請求権を有する場合
　(ii)　金銭の信託契約その他の契約または法律の規定に基づき，株券等の発行者の株主もしくは投資主（投資信託及び投資法人に関する法律2条16項に規定する投資主をいい，外国投資法人の社員を含む）としての議決権（社債，株式等の振替に関する法律147条1項または148条1項（これらの規定を同法228条1項の規定により発行者に対抗することができない株券等に係る議決権を含む））を行使することができる権限または当該議決権の行使について指図を行うことができる権限を有する場合
　(iii)　投資一任契約（金商法2条8項12号ロに規定する投資一任契約をいう）その他

の契約または法律の規定に基づき，株券等に投資するのに必要な権限を有する場合

(iv) 株券等の売買の一方の予約を行っている場合（当該売買を完結する権利を有し，かつ，当該権利の行使により買主としての地位を取得する場合に限る）

(v) 株券等の売買に係るオプションの取得（当該オプションの行使により当該行使をした者が当該売買において買主としての地位を取得するものに限る）をしている場合

(vi) 他社株府令2条の2の社債券を取得している場合（他社株府令4条）

(ニ) [エ] 特別関係者　特別関係者とは，以下の場合をいいます（金商法27条の2第7項）。ただし，ここでいう特別関係者には，他社株府令3条2項の者は除かれます。

(i) 株券等の買付け等を行う者と，株式の所有関係，親族関係その他の政令（買付け等を行う者が個人の場合は，金商法施行令9条1項，法人の場合は，同条2項）で定める特別の関係にある者

(ii) 株券等の買付け等を行う者との間で，共同して当該株券等を取得し，もしくは譲渡し，もしくは当該株券等の発行者の株主としての議決権その他の権利を行使することまたは当該株券等の買付け等の後に相互に当該株券等を譲渡し，もしくは譲り受けることを合意している者

(b) 第2号

(イ) 規定の内容　取引所金融商品市場外における株券等の買付け等（取引所金融商品市場における有価証券の売買等に準ずるものとして政令で定める取引 [ア] による株券等の買付け等を除く。第4号において同じ）であって著しく少数の者から株券等の買付け等を行うものとして政令で定める場合 [イ] における株券等の買付け等の後におけるその者の所有に係る株券等の株券等所有割合が3分の1を超える場合における当該株券等の買付け等

(ロ) [ア] 除外事由　前号と同様，店頭売買有価証券市場における店頭売買有価証券の取引または一定の要件を満たす私設取引システムを用いて行う取引（金商法施行令6条の2第2項）をいいます。

(ハ) [イ] 著しく少数の者から株券等の買付け等を行うもの　これについても，前号と同様金融商品取引法施行令6条の2第3項の場合をいいますが，

前号と異なり，いかに少数の者からの買付けであるといっても，その所有割合が3分の1を超える場合には市場に与える影響が大きいため，かかる場合には，公開買付けの規制を及ぼすことになっています。

(c) 第3号

(イ) 規定の内容　取引所金融商品市場における有価証券の売買等であって競売買の方法以外の方法による有価証券の売買等として内閣総理大臣が定めるもの（以下この項において「特定売買等」という）による買付け等による株券等の買付け等の後におけるその者の所有に係る株券等の株券等所有割合が3分の1を超える場合における特定売買等による当該株券等の買付け等

(ロ) 特定売買等の具体例　立会外（時間外）取引がこれに該当します。具体的には，東京証券取引所の開設する ToSTNeT (Tokyo Stock Exchange Trading NeTwork System) がこれにあたります。

(d) 第4号

(イ) 規定の内容　6月を超えない範囲内において政令で定める期間［ア］内に政令で定める割合［イ］を超える株券等の取得を株券等の買付け等または新規発行取得（株券等の発行者が新たに発行する株券等の取得をいう。以下この号において同じ）により行う場合（株券等の買付け等により行う場合にあっては，政令で定める割合を超える株券等の買付け等を特定売買等による株券等の買付け等または取引所金融商品市場外における株券等の買付け等（公開買付けによるものを除く）により行うときに限る）であって，当該買付け等または新規発行取得の後におけるその者の所有に係る株券等の株券等所有割合が3分の1を超えるときにおける当該株券等の買付け等（(a)ないし(c)に掲げるものを除く）

(ロ) ［ア］政令で定める期間とは3か月間です（金商法施行令7条2項）。

(ハ) ［イ］政令で定める割合とは取得しようとする株券等の発行者が発行する株券等の総数の100分の10をいいます（金商法施行令7条3項）。

(e) 第5号

(イ) 規定の内容　当該株券等につき公開買付けが行われている場合において，当該株券等の発行者以外の者（その者の所有に係る株券等の株券等所有割合が3分の1を超える場合に限る）が6月を超えない範囲内において政令で定める期間［ア］内に政令で定める割合［イ］を超える株券等の買付け等を行うとき

における当該株券等の買付け等（(a)ないし(d)に掲げるものを除く）

　(ロ)　[ア] 政令で定める期間とは　　当該株券等につき行われている公開買付けに係る公開買付届出書に記載された株券等の買付け等の期間の開始日から当該期間の終了の日までをいいます（金商法施行令7条5項）。

　(ハ)　[イ] 政令で定める割合とは　　買付け等を行おうとする株券等の発行者が発行する株券等の総数の100分の5をいいます（金商法施行令7条6項）。

　(f)　第 6 号

　　(イ)　規定内容　　その他前各号に掲げる株券等の買付け等に準ずるものとして政令 [ア] で定める株券等の買付け等

　　(ロ)　[ア] 前各号に掲げる株券等の買付け等に準ずるものとは　　金融商品取引法施行令6条2項2号に定められた私設取引システムを用いて行う取引による株券等の買付け等であって，株券等の買付け等の後における株券等買付者の所有に係る株券等の株券等所有割合が3分の1を超える場合における当該株券等の買付け等（金商法施行令7条7項1号）および株券等買付者が行う株券等の取得（株券等の買付け等および金商法27条の2第1項4号に規定する新規発行取得をいう。以下この項において同じ）およびその特別関係者（同条7項2号に規定する特別関係者をいう）が行う株券等の取得を株券等買付者が行う株券等の取得とみなして同条1項4号の規定を適用することとした場合において，同号に該当することとなる株券等の取得として行われる株券等の買付けをいいます（金商法施行令7条7項2号）。

　(6)　要件⑤について

　金融商品取引法27条の2第1項ただし書では，公開買付規制の適用除外を定めており，以下①ないし③に該当する場合には，公開買付規制は及びません。本解説では，詳しくは記載しておりませんが，とりわけ金商法施行令6条の2第1項各号の該当性の検討については，解釈上不明確な部分も多いため，金融庁の「株券等の公開買付けに関するQ&A」等も参照しながら慎重な検討が必要となります。

　①　新株予約権を有する者が当該新株予約権を行使することにより行う株券
　　　等の買付けに該当する場合
　②　株券等の買付け等を行う者がその者の特別関係者から行う株券等の買付

け等に該当する場合
③　金商法施行令6条の2第1項1号ないし15号に該当する場合

【古川　純平】

Q23　公開買付規制（具体例）

会社が，公開買付けと全部取得条項付種類株式を組み合わせてMBOを実施することを発表しました。株主としては，どのような対応をとることが考えられますか。

A

> 株主としては，①公開買付けに応じるか，②普通株式が会社に取得されるに至る過程における株主総会決議について，決議取消しの訴えを提起するか，③株式買取請求権の行使や，全部取得条項付種類株式の取得について裁判所に対して価格決定の申立てをすることでその対価を争うか，などの対応が考えられます。

解説

1　MBOの手法としての公開買付け

　MBO（Management Buyout）とは，いろいろな意味で用いられることがありますが，要するに経営陣による会社の買収であり，上場会社では，当該会社の非公開化を実現するために行われることが多いといえます。
　この点，MBOによって非公開化を行う場合に，全部取得条項付種類株式を利用したスキームを利用することがありますが，本設問の事例ではかかるスキームを利用したものと考えられます。
　かかるスキームでは，経営陣が対象会社の株式を公開買付けによって取得したうえで，公開買付けに応じなかった株主については，既存の普通株式に定款変更で全部取得条項（当該種類の株式について，当該株式会社が株主総会の決議によ

ってその全部を取得する条項〔会社法108条1項7号〕）を付し，そのうえで株主総会決議をもって対価を別の種類の株式として当該全部取得付種類株式を取得します（会社法171条）。この際の交換比率を調整することで，少数株主に対しては1株に満たない端数が割り当てられることとなり，会社法234条に従って，金銭が交付されることになります（井上光太郎ほか「レックスホールディングス事件は何をもたらしたか―実証分析からの示唆」商事法務1918号15頁（注6）参照）。

［2］ 株主の対応

本設問のような MBO に対して，株主としては，以下のような対応が考えられます。

(1) 公開買付けに対して

公開買付けに対しては，異議がない場合には，公開買付けに応じ，異議があれば公開買付けには応じないという対応となります。現行の金融商品取引法においては，株主が公開買付けを差し止めることを想定した規定は存在しないため，公開買付けに異議がある場合には，公開買付けに応じないという対応を取ることになると考えます（会社法360条に基づく差止請求が認められるとする見解もあるようですが，公開買付け自体をもって，「会社の目的の範囲外の行為その他法令若しくは定款に違反する行為」とすることは困難と考えます）。

(2) スクイーズアウトに対して

前述のように，設問の事例のスキームでは，公開買付けに応じなかった株主に関しては，定款変更により既存の普通株式に全部取得条項を付し，そのうえで株主総会決議をもって対価を別の種類の株式として普通株式を取得し，この際，普通株式と種類株式の交換比率を調整することで，少数株主に対しては1株に満たない端数が割り当てられることとなり，会社法234条に従って，金銭を交付するということになります。これは少数株主を締め出すためのもので，いわゆるスクイーズアウトといわれるものですが，異議のある株主としては，これに対して，株主総会決議の取消しの訴えを行うことが考えられます。すなわち，株主は，「株主総会等の決議について特別の利害関係を有する者が議決権を行使したことによって，著しく不当な決議がされたとき」は，株主総会等

の決議の日から3か月以内に，訴えをもって当該決議の取消しを請求することができるとされている（会社法831条1項3号）ため，スクイーズアウトがなされた場合でも，公開買付けによって株式を取得した経営陣側の株主は特別の利害関係を有しており，著しく不当な決議がなされたと主張して，決議取消しを求めることが考えられます。

また，設問の事例のスキームでは，最終的には，公開買付けに応じない株主に対して，その株式を会社が取得するために対価が支払われることになりますが，その対価について争うことも可能です。具体的には，前述のとおり，会社は，公開買付けに応じなかった株主への対応として，既存の普通株式に定款変更で全部取得条項を付し，そのうえで株主総会決議をもって対価を別の種類の株式として当該全部取得付種類株式を取得することになりますが，定款変更決議に対し，反対株主の株式買取請求権（会社法116条）を行使し，「公正な価格」を争う（会社法117条）ことが考えられます。また，全部取得条項付種類株式の取得の価格についても，裁判所に対し，価格決定の申立てを行うこともできます（会社法172条）。

3 裁判例の紹介

(1) **はじめに**

設問の事例のスキームで，全部取得条項付種類株式の取得決議に反対した株主が，会社法172条1項に基づき，裁判所に取得価格の決定を求め，争いとなった事例があります[1]。同事例で最高裁は，原決定[2]に対する会社側の抗告を棄却したため，原決定が確定しています。原決定では，取得価格の判断基準や，具体的な算定方法について判示しており，参考になります。

(2) **原決定の概要**

(a) 取得価格の判断基準

(イ) まず，上記東京高裁決定では，いつの時点のいかなる価格をもってその取得価格を決定すべきかについては，<u>当該株式の取得日における公正な価格</u>をもって，その取得価格を決定すべき，と判示しています。その理由づけについては，以下のとおりです。

「会社法172条1項……の取得価格の決定申立ての制度は，上記決議がされると，全部取得条項付種類株式を発行している種類株式発行会社が，決議において定められた取得日に，これに反対する株主の分も含め，全部取得条項付種類株式を全部取得することになるため（同法171条1項，173条1項），その対価に不服のある株主に，裁判所に対して自らが保有する株式の取得価格の決定を求める申立権を認め，強制的に株式を剥奪されることになる株主の保護を図ることをその趣旨とするものである。したがって，取得価格の決定の申立てがされた場合において，裁判所は，上記の制度趣旨に照らし，当該株式の取得日における公正な価格をもって，その取得価格を決定すべきものと解するのが相当である。」

　(ロ)　次に，上記の公正な価格を定めるにあたっては，①取得日における当該株式の客観的価値に加えて，②強制的取得により失われる今後の株価の上昇に対する期待を評価した価額をも考慮すると判示しています。その理由づけについては以下のとおりです。

　「一般に，譲渡制限の付されていない株式を所有する株主は，当該株式を即時売却するか，それとも継続して保有するかを自ら選択することができるのであって，各時点において，これを売却した場合に実現される株式の客観的価値を把握しているだけでなく，これを継続して保有することにより実現する可能性のある株価の上昇に対する期待を有しており，この期待は，株式の有する本質的な価値として，法的保護に値するものということができる。しかるに，全部取得条項付種類株式を発行した種類株式発行会社による株式の強制的取得が行われると，これによって，株主は，自らが望まない時期であっても株式の売却を強制され，株価の上昇に対する上記の期待を喪失する結果となるのである。そうであれば，裁判所が，上記の制度趣旨に照らし，当該株式の取得日における公正な価格を定めるに当たっては，取得日における当該株式の客観的価値に加えて，強制的取得により失われる今後の株価の上昇に対する期待を評価した価額をも考慮するのが相当である。」

　(ハ)　さらに，取得価格の決定については，記録に表われた諸般の事情を考慮した裁判所の合理的な裁量に委ねられると判示しました。その理由としては，以下のとおりです。

「取得日における当該株式の客観的価値や上記の期待を評価した価額を算定するに当たり考慮すべき要素は，複雑多岐にわたる反面，これらがすべて記録上明らかとなるとは限らないこと，会社法172条1項が取得価格の決定基準については何ら規定していないことを考慮すると，会社法は，取得価格の決定を，記録に表われた諸般の事情を考慮した裁判所の合理的な裁量に委ねたものと解するのが相当である。」

(b) 具体的な算定方法

(イ) 本件株式の客観的価値の算定方式　当該事例では，本件株式の評価基準時点である本件取得日においては，対象会社は非上場会社となっていたため，同時点における対象会社株式の市場株価は存在しなかったため，どのように客観的価値を算定するかについては，いろいろな考えがありえました。

この点について，原決定は，「一般に，株式市場においては，投資家による一定の投機的思惑の影響を受けつつも，各企業の資産内容，財務状況，収益力及び将来の業績見通しなどを考慮した企業の客観的価値が株価に反映されているということができ，本件取得日と上場廃止日がわずか11日しか離れていない本件株式の評価に当たっては，異常な価格形成がされた場合など，市場株価がその企業の客観的価値を反映していないと認められる特別の事情のない限り，本件取得日に近接した一定期間の市場株価を基本として，その平均値をもって本件株式の客観的価値とみるのが相当である。」として，直近6か月（原々決定では，直近1か月の終値の平均値とされていました。この点の差異について考察したものとして，加藤貴仁「レックスホールディングス事件最高裁決定の検討(上)―『公正な価格』の算定における裁判所の役割」商事法務1875号4頁参照）の終値の平均値をもって客観的価値としています。

(ロ) 株価の上昇に対する期待の評価　この点について，原決定は，基本的な考え方として，「MBOに際して実現される価値は，①MBOを行わなければ実現できない価値と，②MBOを行わなくても実現可能な価値に分類して考えることができ，②の価値は，基本的に株主に分配すべきであるが，①の価値は，MBO後の事業計画につき，その実現の不確実性についての危険を負担しながら，これを遂行する取締役（経営者）の危険と努力についても配慮しつつ，これを株主と取締役に分配するのが相当であると認められる。そして，強

制的取得により失われる今後の株価の上昇に対する期待を評価するに当たっては、当該企業の事業計画に照らし、その収益力や業績についての見通しについて検討し、かかる検討の下に、MBOに際して実現される上記①及び②の価値とその分配について考察し、かかる考察に基づき、裁判所が、その合理的な裁量によって、上記の期待についての評価額を決することが、取得価格の決定申立制度の趣旨に照らし、望ましいものといえる。」と判示しましたが、本件では、「一件記録に基づき、MBOに際して実現される価値を検討した上で、株価の上昇に対する評価額を決することは困難といわざるを得ず、当裁判所としては、一件記録に表われた疎明資料に基づき、本件MBOに近接した時期においてMBOを実施した各社の例などを参考にして、その裁量により、本件株式の株価上昇に対する評価額を決定するよりほかはない。」として、結果的には、本件MBOと近接した時期においてMBOを実施した各社の例や、平成12年から平成17年までの間に日本企業を対象とした公開買付けの事例等を参考にして、本件株式の客観的価値に、20％を加算した額をもって、株価の上昇に対する評価額を考慮した本件株式の取得価格と認めるのが相当である、と判示しました（原々決定では、強制的取得により失われる期待権を評価した価額の算定にあたっては、本件公開買付けに示された買付価格が、市場において一定の合理性を有するものとの評価を受けたと推認することができるとしたうえで、本件での公開買付価格におけるプレミア部分を基準にするのが合理的であると判示しています）。

　なお、本件と同様に株式の取得価格が問題となった事例として、サンスター事件[3]、サイバードHD事件[4]などがあります。

引用判例

 [1]　最決平21・5・29金判1326号35頁。

 [2]　東京高決平20・9・12金判1301号28頁。

 [3]　大阪高決平21・9・1金判1326号20頁・金法1882号100頁。

 [4]　東京地決平21・9・18金判1329号45頁。

【古川　純平】

Q24 公開買付制度

当社は、金融商品取引所（証券取引所）に上場する会社の株式を、取引所外で取得しようと考えていますが、「公開買付け」によらなければならないといわれました。この場合、金融商品取引法上どのような手続をとる必要がありますか。

A

　　貴社による株式の取得が「公開買付けによらなければならない」（金商法27条の2第1項本文）場合に該当する場合には、金融商品取引法上一般的には以下のような手続を経る必要があります。

① 公開買付開始公告
② 関東財務局長に公開買付届出書の提出
③ 公開買付説明書の作成、交付（対象会社が関東財務局長に意見表明報告書の提出）
④ 意見表明報告書に質問の記載があれば、関東財務局長に対質問回答報告書の提出
⑤ 買付条件等の変更・撤回があれば、公告。撤回の場合は、関東財務局長に撤回届出書の提出
⑥ 結果の公告または公表
⑦ 関東財務局長に公開買付報告書の提出
⑧ 通知書の送付
⑨ 大量保有報告書の提出（上記の書面等に不備があれば、訂正の公告、訂正届出書の提出等が必要）

解説

1　制度の概略

　公開買付けの公平性，透明性を確保し，もって株主等を保護するため，金融商品取引法上，以下のとおり様々な情報開示が要求されています。

　公開買付者が上場会社の場合には，臨時報告書の提出やプレスリリース等の手続も必要となる場合があることには留意してください。また，対象者についても，公開買付けの結果，親会社の異動や主要株主の異動等の事由が生じるようなケースでは臨時報告書の提出が必要となります。

① 公開買付開始公告
② 公開買付届出書の提出
③ 公開買付説明書の作成，交付
④ 意見表明報告書の提出
⑤ 対質問回答書の提出
⑥ 買付条件等の変更，撤回があれば，公告（撤回の場合は，撤回届出書の提出）
⑦ 結果の公告または公表
⑧ 公開買付報告書の提出
⑨ 通知書の送付
⑩ 大量保有報告書の提出

2　公開買付開始時の開示

(1) 公開買付開始公告

　株主等に必要な情報を提供するという観点からは，まず第一に，公開買付けが行われることをその内容とともに株主等に知らせる必要があります。

　そこで，買付者は，公開買付けを開始する際，当該公開買付けについて，以下の事項を公告しなければならないとされています（金商法27条の3第1項，他

社株府令10条各号)。
① 公開買付者の氏名または名称及び住所または所在地
② 公開買付けにより株券等の買付け等を行う旨
③ 公開買付けの目的
④ 公開買付けの内容に関する事項のうち次に掲げるもの
  (i) 対象者の名称
  (ii) 買付け等を行う株券等の種類
  (iii) 買付け等の期間，買付け等の価格および買付予定の株券等の数
  (iv) 買付予定の株券等に係る議決権の数が当該発行者の総株主等の議決権の数に占める割合
  (v) 公開買付開始公告を行う日における公開買付者の所有に係る株券等の株券等所有割合および当該公告を行う日における特別関係者の株券等所有割合ならびにこれらの合計
  (vi) 買付け等の後における公開買付者の所有に係る株券等の株券等所有割合ならびに当該株券等所有割合および当該公告を行う日における特別関係者の株券等所有割合の合計
  (vii) 買付け等の申込みに対する承諾または売付け等の申込みの方法および場所
  (viii) 買付け等の決済をする金融商品取引業者または銀行等の名称，決済の開始日，方法および場所ならびに株券等の返還方法
  (ix) その他買付け等の条件および方法
⑤ 対象者またはその役員との当該公開買付けに関する合意の有無
⑥ 公開買付届出書の写しを縦覧に供する場所
⑦ 次に掲げる場合の区分に従い当該各号に定める事項
  (i) 公開買付者が会社である場合　当該会社の目的，事業の内容および資本金の額
  (ii) 公開買付者が会社以外の法人等である場合　当該法人等の目的，事業の内容および出資もしくは寄付またはこれらに類するものの額
  (iii) 公開買付者が個人である場合　職業

公告の方法としては，電子公告（EDINET）もしくは，日刊新聞紙に掲載す

る方法があります（金商法施行令 9 条の 3，他社株府令 9 条・9 条の 2）。

(2) 公開買付届出書

また，買付者は，公開買付開始公告にあわせて，同公告を行った日に，以下の事項を記載した公開買付届出書を他社株府令13条 1 項各号の書類を添付して関東財務局長に提出しなければなりません（金商法27条の 3 第 2 項，他社株府令12条）。

① 買付け等の価格，買付予定の株券等の数，買付け等の期間，買付け等に係る受渡しその他の決済および公開買付者が買付け等に付した条件
② 当該公開買付開始公告をした日以後において当該公開買付けに係る株券等の買付け等を公開買付けによらないで行う契約がある場合には，当該契約の内容
③ 公開買付けの目的，公開買付者に関する事項その他の内閣府令で定める事項

公開買付届出書の具体的な記載様式としては，他社株府令の第 2 号様式のとおりです（他社株府令12条）。実際には，当該府令の「記載上の注意」に従って，記載していくことになります。なお，平成23年 4 月 6 日以後に開始された公開買付については，買付者が継続開示会社である場合，対象者が継続開示会社である場合には，それぞれ公開買付者の状況，対象者の状況の記載を簡略化することが認められています（他社株府令第 2 号様式「記載上の注意」(17)，(32)）。この場合，添付書類が追加されることには留意しておく必要があります（他社株府令13条 1 項11号・12号）。

この場合，その提出方法としては，EDINET を使用して行い（金商法27条の30の 3 第 1 項・27条の30の 2 ），提出後，買付者は，直ちにその写しを当該公開買付けに係る株券等の発行者に送付するとともに，当該株券等が上場されている株券等の場合には当該金融取引所に，当該株券が店頭売買有価証券に該当する株券等の場合には，当該株券等を登録する認可金融商品取引業協会に送付しなければなりません（金商法27条の 3 第 4 項，金商法施行令11条）。ただし，公開買付届出書が EDINET を用いて提出された場合，当該写しに代えて，公開買付届出書に記載すべき事項を通知するものとされており，かかる通知は，ファイルへの記録がされた時に提出者から発せられたものとみなすとされています

（金商法27条の30の6）。

　また，届出書は，財務局長の受理後，公開買付期間の末日の翌日以後5年を経過する日までの間，公衆の縦覧に供され（金商法27条の14第1項），その写しも，金融商品取引所や，金融商品取引業協会の事務所に備え置かれ，公衆の縦覧に供されます（金商法27条の14の第3項）。また，買付者も，届出書の写しを本店または主たる事務所に備え置き，公衆の縦覧に供しなければならないとされています（金商法27条の14第2項）。

(3) 公開買付説明書

　さらに，買付者は，買付け等を行う場合には，公開買付届出書に記載すべき事項で内閣府令（他社株府令24条1項）で定めるものおよび公益または投資者保護のため必要かつ適当なものとして内閣府令（他社株府令24条2項）で定める事項を記載した公開買付説明書を作成し，株券等の売付け等を行おうとする者に対し，あらかじめまたは同時に公開買付説明書を交付しなければなりません（金商法27条の9第1項・2項，他社株府令24条4項）。

［3］ 公開買付期間中の開示規制

(1) 意見表明報告書

　上記の公開買付開始公告等がなされた場合，対象者には，当該公開買付けに対する意見やその根拠等を発表させ，投資家に，公開買付けに応じた方がよいのか否かの判断材料を提供する必要があります。

　そこで，対象者は，公開買付開始公告が行われた日から10日（行政機関の休日の日数は，算入しない）以内に以下の事項を記載した意見表明報告書を関東財務局長に提出しなければならないとされています（金商法27条の10第1項，金商法施行令13条の2第1項，他社株府令25条）。

　① 公開買付者の氏名または名称および住所または所在地
　② 当該公開買付けに関する意見の内容および根拠
　③ 当該意見を決定した取締役会の決議（委員会設置会社においては会社法416条4項の規定による取締役会の決議による委任に基づく執行役の決定）または役員会（投資信託および投資法人に関する法律112条に規定する役員会をいう）の決

議の内容
④ 当該発行者の役員が所有する当該公開買付けに係る株券等の数および当該株券等に係る議決権の数
⑤ 当該発行者の役員に対し公開買付者またはその特別関係者（金商法27条の5第2号の規定による申出を金融庁長官に行った者を除く）が利益の供与を約した場合には，その利益の内容
⑥ 当該発行者の財務および事業の方針の決定を支配する者の在り方に関する基本方針に照らして不適切な者によって当該発行者の財務および事業の方針の決定が支配されることを防止するための取組みを行っている場合には，その内容
⑦ 次に掲げる事項があるときは，当該事項
　(i) 公開買付者に対する質問
　(ii) 公開買付開始公告に記載された買付け等の期間を政令で定める期間に延長することを請求する旨およびその理由（当該買付け等の期間が政令で定める期間より短い場合に限る）

　意見表明報告書の具体的な記載様式としては，他社株買付府令第4号様式のとおりです（金商法27条の10第1項・2項，他社株府令25条2項）。実際には，当該府令の「記載上の注意」に従って，記載していくことになります。

　その提出方法としては，EDINETを使用して行い（金商法27条の30の3第1項・27条の30の2），提出後，対象者は，直ちにその写しを買付者に送付するとともに，当該株券等が上場されている株券等の場合には当該金融取引所に，当該株券が店頭売買有価証券に該当する株券等の場合には，当該株券等を登録する認可金融商品取引業協会に送付しなければなりません（金商法27条の10第9項・27条の3第4項，金商法施行令11条）。ただし，意見表明報告書がEDINETを用いて提出された場合，当該写しに代えて，意見表明報告書に記載すべき事項を通知するもものとされており，かかる通知は，ファイルへの記録がされた時に提出者から発せられたものとみなすとされています（金商法27条の30の6）。

　また，意見表明報告書は，財務局長の受理後，公開買付期間の末日の翌日以後5年を経過する日までの間，公衆の縦覧に供され（金商法27条の14第1項），その写しも，金融商品取引所や，金融商品取引業協会の事務所に備え置かれ，

公衆の縦覧に供されます（金商法27条の14第3項）。また，対象者も，意見表明報告書の写しを本店または主たる事務所に備え置き，公衆の縦覧に供しなければならないとされています（金商法27条の14第2項）。

(2) 対質問回答書

公開買付けに係る株券等の発行者が，意見表明報告書において公開買付者に対する質問を記載した場合には，当該意見表明報告書の写しの送付を受けた公開買付者は，当該送付を受けた日から5日（行政機関の休日の日数は，算入しない）以内に，質問に対する回答，回答をする必要がないと認めた場合には，その旨および理由を記載した対質問回答報告書を関東財務局長に提出しなければならないとされています（金商法27条の10第11項，金商法施行令13条の2第2項，他社株府令25条3項）。

対質問回答書の具体的な記載様式としては，他社株府令第8号様式のとおりです（他社株府令25条4項）。実際には，当該府令の「記載上の注意」に従って，記載していくことになります。

その提出方法としては，EDINETを使用して行い（金商法27条の30の3第1項・27条の30の2），提出後，買付者は，直ちにその写しを当該対象者に送付するとともに，当該株券等が上場されている株券等の場合には当該金融取引所に，当該株券が店頭売買有価証券に該当する株券等の場合には，当該株券等を登録する認可金融商品取引業協会に送付しなければなりません（金商法27条の10第13項・27条の3第4項，金商法施行令11条）。ただし，対質問回答書がEDINETを用いて提出された場合，当該写しに代えて，対質問回答書に記載すべき事項を通知するものとされており，かかる通知は，ファイルへの記録がされた時に提出者から発せられたものとみなすとされています（金商法27条の30の6）。

対質問回答書は，財務局長の受理後，公開買付期間の末日の翌日以後5年を経過する日までの間，公衆の縦覧に供され（金商法27条の14第1項），その写しも，金融商品取引所や，金融商品取引業協会の事務所に備え置かれ，公衆の縦覧に供されます（金商法27条の14の3項）。また，買付者も，対質問回答書の写しを本店または主たる事務所に備え置き，公衆の縦覧に供しなければならないとされています（金商法27条の14第2項）。

(3) 買付条件等の変更，撤回

公開買付条件等の変更（金商法27条の6第1項各号記載の買付条件等以外の買付条件等の変更は認められます〔金商法27条の6第2項〕）や撤回（金商法27条の11第1項ただし書，金商法施行令14条，他社株府令26条）も一定の場合には認められていますが，これらを株主等に周知させることなく行うことができるとなれば，株主等に不測の損害が生じ得ます。

そこで，買付条件等の変更や撤回を行う場合には，買付者その旨を公開買付期間中（公開買付期間末日までに公告が困難な事情があれば末日に公表の後，その後直ちに公告することで足りる〔金商法27条の6第3項・27条の11第2項ただし書〕）に，公告しなければならないとされています（金商法27条の6第2項・27条の11第2項本文）。

公告の方法は，公開買付開始公告と同様であり，公告の記載事項としては，変更の場合は，他社株府令19条2項，撤回の場合は，他社株府令27条の事項を記載しなければなりません。

なお，変更の場合には，訂正届出書の提出が必要となりますが，これについては 5 で後述します。

また，撤回の場合には，他社株府令第5号様式による方法で，公開買付撤回届出書を，撤回公告の日に関東財務局長に提出する必要があります（金商法27条の11第3項，他社株府令28条）。実際には，当該府令の「記載上の注意」に従って，記載していくことになります。

撤回届出書の提出方法や，写しの送付，公衆縦覧に関しては，公開買付届出書と同様です。

4 公開買付終了後の開示規制

(1) 結果の公告または公表

買付者は，公開買付期間の末日の翌日に，以下の事項を公告または公表しなければならないとされています（金商法27条の13第1項，他社株府令30条1項）。

① 公開買付者の氏名または名称および住所または所在地
② 公開買付けの内容に関する事項のうち次に掲げるもの

(i) 対象者の名称
(ii) 買付け等に係る株券等の種類
(iii) 公開買付期間
③ 公開買付届出書において金商法27条の13第4項1号に掲げる条件（応募株券等の数の合計が買付予定の株券等の数の全部またはその一部としてあらかじめ公開買付開始公告および公開買付届出書において記載された数に満たないときは，応募株券等の全部の買付け等をしないこと）を付した場合における当該条件の成否
④ 応募株券等の数および買付け等を行う株券等の数
⑤ 決済の方法および開始日
⑥ 公開買付報告書の写しを縦覧に供する場所

公告の方法としては，EDINETもしくは，日刊新聞紙に掲載する方法があります（金商法施行令9条の3，他社株府令9条・9条の2）。

公表の方法としては，報道機関に対して公開する方法があります（金商法施行令9条の4，他社株府令30条の2）。

(2) 公開買付報告書

また，買付者は，公開買付の結果公告（または公表）にあわせて，同公告（または公表）を行った日に，公開買付報告書を関東財務局長に提出しなければなりません（金商法27条の13第2項）。

公開買付報告書の具体的な記載様式としては，他社株府令第6号様式のとおりになります（他社株府令31条）。実際には，当該府令の「記載上の注意」に従って，記載していくことになります。

提出方法や，写しの送付，公衆縦覧に関しては，公開買付届出書と同様です。

(3) 結果の通知

さらに，買付者は，買付け等の期間が終了したときは，遅滞なく以下の事項を記載した通知書を応募株主等に送付する必要があります（金商法27条の2第5項，金商法施行令8条5項1号，他社株府令5条1項）。

① 公開買付者の氏名または名称および住所または所在地
② 公開買付けに係る株券等の種類，応募株券等の数の合計，買付け等をする株券等の数の合計および返還する株券等の数の合計

③ 応募株券等の全部または一部の買付け等を行わない場合にはその理由
④ 当該通知書に係る応募株主等に関する事項のうち次に掲げるもの
　(i) 応募株券等の種類，応募株券等の数，買付け等をする株券等の数，買付け等の価格および買付け等の代金（有価証券その他の金銭以外のもの〔以下「有価証券等」という〕をもって買付け等の対価とする場合には，当該有価証券等の種類および数）
　(ii) あん分比例方式により買付け等をする場合における買付け等をする株券等の数の計算方法
　(iii) 返還する株券等の種類および数ならびに返還の方法
⑤ 買付け等の決済をする金融商品取引業者または銀行等の名称および所在地ならびに決済の開始日，方法および場所

通知書の具体的な記載様式としては，他社株府令第1号様式のとおりになります（他社株府令5条2項）。実際には，当該府令の「記載上の注意」に従って，記載していくことになります。

(4) 大量保有報告書の提出

公開買付けにより取得した株券等が上場会社等のものであり，取得後の株券等保有割合が5％を超える場合には，大量保有者となった日（公開買付期間の末日が提出義務発生日とされるため，同日から5営業日以内に大量保有報告書等を提出する必要があります〔金融庁「株券等の大量保有報告にかんするQ&A」問17〕）から5日以内（日曜日その他政令で定める休日の日数は，算入しない）に管轄の財務局長等に大量保有報告書（公開買付け前にすでに大量保有報告書を提出していた場合で株券等保有割合が1％以上増加した場合には，その増加した日から5日以内に変更報告書の提出が必要です〔金商法27条の25〕）を提出する必要があります（金商法27条の23）。

また，買付者は，当該報告書を提出した際には，その写しを，遅滞なく対象者に送付するとともに，当該株券等が上場されている株券等の場合には当該金融取引所に，当該株券が店頭売買有価証券に該当する株券等の場合には，当該株券等を登録する認可金融商品取引業協会に送付しなければなりません。

5 訂　正

　以上のような，公告や提出書面等に不備があった場合には，訂正が可能であり，また，不備を発見した財務局長から訂正を求められることがあります。その場合は，当該公告あるいは，提出書面ごとに，訂正の公告または公表，訂正届出書の提出等の義務が課されています（金商法27条の7・27条の8・27条の9第3項・27条の10第4項～8項等）。

【古川　純平】

第6節　大量保有報告制度

Q25　大量保有報告書提出の要否，その手続

当社は，ある上場会社の株式を取得しようと考えておりますが，保有割合が一定の割合を超えると，報告しなければならないと聞きました。

実際には，どのような場合に，どのようにして報告を行う必要がありますか。

A

上場株券等の保有割合が5％を超える場合には，大量保有報告書を提出しなければならないとされています。

そして，大量保有報告書は，大量保有者となった日から5営業日以内に提出しなければならないとされています。

解説

1　制度の概要

対象となる株券等について，以下の要件①②を満たす場合，および，対象となる株券等を取得する者が，以下の要件③④を満たす場合には，大量保有報告書の提出が必要とされています（金商法27条の23第1項）。

① 株券，新株予約権付社債券その他の政令で定める有価証券（以下「株券関連有価証券」）で金融商品取引所に上場されているものの発行者（内閣府令

で定める有価証券については，内閣府令で定める者）である法人が発行者であること
② 対象有価証券に該当すること
③ 保有者に該当すること
④ その者の当該株券等の株券等保有割合が5％を超えること

2 要件①について

(1) 株券関連有価証券で金融商品取引所に上場されているもの

「株券関連有価証券で金融商品取引所に上場されているもの（店頭売買有価証券を含みます〔金商法施行令14条の4第2項〕）」とは以下のものをいい（金商法施行令14条の4第1項），本設問における「上場会社の株式」は(a)に該当することになります。
- (a) 株券，新株予約権証券および新株予約権付社債券
- (b) 外国の者の発行する証券または証書で(a)に掲げる有価証券の性質を有するもの
- (c) 投資証券等
- (d) 有価証券信託受益証券で，受託有価証券が(a)ないし(c)に掲げる有価証券であるもの
- (e) 金融商品取引法2条第1項20号に掲げる有価証券で，(a)から(c)までに掲げる有価証券に係る権利を表示するもの

(2) 発行者

「発行者」については，「内閣府令で定める有価証券については，内閣府令で定める者」とされており，これを受けて株券等の大量保有の状況の開示に関する内閣府令（以下「大量保有府令」といいます）1条の2では，以下のとおり有価証券ごとに発行者を定めています。
- (a) 対象有価証券カバードワラント→対象有価証券の発行者
- (b) 対象有価証券預託証券→対象有価証券の発行者
- (c) 対象有価証券信託受益証券→対象有価証券の発行者
- (d) 対象有価証券償還社債→対象有価証券の発行者

(e) 外国の者の発行する証券または証書で(d)に掲げる有価証券の性質を有するもの→対象有価証券の発行者

3　要件②について

「対象有価証券」（当該対象有価証券に係るオプション〔当該オプションの行使により当該行使をした者が当該オプションに係る対象有価証券の売買において買主としての地位を取得するものに限る〕を表示する金商法2条1項19号に掲げる有価証券その他の当該対象有価証券に係る権利を表示するものとして政令〔金商法施行令14条の4の2〕で定めるものを含みます）とは，以下のものをいうとされています（金商法27条の23第1項・2項，金商法施行令14条の5の2）。

(a)　株券（議決権のない株式として内閣府令で定めるものに係る株券を除く）
(b)　新株予約権証券および新株予約権付社債券（新株予約権として議決権のない株式のみを取得する権利のみを付与されているものを除く）
(c)　外国の者の発行する証券または証書で(a)(b)に掲げる有価証券の性質を有するもの
(d)　投資証券等

(a)で，議決権のない株式とは，大量保有府令3条の2で，「議決権のない株式」または，「当該株式を発行する会社が当該株式の取得と引換えに議決権のある株式を交付する旨の定款の定めのない株式」とされています。この点，いわゆる相互保有株式については議決権が認められていません（会社法308条1項）が，株式自体に議決権がないわけではないため，対象有価証券に該当します（株式等の大量保有報告に関するQ&A〔以下「大量保有Q&A」といいます〕問6）。

また，ここでいう，「当該株式の取得と引換えに議決権のある株式を交付する旨の定款の定めのない株式」とは，取得請求権に基づくものか，取得条項に基づくかを問わないとされています（大量保有Q&A問7）。

3　要件③について

(1) 保有者の概念

「保有」しているか否かは実質的に判断されるところ，金融商品第27条の23第3項でも，「保有者」を，以下のとおり定めています（ただし，②に掲げる者については，金商法27条の23第3項1号に規定する権限を有することを知った日において，当該権限を有することを知った株券等に限り，保有者となったものとみなすとされています〔金商法27条の23第3項ただし書〕）。

① 自己または他人（仮設人を含む）の名義をもって株券等を所有する者（売買その他の契約に基づき株券等の引渡請求権を有する者その他これに準ずる者として政令で定める者を含む）

ここで，「政令に定める者」については，金商法施行令14条の6において，以下のとおり定められています。

　（i）株券等の売買の一方の予約（当該売買を完結する権利を有し，かつ，当該権利の行使により買主としての地位を取得する場合に限る）を行っている者

　（ii）株券等の売買に係るオプション（当該オプションが金商法施行令14条の4の2第1号に掲げる有価証券において表示されている場合を除く）の取得（当該オプションの行使により当該行使をした者が当該売買において買主としての地位を取得するものに限る）をしている者

② 金銭の信託契約その他の契約または法律の規定に基づき，株券等の発行者の株主としての議決権その他の権利を行使することができる権限または当該議決権の行使について指図を行うことができる権限を有する者（③に該当する者を除く）であって，当該発行者の事業活動を支配する目的を有する者

③ 投資一任契約その他の契約または法律の規定に基づき，株券等に投資をするのに必要な権限を有する者

なお，株券等の賃貸借や消費貸借を行う場合にも，貸主または借主が「保有」していると評価されるケースが存在します。この点については，以下のとおりの整理となります（大量保有 Q&A 問9参照）。

(a) 貸主の場合 消費貸借の場合も賃貸借の場合も貸し付けた株券等について引渡請求権を有するため，貸主は「保有者」であることに変わりはありません。ただし，すでに大量保有報告書等を提出している場合には，「当該株券等に関する担保契約等重要な契約欄」に消費貸借または賃貸借により貸し付けている旨ならびに相手方および数量等を記載した変更報告書を提出する必要があります（ただし，大量保有府令9条の2第1項に定める軽微なものを除く）。

(b) 借主の場合 消費貸借の場合，借り受けた株券等について所有権を有するため，株券等保有割合が増加したものと評価されるということになります。

賃貸借の場合，消費貸借と異なり，株券等について所有権を有するわけではないため，株券等保有割合は変化しません（ただし，議決権の行使について指図を行うことができる権限を有していないかなど〔金商法27条の23第3項参照〕に留意する必要があるとされています〔大量保有Q&A問9注〕）。

(2) 共同保有

後述する株券等保有割合の算出において，共同保有者の保有する株券等の保有割合も加算されることになりますが，ここでいう共同保有者とは，株券等の保有者が，当該株券等の発行者が発行する株券等の他の保有者と共同して当該株券等を取得し，もしくは譲渡し，または当該発行者の株主としての議決権その他の権利を行使することを合意している場合における当該他の保有者をいうとされています（金商法27条の23第5項）。なお，「合意」には口頭での合意も含まれ，たとえば，株主総会での議決権行使について話し合った程度では，かかる合意があったとは評価されませんが，共同して株主提案権を行使した場合には，共同して当該権利を行使していると評価されるとされています（大量保有Q&A 問20・問22・問23）。

また，株券等の保有者と当該株券等の発行者が発行する株券等の他の保有者が，株式の所有関係，親族関係その他の政令（金商法施行令14条の7，大量保有府令5条の3）で定める特別の関係にある場合においては，当該他の保有者を共同保有者とみなす，とされています（ただし，当該保有者または他の保有者のいずれかの保有株券等の数が大量保有府令6条で定める数以下である場合においては，この限りではないとされています）。

4　要件④について

(1) 株券等保有割合

「株券等保有割合」とは,
① 株券等の保有者の保有に係る当該株券等（その保有の態様その他の事情を勘案して内閣府令〔大量保有府令4条〕で定めるものを除く）の数の合計から
② 当該株券等の発行者が発行する株券等のうち，金商法161条の2第1項に規定する信用取引その他内閣府令で定める取引の方法により譲渡したことにより，引渡義務（共同保有者に対して負うものを除く）を有するものの数を控除した数（以下「保有株券等の数」）に，
③ 当該発行者が発行する株券等に係る共同保有者の保有株券等（保有者および共同保有者の間で引渡請求権その他の政令〔金商法施行令14条の6の2〕で定める権利が存在するものを除く）の数を加算した数を，
③ 当該発行者の発行済株式の総数またはこれに準ずるものとして内閣府令（大量保有府令5条2項）で定める数に
④ 当該保有者および共同保有者の保有する当該株券等（株券その他の内閣府令〔大量保有府令5条の2〕で定める有価証券を除く）の数を加算した数で除した割合をいう

とされています（金商法27条の23第4項）が，要するに，以下の式で算出される割合となります。かかる株券等保有割合が5％を超える場合に，大量保有報告書を提出することになります。

　　株券等保有割合＝
　　　｛①自己保有分の株式数および潜在株式数－②引渡義務を有するものの数＋③共同保有者分の株式数および潜在株式数｝／｛④発行済株式総数＋⑤自己保有者および共同保有者の保有分の潜在株式数｝

(2) 当該株券等の数

この点，上記①および③の「当該株券等の数」には，保有者が保有する株式の数に権利行使によって取得できる株式（潜在株式。たとえば，新株予約権証券については，新株予約権の目的である株式の数であり，新株予約権付社債券については，

当該新株予約権付社債券に付与されている新株予約権の目的である株式をいいます〔大量保有府令5条〕）を含みます。

5 大量保有報告書提出の手続

　大量保有報告書は，大量保有者となった日から5営業日以内に，大量保有府令第1号様式に従って4通作成し，財務局長等に提出しなければならないとされています（金商法27条の23第1項，大量保有府令2条1項）。

　大量保有府令では，第1号様式の記載事項について，「(記載上の注意)」も記載されているため，実際にはかかる記載上の注意に従って記載することになります。

【古川　純平】

Q 26 変更報告書提出の要否，その他，特例報告制度

当社は，ある上場会社の株式を買い増ししようと考えていますが，保有割合が増加すると，報告しなければならないと聞きました。

実際には，どのような場合に，どのようにして報告を行う必要がありますか。

また，報告の頻度等を軽減する特例があるとも聞きましたが，それはどのような制度ですか。

A

　　上場株券等の保有割合が5％を超えて，大量保有者となった者は，それ以後，株券等保有割合が1％以上増減した場合等には，変更報告書を提出しなければならないとされています。

　そして，変更報告書は，保有割合が1％以上増減した場合に，その5営業日以内に提出しなければならないとされています。

　証券会社や銀行，保険会社等の日々営業活動として大量の上場株券等の売買を行っている機関投資家等については，取引のつど詳細な情報開示を求めると事務負担が過大になるため，報告頻度等を軽減する特例も存在します。

　以下，これらの報告書提出の手続について説明します。

解説

1 変更報告書提出の要件

(1) 提出事由
以下のいずれかの要件を満たす場合には，後述する例外事由に該当しない限り，変更報告書を提出しなければならないとされています（金商法27条の25第1項）。

① 大量保有報告書を提出すべき者が，大量保有者となった日の後に，株券等保有割合が1％以上増加しまたは減少した場合（保有株券等の総数の増加または減少を伴わない場合を除く）

② その他の大量保有報告書に記載すべき重要な事項の変更として政令で定めるものがあった場合

ここでいう政令で定める場合とは，大量保有報告書または変更報告書（これらの訂正報告書を含む）に記載すべき内容に係る変更のうち，次に掲げるものを除くものとされています（金商法施行令14条の7の2）。

(i) その単体株券等保有割合が100分の1未満である保有者が新たに共同保有者となったこと

(ii) その単体株券等保有割合が100分の1未満であった保有者が共同保有者でなくなったこと

(iii) その単体株券等保有割合が100分の1未満である共同保有者の氏名もしくは名称または住所もしくは所在地の変更

(iv) 単体株券等保有割合の100分の1未満の増加または減少

(v) 株券等の保有者およびその共同保有者の保有に係る当該株券等に関する次に掲げる契約の締結またはそれらの内容の変更のうち軽微なものとして内閣府令（大量保有府令9条の2第1項）で定めるもの

　イ　担保に供することを内容とする契約

　ロ　売り戻すことを内容とする契約

　ハ　売買の一方の予約（当該売買を完結する権利を有し，かつ，当該権利の行

使により売主としての地位を取得する場合に限る）
ニ　貸借することを内容とする契約
ホ　イからニまでに掲げる契約に準ずる契約
(vi)　その他前各号に準ずるものとして内閣府令（大量保有府令9条の2第2項）で定めるもの

(2) 例外事由

上記(1)の要件を満たす場合でも，以下の場合には，変更報告書の提出は不要です（大量保有府令9条）。

① 株券等保有割合が100分の1以上減少したことによる変更報告書で当該変更報告書に記載された株券等保有割合が100分の5以下であるものをすでに提出している場合
② 新株予約権証券または新株予約権付社債券に係る新株予約権の目的である株式の発行価格の調整のみによって保有株券等の総数が増加しまたは減少する場合

２　変更報告書提出の手続

株券等保有割合が1％以上増減した場合等には，5営業日以内に大量保有府令第1号様式に従って変更報告書を4通作成し，財務局長等に提出しなければならないとされています（金商法27条の25第1項，大量保有府令8条1項）。これについても大量保有報告書と同様に，大量保有府令第1号様式の「（記載上の注意）」に従って記載することになります。

３　特例報告制度について

証券会社や銀行，保険会社等の日々営業活動として大量の上場株券等の売買を行っている機関投資家等については，取引のつど詳細な情報開示を求めると事務負担が過大になるため，報告頻度等を軽減する特例も存在します。具体的には「特例対象株券等にかかる大量保有報告書」「特例対象株券等に係る変更報告書」に該当する場合には，基準日を届け出ることによって，後述する報告

頻度等を軽減する特例の適用を受けることができます（金商法27条の26）。

(1) 特例対象株券等

特例対象株券等は、以下のいずれかの要件を満たす必要があります（金商法27条の26第1項）。

① 国、地方公共団体その他の内閣府令で定める者（大量保有府令14条2号で国または地方公共団体を共同保有者とする者であって、国または地方公共団体以外の者とされています。基準日を内閣総理大臣に届け出た者に限る）が保有する株券等

② 以下の(a)に記載する者が保有する株券等で、以下の(b)に規定する重要提案行為等（当該株券等の発行者の事業活動に重大な変更を加え、または重大な影響を及ぼす行為）を行うことを保有の目的としないもの（株券等保有割合が内閣府令で定める数〔大量保有府令12条で100分の10とされています〕を超えた場合及び保有の態様その他の事情を勘案して内閣府令で定める場合を除く）

内閣府令で定める場合とは、大量保有府令13条で次に掲げる場合とされています。

　(ⅰ) 金融商品取引業者等に金融商品取引業者等でない共同保有者がいる場合において、当該共同保有者に金融商品取引業者等である共同保有者がいないものとみなして計算した当該共同保有者の株券等保有割合が100分の1を超える場合

　(ⅱ) 金融商品取引業者等が保有する株券等に係る株券等保有割合が100分の10以下となる場合であって、当該株券等に係る大量保有報告書または変更報告書のうち最後に提出されたものに記載された株券等保有割合（100分の10を超えているものに限る）からの減少が100分の1未満の場合

(a) 保有者（大量保有府令11条）

① 金融商品取引業者（金商法28条1項に規定する第一種金融商品取引業〔有価証券関連業に該当するものに限る〕）を行う者

② 投資運用業（金商法28条4項に規定する投資運用業のうち金商法2条8項12号および14号に掲げる行為に限る）を行う者

③ 銀行

④ 信託会社（信託業法3条または同法53条1項の免許を受けたものに限る）

⑤　保険会社
⑥　農林中央金庫
⑦　株式会社商工組合中央金庫
⑧　外国の法令に準拠して外国において，第一種金融商品取引業，投資運用業，銀行業，信託業または保険事業を営む者であって①ないし⑦に掲げる者以外の者
⑨　銀行等保有株式取得機構および預金保険機構
⑩　①ないし⑨に掲げる者を共同保有者とする者であって金融商品取引業者等以外の者

(b)　重要提案行為等（金商法施行令14条の8の2，大量保有府令16条）　発行者またはその子会社に係る次の各号に掲げる事項を，その株主総会もしくは投資主総会または役員（業務を執行する社員，取締役，執行役，会計参与，監査役またはこれらに準ずる者をいい，相談役，顧問その他いかなる名称を有する者であるかを問わず，法人に対し業務を執行する社員，取締役，執行役，会計参与，監査役またはこれらに準ずる者と同等以上の支配力を有するものと認められる者を含む）に対して提案する行為をいいます。

①　重要な財産の処分または譲受け
②　多額の借財
③　代表取締役の選定または解職
④　役員の構成の重要な変更（役員の数または任期に係る重要な変更を含む）
⑤　支配人その他の重要な使用人の選任または解任
⑥　支店その他の重要な組織の設置，変更または廃止
⑦　株式交換，株式移転，会社の分割または合併
⑧　事業の全部または一部の譲渡，譲受け，休止または廃止
⑨　配当に関する方針の重要な変更
⑩　資本金の増加または減少に関する方針の重要な変更
⑪　その発行する有価証券の取引所金融商品市場における上場の廃止または店頭売買有価証券市場における登録の取消し
⑫　その発行する有価証券の取引所金融商品市場への上場または店頭売買有価証券登録原簿への登録

⑬　資本政策に関する重要な変更（⑩に掲げるものを除く）
⑭　解散（合併による解散を除く）
⑮　破産手続開始、再生手続開始または更生手続開始の申立て

(2) 報告の方法

(a)　大量保有報告　　株券等保有割合が初めて5％を超えることとなった基準日から、5営業日以内に、大量保有府令第3号様式に従って大量保有報告書を4通作成し、財務局長等に提出しなければならないとされています（金商法27条の26第1項、大量保有府令15条）。

そして、ここでいう基準日とは、以下の組み合わせから特例対象株券等の保有者が内閣府令で定めるところにより内閣総理大臣に届出（大量保有府令18条1項で、基準日の届出は、大量保有府令の第4号様式により届出書2通を作成し、財務局長等に提出して行うとされています）をした日をいいます（金商法27条の26第3項、金商法施行令14条の8の2第2項）。

① 各月の第2月曜日および第4月曜日（第5月曜日がある場合にあっては、第2月曜日、第4月曜日および第5月曜日とする）

② 各月の15日および末日（これらの日が土曜日に当たるときはその前日とし、これらの日が日曜日に当たるときはその前々日とする）

(b)　変更報告　　特例対象株券等に係る変更報告書（当該株券等が特例対象株券等以外の株券等になる場合の変更に係るものを除く）については、以下に掲げる場合の区分に応じ当該各号に定める日までに、大量保有府令第3号様式に従って変更報告書を4通作成し、財務局長等に提出しなければならないとされています（金商法27条の26第2項、大量保有府令15条）。ただし、③の場合については、大量保有府令第1号様式によるとされています（大量保有府令8条1項）。なお、ここでいう基準日とは、**(a)**における基準日と同義です（金商法27条の26第3項、金商法施行令14条の8の2第2項）。

① 特例対象株券等に係る大量保有報告書に係る基準日の後の基準日における株券等保有割合が当該大量保有報告書に記載された株券等保有割合より1％以上増加しまたは減少した場合その他の当該大量保有報告書に記載すべき重要な事項の変更として政令（金商法施行令14条の7の2〔詳細は 1 (1)②に記載しています〕）で定めるものがあった場合　当該後の基準日から

5日以内
② 変更報告書に係る基準日の後の基準日における株券等保有割合が当該変更報告書に記載された株券等保有割合より1％以上増加または減少した場合その他の当該大量保有報告書に記載すべき重要な事項の変更として政令（①に同じ）で定めるものがあった場合　当該後の基準日から5日以内
③ 株券等保有割合が内閣府令で定める数（大量保有府令12条で100分の10とされています）を下回り当該株券等が特例対象株券等になった場合　当該特例対象株券等になった日から5日以内
④ 次の各号に掲げる場合の区分に応じ当該各号に定める日（金商法27条の26第2項4号，大量保有府令17条）。
（i） 金商法27条の25第1項の規定による変更報告書に記載された株券等保有割合の計算の基礎となった日の後の基準日における株券等保有割合が当該変更報告書に記載された株券等保有割合より1％以上増加または減少した場合その他の大量保有報告書に記載すべき重要な事項の変更があった場合　当該基準日から5日以内
（ii） 金商法27条の23第1項の規定による大量保有報告書に記載された株券等保有割合の計算の基礎となった日の後の基準日における株券等保有割合が当該大量保有報告書に記載された株券等保有割合より1％分以上増加または減少した場合その他の大量保有報告書に記載すべき重要な事項の変更があった場合　当該基準日から5日以内
（iii） 株券等保有割合が10％に減少し，当該株券等が特例対象株券等になった場合　当該特例対象株券等になった日から5日以内

【古川　純平】

第3章

金融商品取引業に関する規制

Q27 業者規制の概要

金融商品に関する取引を扱う業者に関して、金融商品取引法はどのような規制をしていますか。何か免許等が必要とされているのでしょうか。

A

　金融商品取引法は、金融商品に関する取引を扱う業を、金融商品取引業と金融商品仲介業の2つに大別しています。

　さらに、金融商品取引法は、金融商品取引業を業務内容に応じて、4つに区分しており（金商法28条）、金融商品に関する取引を業として行うためには、その区分に応じた当局の登録を受ける必要があります（金商法29条）。登録の申請がなされれば、登録拒否事由（金商法29条の4）がない限り、原則として登録がなされることになっています（金商法29条の3）。

　金融商品仲介業を行うためにも当局の登録を受けることが必要とされていますが（金商法66条）、その登録拒否事由は、金融商品取引業に比して若干緩やかです（金商法66条の4）。

解説

1　金融商品に関する取引を行う業の概要

　金融商品に関する取引を扱う業としては、金融商品取引法上、大きく分けて、金融商品取引業（金商法2条8項）と金融商品仲介業（同条11項）とが規定されています。

金融商品取引業を行う者としての当局の登録を受けた者を金融商品取引業者といい（金商法2条9項），金融商品仲介業を行う者として当局の登録を受けた者を金融商品仲介業者といいます（同条12項）。

なお，金融商品取引業を行う者の中には，金融商品取引業者以外に，登録金融機関があります（金商法2条11項柱書・33条の2）。登録金融機関とは，大雑把にいうと，有価証券関連業務等の実施が原則として禁止される銀行や保険会社等の金融機関のうち，当局の登録を受けることにより金融商品取引業の一部を実施することができる金融機関のことをいい，これら登録金融機関については，金融商品取引業者と併せて「金融商品取引業者等」として，基本的に金融商品取引業者と同様の規制に服することとなります（なお，登録金融機関についての詳細な説明はQ32を参照）。

このように，金融商品の取引を取り扱う業者については，その種別，主体に応じた当局による登録を受けることが必要とされており，これを受けることなくそのような業務を行うことは，原則として，無登録営業を行うものとして，金融商品取引法違反ということになります。

金融商品取引業者，金融商品仲介業者，登録金融機関としての登録を受けている者の名称は，金融庁のホームページ上で公開されています（http://www.fsa.go.jp/menkyo/menkyo.html）。また，このような登録を受けることなく金融商品取引業を行っているとして，金融庁（財務局）が警告書の発出を行った者の名称も同様にホームページ上で公開されています（http://www.fsa.go.jp/ordinary/chuui/mutouroku.html）。金融商品の勧誘をしてくる業者が怪しいと思ったら，ホームページで検索して確認されることをお勧めします。

2　金融商品取引業

(1) 定　義

金融商品取引業とは，金融商品取引法2条8項各号に該当する行為のいずれかを業として行うことをいいます。

なお，「業として行う」とは，投資者保護の観点から広く金融商品取引業に該当する行為を規制するという法の趣旨にかんがみて，営利性は必要とされず，

「対公衆性」を有する行為で「反復継続性」を有する（あるいは，反復継続することが想定される）ものが一般的に「業として行う」に該当すると解されています。

(2) 適用除外

ただし，形式的に金融商品取引法2条8項各号に該当する行為を業としていても，それらがすべて金融商品取引業を行っているものと評価されるわけではありません。

つまり，そもそも，金融商品取引法は金融商品取引業を行う者に対して様々な規制を設けているわけですが，投資者の保護が第一の目的とされていることから，投資者保護に支障がない場合として政令で定められたものについては，金融商品取引業の定義から除外されています（金商法2条8項柱書括弧書，金商法施行令1条の8の6，定義府令15条・16条）。

たとえば，国や地方公共団体が行う場合や，金融機関や適格機関投資家（いわゆるプロ顧客）を相手として店頭デリバティブ取引を行う場合などがこの例外に当たります（金商法施行令1条の8の6第1号イ～ハ・2号，定義府令15条）。

なお，金融商品取引法は，適用除外にあたる場合を政令で定めるとしており，これにより適用除外される行為を明確にしていますので，解釈で投資者保護に支障がなく金融商品取引業に該当しないと判断することには慎重であるべきと考えられており，この点留意が必要です。

(3) 金融商品取引業の種別

金融商品取引業は，その業務内容に応じて，①第一種金融商品取引業（金商法28条1項），②第二種金融商品取引業（同条2項），③投資助言・代理業（同条3項），④投資運用業（同条4項）の4つに区分されています。

各業の業務内容としては，①第一種金融商品取引業は，主に流通性の高い有価証券（2項有価証券以外の有価証券）の取引等を行う業であり，②第二種金融商品取引業は，主に流通性の低い有価証券の取引等を行う業となります。③投資助言・代理業は，一定の契約に基づいて有価証券・金融商品の価値等について助言を行い，④投資運用業は，一定の契約に基づいて有価証券等の権利に対する投資として，財産の運用を行います。

(4) 金融商品取引業者の登録等

(a) 金融商品取引業者登録等　金融商品取引業を行うためには，当局の登録を受けなければなりません（金商法29条）。このように，すべての金融商品取引業者に登録を要求しているのは，公正な市場を確保して投資者保護を図るためには，市場の担い手たる金融商品取引業者に行政が関与して，一定の質を確保することが必要であるためです。

なお，私設取引システムを運営する業務は，有価証券の価格形成に極めて大きな影響を与えるため，さらに認可を受けることが必要とされています（金商法30条1項）。

(b) 登録の手続　当局の登録を受けようとする者は，上記4つの種別のうちのどの金融商品取引業を行うのか等を記載した登録申請書を提出します（金商法29条の2）。なお，1通の申請書で複数の種別の金融商品取引業の登録を申請することが可能です。

登録の申請をすれば，申請書に不備がなく，登録拒否事由に該当しない限り，登録がなされることになります（金商法29条の4）。

この登録拒否事由は，金融商品取引業の種別（業務内容）により，市場に及ぼす影響が異なることから，その影響の大小に応じ，上記4つの金融商品取引業者ごとに段階的に定められています。

一般的には，主に流通性の高い有価証券の取引一般を扱う第一種金融商品取引業について最も厳格な要件が規定されており，投資運用業も実際に他人の財産を運用するため比較的厳格な規制がなされています。一方，流通性の低い有価証券の取引を扱う第二種金融商品取引業や，有価証券や金融商品の価値の判断について助言するにとどまる投資助言・代理業は比較的緩やかな要件が規定されています。

具体的な登録拒否事由は表「登録拒否要件比較表」のとおりです。

3 金融商品仲介業者

以上のような金融商品取引業者に加えて，金融商品取引法上，金融商品を扱う業者として，金融商品仲介業者が規定されています（金商法2条11項）。

金融商品仲介業者とは，金融商品取引業者等から委託を受けて一定の金融商品に関する取引をする者で，独自に金融商品取引を行う金融商品取引業者とは区別されます。金融商品仲介業者も，その業務を行うためには金融商品仲介業者登録簿に登録されることが必要です（金商法66条・66条の3）。

　この登録の申請があった場合も，登録拒否事由（金商法66条の4）に該当しない限り，登録がなされることになります（金商法66条の3）。

　金融商品仲介業者に関する具体的な登録拒否事由は表「登録拒否要件比較表」のとおりです。

　金融商品仲介業者は，国民の投資への参加が容易になるよう国民と金融商品取引業者との橋渡し的な存在となることが期待されている一方，自らは取引主体とならないという意味において市場に与える影響は限定的であり，金融商品取引業よりも緩やかな規制となっています。

【松本　久美子】

登録拒否要件比較表

金商法29条の4第1項		第一種金融商品取引業	投資運用業	第二種金融商品取引業	投資助言・代理業	金融商品仲介業
業者の適格性に関する要件	5年以内の登録認可取消処分(①イ)	○	○	○	○	○
	5年以内の一定の犯罪による刑事罰(①ロ)					
	他事業の反公益性(①ハ)					
	人的構成(①ニ)	○	○	○	○[*1]	―
業者(個人)の適格性に関する要件(③) 業者(法人)の役員の適格性に関する要件	制限能力者(②イ)	○	○	○	○	○
	破産者(②ロ)					
	5年以内の禁固刑(②ハ)					
	5年以内の登録認可取消処分(②ニ, ホ)					
	5年以内に解任命令を受けた役員(②ヘ)					
	5年以内の一定の犯罪による刑事罰(②ト)					
業者(法人)の構成等に関する要件	最低資本金規制(④)(資本金が右記の額に満たない者)	○ 危険な元引受を行う：30億円 元引受を行う：5億円 それ以外：5000万円	○[*2] 適格投資家向け投資運用業を除く 5000万円 適格投資家向け投資運用業 1000万円	○ ※法人のみ 1000万円 ※個人については営業保証金制度(1000万円)	― ※営業保証金制度あり(500万円)	―
	最低純財産額規制(⑤ロ)(純資産額が右記の額に満たない者)	○ 上に同じ	○ 上に同じ	―	―	―
	法人規制(⑤イ)(株式会社等でない者)	○ 取締役会設置会社 or 委員会設置会社	○ 同左[*3]	―	―	―
	兼業規制(⑤ハ)(他に行っている業務が付随業務,届出業務以外で投資者保護に支障がある者)	○	○	―	―	―

	主要株主規制(⑤ニ)(主要株主が不適格者である者)	○	○	—	—	
	自己資本規制比率規制(⑥イ)(自己資本規制比率が右記の割合に満たない者)	○ 120%	—	—	—	
	商号規制(⑥ロ)(他の金融商品取引業者と誤認する商号を用いようとする者)	○	—	—	—	
金融商品仲介業者に特有の要件(金商法66条の4)						知識経験に欠く(③)
						委託を受ける金融商品取引業者等の協会未加入(④)
						第一種金融商品取引業者(⑥)

○：規制あり＝該当すると登録を拒否される，—：規制なし＝該当しても登録を拒否されない。
＊1　平成23年5月25日改正により追加（平成24年4月1日より施行）
＊2　平成23年5月25日改正により区別。（平成24年4月1日より施行）
＊3　平成23年5月25日改正により，適格投資家向け投信運用業においては監査役設置会社又は委員会設置会社で足りる（金商法29条の5）（平成24年4月1日より施行）

Q28 第一種金融商品取引業

金融商品取引業者のうち，第一種金融商品取引業を行う金融商品取引業者とはどのような業者ですか。また，どのような要件を備えた業者が第一種金融商品取引業を行うことができるのかについて教えてください。

A

　第一種金融商品取引業とは，主に，2項有価証券以外の流通性の高い有価証券の売買や店頭デリバティブ取引，有価証券の引受け等を業として行うことをいいます。

　第一種金融商品取引業を行うには，第一種金融商品取引業を行う者としての当局の登録を受けることが必要です。登録を受けるための要件としては，登録取消処分を受けて5年を経過していないことなどの業者としての適格性に関する要件のほか，主要株主規制や最低純財産額規制等の業者の組織・構成・財産等に関する要件を充足することが必要とされています。

解説

1　第一種金融商品取引業とは

(1) 第一種金融商品取引業の本来業務

　第一種金融商品取引業に該当する業務として金融商品取引法28条1項が挙げている業務（本来業務）は，流通性の高い有価証券（2項有価証券を除く有価証券）の売買・市場デリバティブ取引等や，金融商品全般に関する店頭デリバテ

ィブ取引，有価証券全般の引受け，私設取引システム業務，有価証券等管理業務などであり（金商法28条1項・2条8項1号～6号・8号～10号・16号・17号），具体的には，後記表（第一種金融商品取引業の本来業務）のとおりです。

　流通性の高い有価証券の取引は，多数の者の利益に関わる取引に関する業務であり，また，店頭デリバティブ取引や有価証券の引受けはとくに専門性・リスクの高い取引であるといえます。投資者としては，これらの業務を行う業者の財産的基盤がしっかりしており財務状況が健全でなければ，安心して金銭や有価証券を預けることができず，有価証券等管理業務を行わせることはできません。

　そこで，これらの業務は，最も厳格な規制が課せられる第一種金融商品取引業を行う者としての登録を受けた金融商品取引業者のみが業として行うことができ，その登録を受けていない者やそれ以外の登録しか受けていない金融商品取引業者は実施することができないこととされています（金商法29条）。

　なお，第一種金融商品取引業の登録を受けた者であったとしても，他の金融商品取引業を行うには，管理監督の必要性から，その行おうとする業の登録を受けることが必要となります。

(2) その他の業務

　第一種金融商品取引業を行う金融商品取引業者は，上記のとおり，多数の者の利益に関わる取引を行い，また，リスクの高い取引を幅広く行うものであることから，市場に与える影響力ひいては国民の財産に対する影響力が非常に大きく，他の業務を行うことによってその財産的基礎が害されることのないようにするなどの目的で，その行いうる業務の範囲が一定の範囲に制限されています（金商法35条）。

　具体的には，付随業務として実施することができる業務（金商法35条1項），当局に届け出ることが必要とされる届出業務（同条2項・3項），当局の承認を受けることによって実施することが許されることとなる承認業務（同条4項以下）といった区別があります。

２　第一種金融商品取引業を行うための要件等

(1) 登録拒否事由

上記のとおり，第一種金融商品取引業を行うためには，第一種金融商品取引業を行うための登録を受けることが必要とされます（金商法29条）。

そして，当局に登録の申請がなされれば，登録申請書等に虚偽記載がある等の不備がなく，以下のような登録拒否事由に該当しない限り，登録が認められることになります（金商法29条の4）。

(2) 業者の適格性に関する登録拒否事由

まず，以下のような事由に該当する者には，金融商品取引業を行わせることが適当でないと考えられ，これらの事由は登録拒否事由とされています（金商法29条の4第1項1号）。

① 金融商品取引業登録等の取消処分を受けてから5年を経過しない者（金商法29条の4第1項1号イ）
② 金融商品取引法違反等の一定の犯罪による刑事罰（罰金刑）を受けてから5年を経過しない者（同号ロ）
③ 他に行っている事業が公益に反すると認められる者（同号ハ）
④ 金融商品取引業を適確に遂行するに足りる人的構成を有しない者（同号ニ）

なお，どのような場合に，上記④の金融商品取引業を適確に遂行するに足りる人的構成を有しない者とされるかについては，金融商品取引業等に関する内閣府令13条において，その審査基準が定められています。

具体的には，「その行う業務に関する十分な知識及び経験を有する役員又は使用人の確保の状況並びに組織体制に照らし，当該業務を適正に遂行することができないと認められること」（金商業等府令13条1号），「役員又は使用人のうちに，経歴，……暴力団又は……暴力団員との関係その他の事情に照らして業務の運営に不適切な資質を有する者があることにより，金融商品取引業の信用を失墜させるおそれがあると認められること」（同条2号）などの役員・使用人の資質に関する要件などが規定されています。

第一種金融商品取引業の本来業務(金商法28条1項)

1号	有価証券(2項有価証券を除く)の	売買			の媒介	
					の取次ぎ	
					の代理	
		取引所金融商品市場における	売買	の委託	の媒介	
		外国金融商品市場における			の取次ぎ	
					の代理	
		市場	デリバティブ取引		の媒介	
					の取次ぎ	
					の代理	
		海外市場		の委託	の媒介	
					の取次ぎ	
					の代理	
		清算取次ぎ				
		売出し				
		募集				
		売出しの / 私募の	取扱い			
2号		店頭	デリバティブ取引	の媒介		
				の取次ぎ		
				の代理		
	店頭デリバティブ取引についての	清算取次ぎ				
3号	有価証券の	引受け				
4号	有価証券の	売買	の媒介	かつ	私設取引システムを利用	
			の取次ぎ			
			の代理			
5号	2条8項1号〜10号に掲げる行為に関して		金銭	の預託を受ける		
			2条1項各号に定める証券			
			証書			
	社債等の振替を行うために口座の開設を受けて社債等の振替を行う					

この人的構成要件の判断の際の着眼点については、金融庁監督局証券課策定に係る「金融商品取引業者等向けの総合的な監督指針」（Ⅳ－1－2）に記載があります。法令や監督指針で示されている経営管理の着眼点の内容理解を前提として、これを実行する知識経験や、コンプライアンスおよびリスク管理について十分な知識経験を有している者が確保されていることや、暴力団員（過去に暴力団員であった者も含む）そのものでないことや暴力団と密接な関連がないこと、金融商品取引法等の法律に違反して罰金以上の刑に処せられたことがないこと、禁錮以上の刑（とくに詐欺、電子計算機使用詐欺、背任、恐喝等の罪に問われた場合に留意することとされている）に処せられたことがないこと等が、具体的な着眼点として示されています。

(3) 役員等の適格性に関する登録拒否事由

　また、金融商品取引業者が法人であり、その役員やコンプライアンス担当者が金融商品取引業に係る業務を遂行するのが適切でない場合には、金融商品取引業者も影響を受け、適切な業務遂行を行うことができないおそれがあります。

　したがって、役員やコンプライアンス担当者が、以下に該当する場合には、金融商品取引業の登録が拒否されることになります（金商法29条の4第1項2号、金商法施行令15条の4）。

① 成年被後見人、被保佐人（金商法29条の4第1項2号イ）
② 破産手続開始の決定を受けて復権を得ない者等（同号ロ）
③ 禁錮以上の刑に処せられ、その刑の執行を終わり、またはその刑の執行を受けることがなくなった日から5年を経過しない者（同号ハ）
④ 金融商品取引業者であった法人等が金融商品取引業登録等の取消処分を受けたことがある場合において、その取消しの日前30日以内に当該法人等の役員であった者で、その取消しの日から5年を経過しない者（同号ニ）
⑤ 金融商品取引業者であった個人が金融商品取引業登録等の取消処分を受けたことがある場合において、その取消しの日から5年を経過しない者（同号ホ）
⑥ 金融商品取引法等の規定に基づき解任命令を受けた役員で、その処分を受けた日から5年を経過しない者（同号ヘ）
⑦ 一定の犯罪により罰金刑に処せられ、その刑の執行を終わり、またはそ

の執行の猶予を受けることがなくなった日から5年を経過しない者（同号ト）

(4) **業者の構成等に関する登録拒否事由**

　第一種金融商品取引業は，その業務内容から，リスクを負担することができる一定の財産的基礎等が必要とされており，当該財産的基礎を維持するための財務の健全性が強く要求されます。また，第一種金融商品取引業を行う金融商品取引業者の経営に実質的な影響を及ぼすことができる主要株主に関しても規制を行って，あるいは業者内部におけるガバナンスが確保されるようにして，主要株主や役員等の利益のみを追求して投資者保護がないがしろにされるような事態を可及的に防止することが必要とされます。

　そこで，金融商品取引法では，業者の構成等に関して，以下のような事由を登録拒否事由として定めています。

① 資本金が以下の金額に満たない者（最低資本金規制。金商法29条の4第1項4号，金商法施行令15条の7）
  ・原則：5000万円
  ・損失の危険の管理の必要性が高い有価証券の元引受け業務（金商法28条1項3号イ）を行おうとする場合：30億円
  ・上記以外の有価証券の元引受け業務を行おうとする場合（金商法28条1項3号ロ）：5億円

② 純財産額が上記最低資本金の額未満の者（最低純財産額規制。金商法29条の4第1項5号ロ，金商法施行令15条の9第1項）

③ 株式会社（取締役会設置会社で，監査役設置会社または委員会等設置会社に限る）もしくは株式会社に準じる法人でない者（金商法29条の4第1項5号イ）

④ 他に行っている事業が付随業務，届出業務のいずれにも該当せず，かつ，当該事業に係る損失の危険の管理が困難であるために投資者保護に支障を生ずると認められる者（金商法29条の4第1項5号ハ）

⑤ 主要株主等に以下のいずれかに該当する者のある法人（主要株主規制）
  ・主要株主が個人の場合（金商法29条の4第1項5号ニ）
    a　成年被後見人または被保佐人で，その法定代理人が上記役員等の適格性に関する登録拒否事由（金商法29条の4第1項2号イ～ト）のいずれ

かに該当する者

  b 上記役員等の適格性に関する登録拒否事由（①を除く。金商法29条の4第1項2号ロ〜ト）のいずれかに該当する者
- 主要株主が法人の場合（金商法29条の4第1項5号ホ）
  a 金融商品取引業登録等の取消処分を受けてから5年を経過しない者
  b 金融商品取引法違反等一定の犯罪による罰金刑を受けてから5年を経過しない者
- 主要株主に準ずる者の適格性について，外国の当局による確認が行われていない外国法人（金商法29条の4第1項5号ヘ）

⑥ 自己資本規制比率が120％を下回る者（自己資本規制比率規制。金商法29条の4第1項6号イ）

⑦ 他の第一種金融商品取引業を行う金融商品取引業者と同一または誤認されるおそれのある商号を用いようとする者（金商法29条の4第1項6号ロ）

 なお，自己資本規制比率とは，資本金等の合計額から固定資産等の合計額を控除した額の，保有する有価証券の価格変動等のリスクに対応する一定の額に対する比率をいいます（金商法46条の6第1項，金商業等府令176条以下）。

 この自己資本規制比率については，市況の急激な変化による収入減や資産価値下落等の事態が発生した場合においても，業者の財務健全性が確保され，投資者保護に支障をきたすようなことが生じないように，登録が認められた後も，当該比率が維持されていることの確認を通じて，当局による適切な監督が行われるように，定期的に当局に対して報告がなされることとなります（金商法46条の6）。

【松本 久美子】

Q29 第二種金融商品取引業

金融商品取引業者のうち，第二種金融商品取引業を行う金融商品取引業者とはどのような業者ですか。また，どのような要件を備えた業者が第二種金融商品取引業を行うことができるのかについて教えてください。

A

> 第二種金融商品取引業とは，一定の有価証券の自己募集または私募，流通性の低い2項有価証券の売買や募集・私募の取扱い等や，有価証券に関係しない市場・外国市場デリバティブ等を業として行うことをいいます。
>
> 第二種金融商品取引業を行うためには，第二種金融商品取引業を行う者としての当局の登録を受ける必要があります。その登録の要件としては，5年以内に登録取消処分を受けたことがないなどの業者としての適格性に関する要件のほか，第二種金融商品取引業者が法人の場合には最低資本金規制があります。

解説

1　第二種金融商品取引業の業務内容

(1) 第二種金融商品取引業

第二種金融商品取引業に該当する業務として金融商品取引法28条2項が挙げている業務は，一定の有価証券の自己募集または私募，2項有価証券（金融商品取引法2条2項各号に掲げる権利）の売買や募集・私募の取扱い，有価証券に

関係しない市場・海外市場デリバティブ取引等,一定の有価証券の募集または私募を行った者による当該有価証券の転売を目的としない買取り等です(金商法28条2項・2条8項1号〜3号・5号・7号・8号・9号・18号,金商法施行令1条の12)。

第二種金融商品取引業は,その取り扱う有価証券の流通性も低く,関与することとなる投資者の範囲も第一種金融商品取引業より限定的であることから,第一種金融商品取引業を行う金融商品取引業者に比して,その登録に際する条件等が緩やかに設定されています。その詳細については,後述のとおりです。

(2) その他の業務

上記のとおり,第二種金融商品取引業を行う金融商品取引業者の業務は,第一種金融商品取引業と比較して,他の業務の実施による財産的基礎の悪化を防ぐべき必要性は相対的に高くないと考えられることから,第一種金融商品取引業に関して規定されているような業務範囲規制は課せられておらず,他の業務との兼業は禁止されていません(金商法35条の2第1項)。

このように,第二種金融商品取引業を行う金融商品取引業者については,その業務範囲の自由度は高いといえますが,兼業する他の業務に関して何らかの業務範囲規制が課せられている場合には,その規制に服することとなります(金商法35条の2第2項)。

2 第二種金融商品取引業を行うための要件等

(1) 登録拒否事由

第二種金融商品取引業を行うためには,第二種金融商品取引業を行う者としての登録を受けることが必要です(金商法29条)。

そして,第一種金融商品取引業に関する場合と同様,当局に登録の申請をすれば,登録の申請書に不備がなく,登録拒否事由に該当しない限り,登録が認められることになります(金商法29条の4)。

上記のとおり,登録拒否事由については,第一種金融商品取引業に関するものよりも緩やかであり,参入障壁は相対的に低く設定されていることから,当該業の登録業者数は平成24年11月30日現在約1300で(http://www.fsa.go.jp/men

kyo/menkyoj/kinyushohin.pdf)，4種類の金融商品取引業のうち最も多くなっています。

(2) **業者の適格性に関する登録拒否事由**

第一種金融商品取引業と同様に，金融商品取引業を行うことが適切でないと認められる者を排除するために，以下の事由が登録拒否事由になっています（金商法29条の4第1項1号）。

① 金融商品取引業登録等の取消処分を受けてから5年を経過しない者（金商法29条の4第1項1号イ）
② 金融商品取引法違反等の一定の犯罪による刑事罰（罰金刑）を受けてから5年を経過しない者（同号ロ）
③ 他に行っている事業が公益に反すると認められる者（同号ハ）
④ 金融商品取引業を適確に遂行するに足りる人的構成を有しない者（同号ニ）

なお，④金融商品取引業を適確に遂行するに足りる人的構成を有するか否かについては，金融商品取引業等に関する内閣府令13条においてその審査基準が定められていますが，その監督に際する判断の着眼点については，第一種金融商品取引業者と同様とされています（金融庁監督局証券課策定に係る「金融商品取引業者等向けの総合的な監督指針」Ⅴ−1−2）。

(3) **業者（個人）の適格性および業者の役員等に関する登録拒否事由**

第一種金融商品取引業を行う者は株式会社等でなければならないとされていますが（金商法29条の4第1項5号イ），第二種金融商品取引業を行う者についてはそのような制限はなく，個人であっても登録を受けることができることとされています。

したがって，以下の金融商品取引法29条の4第1項2号に掲げる登録拒否事由の有無は，第二種金融商品取引業を行う者が法人の場合には，その役員およびコンプライアンス担当者について判断され，第二種金融商品取引業を行う者が個人の場合には，当該個人およびコンプライアンス担当者について判断されることになります（金商法29条の4第1項3号）。

① 成年被後見人，被保佐人（金商法29条の4第1項2号イ）
② 破産手続開始の決定を受けて復権を得ない者等（同号ロ）

③ 禁錮以上の刑に処せられ，その刑の執行を終わり，またはその刑の執行を受けることがなくなった日から5年を経過しない者（同号ハ）

④ 金融商品取引業者であった法人等が金融商品取引業登録等の取消処分を受けたことがある場合において，その取消しの日前30日以内に当該法人等の役員であった者で，その取消しの日から5年を経過しない者（同号ニ）

⑤ 金融商品取引業者であった個人が金融商品取引業登録等の取消処分を受けたことがある場合において，その取消しの日から5年を経過しない者（同号ホ）

⑥ 金融商品取引法等の規定に基づき解任命令を受けた役員で，その処分を受けた日から5年を経過しない者（同号ヘ）

⑦ 一定の犯罪により罰金刑に処せられ，その刑の執行を終わり，またはその執行の猶予を受けることがなくなった日から5年を経過しない者（同号ト）

(4) 最低資本金規制・営業保証金の供託義務

　第二種金融商品取引業を行う者については，それが法人である場合に限り，財産規制としての1000万円の最低資本金規制が課されています（金商法29条の4第1項4号，金商法施行令15条の7第1項4号）。

　他方，第二種金融商品取引業を行う者が個人の場合には，その性質上最低資本金規制は課せられていませんが，原則として，営業保証金1000万円を主たる営業所または事務所の最寄りの供託所に供託をしなければならないとされており（金商法31条の2第1項・2項，金商法施行令15条の12第1号），供託をした旨を当局に届け出た後でなければ金融商品取引業を行うことができないとされています（金商法31条の2第5項）。当該金融商品取引業者と有価証券の売買契約等を締結した者は，当該契約等により生じた債権に関して，上記の営業保証金について他の債権者に先立って弁済を受ける権利が認められています（同条6項）。その権利の実行のための手続は，金融商品取引法施行令15条の14に定められており，おおむね，①権利者による金融庁長官への申立て，②他の権利者に対する，金融庁長官による一定の期間を定めた権利申出催告の公示等，③金融庁長官による期間経過後の権利調査，④金融庁長官による調査結果に基づく配当表の作成・公示等，⑤配当表に従った配当実施といった流れをたどることとな

ります。

【松本　久美子】

Q30 投資助言・代理業

金融商品取引業者のうち,投資助言・代理業を行う金融商品取引業者とはどのような業者ですか。また,どのような要件を備えた業者が投資助言・代理業を行うことができるのかについて教えてください。

A

投資助言・代理業とは,投資顧問契約に基づき,有価証券の価値,金融商品の価値等の分析に基づく投資判断に関し助言を行うこと,もしくは,投資顧問契約または投資一任契約の締結の代理または媒介を行うことを業として行うことをいいます。

投資助言・代理業を行うためには,投資助言・代理業を行う者としての当局の登録を受けることが必要です(金商法29条)。登録を受けるためには,5年以内に登録取消処分を受けたことがないなどの業者としての適格性に関する要件や役員等の適格性に関する要件を充足している必要があります。

解説

1 投資助言・代理業の業務内容

(1) 投資助言・代理業

(a) 投資助言・代理業に該当する業務として,金融商品取引法28条3項が挙げている業務は,顧客との間で投資顧問契約を締結し,当該契約に基づいて,有価証券の価値等や金融商品の価値等の分析に基づく投資判断に関する助言を

行うこと（金商法2条8項11号），投資顧問契約または投資一任契約の締結の代理または媒介を行うこと（同項13号）です。

(b) ここに投資顧問契約とは，当事者の一方が相手方に対して，有価証券の価値等（有価証券の価値，有価証券関連オプションの対価の額または有価証券指標の動向）や金融商品の価値等（金融商品の価値，オプションの対価の額または金融指標の動向）の分析に基づく投資判断（投資の対象となる有価証券の種類，銘柄，数および価格ならびに売買の別，方法および時期についての判断または行うべきデリバティブ取引の内容および時期についての判断）に関する助言を行うことを約し，相手方がこれに対し報酬を支払うことを約束する契約をいいます（金商法2条8項11号）。

したがって，有価証券の価額等について踏み込んだ助言を提供するファイナンシャルプランニング業務や投資情報の提供業務は，投資助言・代理業に該当する可能性があるといえます。

ただし，一定の除外事由も規定されており，たとえば，新聞や雑誌，書籍等の不特定多数人に対して販売されることを目的として発行されるもので，不特定多数の者によって随時購入することが可能な文書に投資判断を掲載するといった行為は投資助言・代理業には該当しないとされています。

(c) また，投資一任契約とは，当事者の一方が相手方から金融商品の価値等の分析に基づく投資判断の全部または一部を一任されるとともに，当該投資判断に基づき当該相手方のため投資を行うのに必要な権限を委任されることを内容とする契約をいいます。

(2) その他の業務

上記のとおり，投資助言・代理業は，投資に関する助言を提供することが主な業務内容であり，その業務範囲はそれほど広くなく，他の業務の実施による財産的基礎の悪化を防ぐべき必要性は相対的に高くないと考えられることから，第一種金融商品取引業や投資運用業に関して規定されているような業務範囲規制は課せられておらず，他の業務との兼業は禁止されていません（金商法35条の2第1項）。

2　投資助言・代理業を行うための要件等

(1) 登録拒否事由

　投資助言・代理業を行うためには，投資助言・代理業を行う者としての登録を受けることが必要です（金商法29条）。

　そして，他の金融商品取引業と同様，当局に対し登録の申請をすれば，登録の申請書に不備がなく，一定の登録拒否事由に該当しない限り，登録が認められることになります（金商法29条の4）。

(2) 業者の適格性に関する登録拒否事由

　以下の事由がある者については，金融商品取引業を行うことが適切でないと認められることから，これらに該当する者については登録が拒否されることとなります（金商法29条の4第1項1号イ～ハ）。

① 金融商品取引業登録等の取消処分を受けてから5年を経過しない者（金商法29条の4第1項1号イ）

② 金融商品取引法違反等の一定の犯罪による刑事罰（罰金刑）を受けてから5年を経過しない者（同号ロ）

③ 他に行っている事業が公益に反すると認められる者（同号ハ）

④ 金融商品取引業を適確に遂行するに足りる人的構成を有すること（同号ニ）

　なお，金融商品取引法成立当時は，他の金融商品取引業者と異なり，投資助言・代理業については，上記④のいわゆる人的構成要件は，登録拒否事由として規定されていませんでしたが，コンプライアンスに欠く悪質な法令違反の事例が多発したため，投資者保護の必要性があること，反社会的勢力の排除の必要性があることから，投資助言・代理業についても上記④の要件を追加する改正がなされました（平成23年5月25日法律第49号。平成23年4月1日から施行）。

(3) 業者（個人）の適格性および業者の役員等に関する登録拒否事由

　投資運用業を行う者は，株式会社等でなければならないとされていますが（金商法29条の4第1項5号イ・金商法29条の5第1項），投資助言・代理業を行う者については，第二種金融商品取引業者と同様に，そのような制限はありません。

したがって，以下の金融商品取引法29条の４第１項２号に掲げる登録拒否事由の有無は，投資助言・代理業を行う者が法人の場合にはその役員およびコンプライアンス担当者について判断され，個人の場合には当該個人およびコンプライアンス担当者について判断されることになります（金商法29条の４第１項３号）。

① 成年被後見人，被保佐人（金商法29条の４第１項２号イ）
② 破産手続開始の決定を受けて復権を得ない者等（同号ロ）
③ 禁錮以上の刑に処せられ，その刑の執行を終わり，またはその刑の執行を受けることがなくなった日から５年を経過しない者（同号ハ）
④ 金融商品取引業者であった法人等が金融商品取引業登録等の取消処分を受けたことがある場合において，その取消しの日前30日以内に当該法人等の役員であった者で，その取消しの日から５年を経過しない者（同号ニ）
⑤ 金融商品取引業者であった個人が金融商品取引業登録等の取消処分を受けたことがある場合において，その取消しの日から５年を経過しない者（同号ホ）
⑥ 金融商品取引法等の規定に基づき解任命令を受けた役員で，その処分を受けた日から５年を経過しない者（同号ヘ）
⑦ 一定の犯罪により罰金刑に処せられ，その刑の執行を終わり，またはその執行の猶予を受けることがなくなった日から５年を経過しない者（同号ト）

(4) 営業保証金の供託義務

投資助言・代理業のみを行う者に関する財産規制としては，当該投資助言・代理業を行う者が法人であるか，個人であるかにかかわらず，営業保証金規制のみが課されることとなります。

具体的には，営業保証金として，500万円を，主たる営業所または事務所の最寄りの供託所に供託をしなければならないとされています（金商法31条の２第１項・２項，金商法施行令15条の12第２号）。

なお，当該営業保証金について優先的権利を有する者の権利行使手続については，第二種金融商品取引業を行う者に関する場合と同様です（金商法31条の２第７項，金商法施行令15条の14）。

(5) その他の規制

　投資助言・代理業の登録を受けるための要件（具体的には登録拒否事由）は以上のとおりであり，このほかに第一種金融商品取引業や投資運用業の登録拒否事由として規定されているような，最低純財産額の規制（金商法29条の４第１項５号ロ）や主要株主に関する規制（同号ニ以下）等はありません。

　これは，上記でも述べたとおり，投資助言・代理業の業務範囲がそれほど広くなく，その業務遂行により証券市場に与える影響も相対的に小さいと考えられることから，その登録に関する要件についても緩やかに規定されているものと考えられます。

【松本　久美子】

Q31　投資運用業

当社は，外国の会社の株式に投資して利益を上げるファンドの運用を行っていますが，このような場合，金融商品取引法上「投資運用業」を行う者としての金融商品取引業の登録が必要となると聞きました。「投資運用業」とは，どのようなものですか。登録以外にも，何か規制はありますか。

A

「投資運用業」とは，①投資法人から委託を受けた資産運用会社の行う金銭等の運用業，②投資一任契約に基づく金銭等の運用業，③投資信託委託業者の行う金銭等の運用業，④集団投資スキーム等に係るファンド運用業のいずれかに該当するものをいいます。外国の会社の株式に投資して利益を上げるファンドの運用は，④に該当しうる行為ですが，定義規定の要件や除外規定等の充足性を検討する必要があります。金融商品取引業者に該当する場合，原則として内閣総理大臣の登録を受ける必要があり，投資運用業を行う金融商品取引業者には，行為規制につき特則が設けられています。

解説

1　投資運用業

(1)　定義規定

投資運用業の定義は，金融商品取引法28条4項各号にありますが，その内容は，以下の行為のいずれかを業として行うことです。

(a) 投資法人から委託を受けて行う資産運用行為　第1は，登録投資法人（投信法2条13項参照）と締結する資産の運用に係る委託契約を締結し，当該契約に基づき，金融商品の価値等の分析に基づく投資判断に基づいて有価証券またはデリバティブ取引に係る権利に対する投資として，金銭その他の財産の運用（その指図を含む）を行うことです。

■投資法人から委託を受けて行う資産運用行為

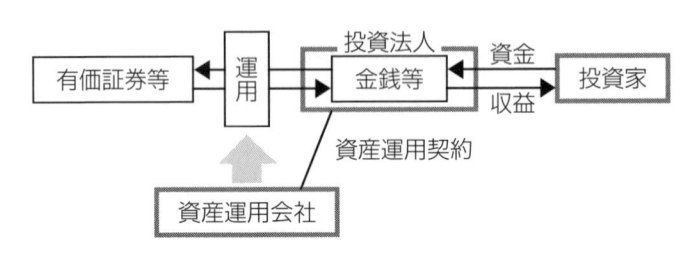

(b) 投資一任契約に基づく運用行為　第2は，当事者の一方が相手方から金融商品の価値等の分析に基づく投資判断の全部または一部を一任されるとともに，当該投資判断に基づき当該相手方のため投資を行うのに必要な権限を委任されることを内容とする契約（以下「投資一任契約」という）を締結し，当該契約に基づき，金融商品の価値等の分析に基づく投資判断に基づいて有価証券またはデリバティブ取引に係る権利に対する投資として，金銭その他の財産の運用（その指図を含む）を行うことです。

■投資一任契約に基づく運用行為

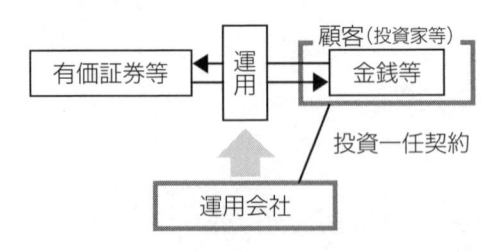

(c) 投資信託委託業者の運用行為　第3は，金融商品の価値等の分析に基づく投資判断に基づいて有価証券またはデリバティブ取引に係る権利に対する投資として，投資信託の受益権を有する者等から拠出を受けた金銭その他の財産の運用（指図）を行うことです。

■投資信託委託業者の運用行為

```
                    受託者(信託銀行等)
  ┌─────────┐  運  ┌──────┐  ┌──────┐  ┌──────┐
  │ 有価証券等 │←─用─│ 金銭等 │←─│販売会社│←─│ 投資家 │
  └─────────┘     └──────┘  └──────┘  └──────┘
              ↑      │
              │   信託契約
         ┌─────────┐
         │ 投資委託会社 │
         └─────────┘
```

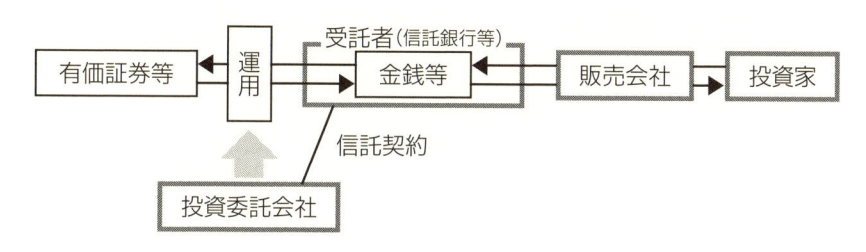

(d) 集団投資スキーム等に係るファンド運用行為（自己運用）　第4は，金融商品の価値等の分析に基づく投資判断に基づいて主として有価証券またはデリバティブ取引に係る権利に対する投資として，信託受益権保有者または集団投資スキーム持分の権利者から出資または拠出を受けた金銭その他の財産の運用を行うことです。

この「主として」とは，運用財産の50％超にあたる金銭等を有価証券またはデリバティブ取引に係る権利に対して投資していることを意味すると解されています（金融庁「コメントの概要及びコメントに対する金融庁の考え方」（平成19年7月31日）（http://www.fsa.go.jp/news/19/syouken/20070731-7/00.pdf））。

■集団投資スキーム等に係るファンド運用行為（自己運用）

```
                            組合等        資金
  ┌──────────────┐  運  ┌──────┐  ──→  ┌──────┐
  │ 主として有価証券等 │←─用─│ 金銭等 │      │ 投資家 │
  └──────────────┘     └──────┘  ←──  └──────┘
                                      収益
```

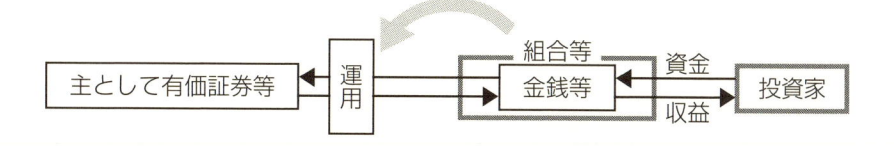

(2) 除外規定

　ただし，上記(1)(a)ないし(d)のいずれかにあてはまる行為であっても，金融商品取引法施行令1条の8の6第1項3号に該当する場合や，金融商品取引法第2条に規定する定義に関する内閣府令16条1項8号ないし13号に該当する場合は，金融商品取引業から除外されます（後述する登録も届出も不要となり，行為規制も及びません）ので，自社が投資運用業を行う金融商品取引業者に該当するかどうかを検討する際には，それらの除外規定の検討も必要となります。

　紙幅の関係上，それらの除外規定をすべて解説することはできませんが，例として，以下のようなものが挙げられます。

　(a)　形式的には上記(1)(b)の投資一任契約に基づく資産運用にあたる行為でも，商品投資顧問業者等が，商品投資に付随して，為替リスクをヘッジする目的で通貨デリバティブ取引に係る権利に対する投資として金銭等の運用を行う場合には，実質的にみてそれ自体が独立した運用対象であるとはいえませんので，金融商品取引業から除外されます（定義府令16条1項9号）。

　(b)　形式的には上記(1)(d)の自己運用にあたる行為でも，たとえば資産の流動化に関する法律に基づく特定目的会社等のいわゆるSPC（これは，とくに実体のあるものではなく，単なる入れ物と評価することができます）が，投資家から資金を集めてその運用権限をすべて第三者に委託している場合（投資一任契約を締結している場合）には，実質的にみて当該SPCに規制を及ぼす意味はなく，委託を受けた第三者を規制すれば足りますので，投資家・SPC間の出資契約およびSPC・第三者間の投資一任契約において，当該第三者が投資家のため忠実義務・善管注意義務を負う旨を定める等，投資家保護のための一定の要件を充たす場合には，当該SPCの行為は，金融商品取引業から除外されます（定義府令16条1項10号）。

2　規　制

(1) 登　録

　投資運用業は，内閣総理大臣の登録を受けなければ，行うことができません（金商法29条）。違反に対する法的制裁は，個人では5年以下の懲役もしくは500

万円以下の罰金またはそれらの併科（金商法197条の2第10号の4），法人では5億円以下の罰金（金商法207条1項2号）です。

(a) 要　件　　投資運用業を行う金融商品取引業者が内閣総理大臣の登録を受けることができる要件（正確には，①ないし⑦の反対事実が登録拒否事由となっています〔金商法29条の4〕）は，以下のようにまとめることができます。

① 株式会社（取締役会設置会社かつ監査役設置会社または委員会設置会社に限る）または外国の法令に準拠して設立された取締役会設置会社と同種類の法人であること

② 純財産額（貸借対照表の資産の部に計上されるべき金額の合計額から負債の部に計上されるべき金額の合計額〔金融商品取引責任準備金および他に行っている事業に関し法令よる計上義務のある引当金または準備金のうち利益留保性の引当金または準備金の金額の合計額を除く〕を控除した額のことをいいます〔金商業等府令14条参照〕）および資本金の額が5000万円以上であること

③ 他に行う事業が，公益に反するものでなく，かつ，付随業務（金商法35条1項）もしくは届出業務（同条2項各号）に該当しまたは当該事業に係る損失の危険の管理が困難であるために投資者保護に支障が生じるとは認められないこと

④ 金融商品取引業を的確に遂行する人的構成を有すること

⑤ 登録を受けようとする法人の役員もしくは一定の使用人（法令等の遵守の指導に関する業務の統括者もしくはその権限を代行し得る立場にある者または投資運用業の運用を行う部門の統括者もしくは投資判断を行う者のことをいいます〔金商法施行令15条の4，金商業等府令6条〕）または個人主要株主の中に，成年被後見人，破産手続開始決定後復権を得ない者，金融商品取引業者として登録取消し等の監督上の処分を受け5年を経過しない者，禁錮以上の刑または一定の法令違反による罰金刑に処せられその刑の執行終了日または執行を受けることがなくなった日から5年を経過しない者等がないこと

⑥ 登録を受けようとする法人が，金融商品取引業者として登録取消し等の監督上の処分を受け5年を経過しない者等でなく，法人主要株主の中にもそのような者がないこと

⑦ （上記①後段の外国法人である場合）主要株主に準ずる者が金融商品取引業

の健全かつ適切な運営に支障を及ぼすおそれがない者であることについて外国当局が認証を行っていること

(b) 適格投資家向け投資運用業に関する規制緩和（平成23年改正）　なお，平成23年改正の際に，登録を受けようとする法人が行う事業が適格投資家（適格機関投資家〔Q33参照〕，資本金の額が5億円以上と見込まれる株式会社，特定目的会社等をいいます〔定義府令23条〕）向け投資運用業である場合には，上記(a)①の要件のうち，取締役会設置会社という要件が外され，監査役設置会社でも足りることとされています（金商法29条の5）。

(2) **登録を要しない場合**

以上の登録には，次の例外があります。これらの場合には，登録は不要です（ただし(c)では届出が必要です）。

(a) 信託会社等　信託会社，外国信託会社等が，金銭その他の財産を信託財産として所有して行う投資信託委託業または自己運用については，登録を要しません（金商法65条の5第5項）。

(b) 外国において投資運用業を行う者　外国の法令に準拠して設立された法人で外国において投資運用業を行う者は，金融商品取引業者のうち投資運用業を行う者および登録金融機関のうち投資運用業を行う者のみを相手方とする場合にも，登録を受けずに投資運用業を行うことができます（金商法61条2項・3項，金商法施行令17条の11第2項）。

(c) 適格機関投資家等特例業務を行う者　自己運用業のうち，適格機関投資家を集団投資スキームの出資者として行うものについては，登録制ではなく，届出制となっています（金商法63条）。これは，プロ向けファンドはより簡素な規制とし，金融イノベーションを阻害するような過剰な規制とならないよう配慮するという制度設計の一環として用意されたものです。適格機関投資家等特例業務については，詳しくはQ33をご参照ください。

3 登録以外の規制──投資運用業に関する行為規制の特則

金融商品取引業者等に対しては，種々の行為規制が課されていますが（第4章参照），投資運用業を行う金融商品取引業者等に対しては，それに加えて以

下の特則があります。
(1) 忠実義務・善管注意義務（金商法42条）
　投資運用業を行う金融商品取引業者は，権利者（①資産運用を委託された登録投資法人，②投資一任契約の相手方，③投資信託の受益者等，④自己運用を行う集団投資スキームの持分を有する者）のために忠実に，かつ，それらの者に対し善良な管理者の注意をもって投資運用業を行わなければなりません。

(2) 自己取引等の禁止（金商法42条の2）
　投資運用業を行う金融商品取引業者は，以下の行為が禁止されます。
① 自己またはその取締役・執行役との間における取引を内容とした運用
② 運用財産相互間における取引を内容とした運用
③ 特定の金融商品等に関し，取引に基づく価格等の変動を利用して自己または権利者以外の第三者の利益を図る目的をもって，正当な根拠を有しない取引を行うことを内容とした運用
④ 通常と異なる条件かつ当該条件での取引が権利者の利益を害することとなる条件での取引を内容とした運用
⑤ 運用として行う取引の情報を利用した自己の計算による有価証券の売買等の取引
⑥ 損失補塡行為または利益追加行為
⑦ その他内閣府令（金商業等府令130条1項1号～11号）で定める行為（具体的には，他人から不当な取引制限その他の拘束を受けた運用や，運用権限を委託する場合に再委託を禁止する措置をとっていないこと等が禁止行為として定められています。また，①の自己取引の相手方として，監査役・監査委員・役員に類する役職にある者・使用人が追加されています）

(3) 自己執行義務（金商法42条の3）
　投資運用業を行う金融商品取引業者は，すべての運用財産についてその運用に係る権限の全部を第三者に委託することが禁止されます。ただし，一部の運用財産についてであれば，権利者との契約の中に委託についての定めがある等の要件を満たせば，投資運用業を行う他の金融商品取引業者等に運用権限の全部を委託することも可能です。

(4) **分別管理義務**（金商法42条の4）

自己運用を行う金融商品取引業者は，運用財産と自己の固有財産および他の運用財産とを分別して管理しなければなりません。

(5) **金銭等の預託の受入れ等の禁止**（金商法42条の5）

投資法人の資産運用に係る契約または投資一任契約に基づく資産運用業を行う金融商品取引業者は，その顧客（契約相手方）から，いかなる名目によるかを問わず，金銭等の預託を受けてはなりません。

(6) **金銭等の貸付け等の禁止**（金商法42条の6）

上記(5)の金融商品取引業者は，顧客に対して金銭等を貸し付けてはなりません。ただし，信用取引（金商法156条の24第1項）に付随する場合はこの限りではありません。

(7) **運用報告書の交付義務**（金商法42条の7）

投資運用業を行う金融商品取引業者は，少なくとも6か月に一度，運用報告書を権利者に交付しなければなりません。また，自己運用を行い，かつ，一つの運用財産の権利者の数が500以上である場合（金商法施行令16条の14）には，運用報告書を内閣総理大臣に届け出る必要もあります。

【髙橋　瑛輝】

Q32　銀行等の金融機関による金融商品取引

銀行が金融商品に関する取引を行う場合について、どのような規制が課せられていますか。

A

> 金融商品取引法上、銀行等の金融機関本体が、有価証券関連業または投資運用業を行うことは、いわゆる銀証分離の観点から、原則として禁止されています。ただし、有価証券関連業のうちの一定の業務や投資助言・代理業等については、内閣総理大臣の登録を受けることで、登録金融機関業務として実施することが可能となります。その場合には、当該業務を行うについては、金融商品取引業者が金融商品取引業を行うに際して課せられるのと同様の規制が課せられることとなります。

解説

1　銀行等の金融機関による有価証券関連業等の禁止

(1) 有価証券関連業とは

金融商品取引法上、銀行等の金融機関本体は、有価証券関連業または投資運用業を行うことが原則として禁止されています（金商法33条1項）。

ここに有価証券関連業とは、次に掲げる行為のいずれかを業として行うことをいいます（金商法28条8項）。

① 有価証券の売買またはその媒介、取次ぎ（有価証券等清算取次ぎを除く。）もしくは代理

② 取引所金融商品市場または外国金融商品市場における有価証券の売買の委託の媒介，取次ぎまたは代理
③ 一定の市場デリバティブ取引
④ 一定の店頭デリバティブ取引
⑤ 外国金融商品市場において行う市場デリバティブ取引と類似の取引
⑥ 有価証券関連デリバティブ取引（上記③～⑤）の媒介，取次ぎ（有価証券等清算取次ぎを除く）もしくは代理
⑦ 有価証券等清算取次ぎであって，有価証券の売買，有価証券関連デリバティブ取引等
⑧ 有価証券の引受け
⑨ 有価証券の売出しまたは特定投資家向け売付け勧誘等
⑩ 有価証券の募集もしくは売出しの取扱いまたは私募もしくは特定投資家向け売付け勧誘等の取扱い

(2) 有価証券関連業等の原則禁止の趣旨

銀行は，一般大衆から広く預金を受け入れたうえで，それを元手として投融資を行うことを本業としており（銀行法10条1項），このように多数の預金者の資産を預かるという性質上，可能な限り，業務上のリスクに曝されることを避ける必要があります。

また，銀行は為替取引を行うことが認められており，社会的インフラとして欠かすことのできない決済機能の中心を担っています。このような社会一般の取引の安全の担い手であるという性格からしても，その破綻は絶対に回避されなければなりません。

この点，上記の有価証券関連業，とくに有価証券の引受けについては，有価証券の募集もしくは売出し等に際して，当該有価証券の全部または一部を取得したり，売れ残った場合に残部を取得する旨約束したりすることから（金商法2条6項），売れ残りのリスクを負担するという点で，高度のリスクの存する業務であるといえます。

銀行に要請される高度の経営の安全性を確保し，預金者を保護するためには，このようなリスクの高い業務から銀行を遮断する必要があることから，金融商品取引法は，原則として，銀行等の金融機関本体が有価証券関連業を行うこと

を禁止しているのです（いわゆる，「銀証分離」）。なお，その他にも銀証分離の趣旨としては，銀行業務と証券業務の兼営による利益相反の防止や，金融機関による支配集中の排除，直接金融による資本市場の育成という点も挙げられています（河本一郎＝関要監修『逐条解説証券取引法〔新訂版〕』（商事法務，2002）579頁以下）。

また，同様の趣旨により，投資運用業を行うことも原則として禁止されています（ただし，信託業務の兼営の認可を受けた金融機関については，登録金融機関として，投資運用業を行うことが可能とされています〔金商法33条の8第1項〕。）。

なお，以上のような銀証分離は，米国における戦前の大恐慌に際し，銀行による証券業務が投機的な取引等を招き，証券の価格暴落や銀行の倒産等の原因となったとの反省の下に制定されたグラス・スティーガル法（1933年）において設けられた規制であり，日本の証券取引法は，これを参考にかかる規制を導入したという経緯があります。

2 銀証分離の例外と登録金融機関制度

(1) 銀証分離の例外

前述のとおり，銀行等の金融機関本体による有価証券関連業等の原則禁止，いわゆる銀証分離原則の下，その趣旨に反しない範囲において例外が認められています。

まず，有価証券関連業については，金融機関が他の法律の定めるところによって投資の目的をもって，または信託契約に基づいて信託をする者の計算において有価証券の売買もしくは有価証券関連デリバティブ取引を行う場合は除かれます（金商法33条1項ただし書）。このような例外が設けられたのは，金融機関として一定の投資活動を行うことは認められてしかるべきであるし，また，信託をする者の計算において行われる場合には，金融機関の経営の安全性に及ぼす影響はそれほど大きくないと考えられるためです。これらの行為については，当局の登録等を受けるなどの必要はありません。

また，顧客の書面による注文に基づいて，顧客の計算において有価証券の売買または有価証券関連デリバティブ取引を行う，書面取次ぎ行為や，一定の有

価証券に関する取引等については，内閣総理大臣の登録を受けることにより，これを行うことができることとされています（金商法33条2項・33条の2）。

なお，上記の書面取次ぎ行為については，当該注文に関する顧客に対する勧誘に基づき行われるもの，当該金融機関が行う投資助言業務に関しその顧客から注文を受けて行われるものは除かれます。

ただし，①当該業務内容の説明を顧客に対し行うこと，②当該業務内容について，新聞，雑誌，文書，ダイレクトメール，インターネットのホームページ，放送，映画その他の方法を用いて紹介すること，③当該業務に係る注文用紙および上記②に規定する文書を当該銀行等の店舗に据え置くこともしくは顧客に送付すること，またはその文書を店舗に掲示することについては，勧誘に該当しないとされています（金融商品取引業者等監督指針Ⅷ－2－5(2)①）。

(2) 登録金融機関業務

上記のとおり，金融商品取引法上，銀行等の金融機関本体でも，書面取次ぎ行為やその他一定の有価証券に関する取引等については，内閣総理大臣の登録を受けることにより行うことが可能とされています。また，投資助言・代理業や有価証券等管理業務や一定の有価証券の募集または私募等についても，同様に，登録を受けることにより実施することが可能です（金商法33条の2）。

かかる登録を受けた金融機関のことを登録金融機関といい（金商法2条11項），当該登録に係る業務を登録金融機関業務といいます（金商法33条の5第1項3号）。

金融商品取引法上，金融商品取引業者と登録金融機関を合わせて「金融商品取引業者等」，金融商品取引業と登録金融機関業務を合わせて「金融商品取引業等」とされており，金融商品取引業者に適用される金融商品取引法上の各種の規制が，同様に登録金融機関にも適用される建付となっています。また，その監督にあたっては，金融庁監督局証券課策定に係る「金融商品取引業者等向けの総合的な監督指針」が適用されることとなります。

金融商品取引業者等向けの総合的な監督指針上においては，登録金融機関が銀行業等を行い，取引先に対して一般的に取引上優越した地位にあることにかんがみて，とくに，優越的地位の濫用防止のための態勢整備を要求していることは特徴的であり，たとえば次の行為は優越的地位を不当に利用する行為に該当し得るものとしています（金融商品取引業者等監督指針Ⅷ－1－2(1)）。

① 登録金融機関が顧客に対し，金融商品取引契約の締結に応じない場合には，融資等兼業業務に係る取引を取りやめる旨または当該業務に係る不利な取扱いをする旨を示唆し，金融商品取引契約を締結することを事実上余儀なくさせるような行為。
② 顧客に対する兼業業務の取引を行うにあたり，金融商品取引契約の締結を要請し，これに従うことを事実上余儀なくさせるような行為。
③ 顧客が競争者（登録金融機関として行う業務の競争者）との間で金融商品取引契約を締結する場合には，兼業業務の取引を取りやめる旨または当該業務に関し不利な取扱いをする旨を示唆し，競争者との契約締結を妨害するような行為。
④ 顧客に対する兼業業務の取引を行うにあたり，自己の競争者と金融商品取引契約の締結を行わないことを要請し，これに従うことを事実上余儀なくさせるような行為。

(3) 登録申請および登録簿

登録金融機関の登録を受けようとする金融機関は，一定の事項を記載した登録申請書を内閣総理大臣に提出することとなっています（金商法33条の3）。かかる登録申請に対して，内閣総理大臣は，一定の登録拒否事由（金商法33条の5）に該当しない限り，金融機関登録簿に登録することとなっています（金商法33条の4）。

なお，どの金融機関が登録金融機関であるかについては，金融庁のホームページ（http://www.fsa.go.jp/menkyo/menkyoj/touroku.pdf）から確認することができます。これによると，平成24年9月30日現在の登録数は，約1130社となっています。

【金澤　浩志】

Q33 適格機関投資家等特例業務

適格機関投資家等特例業務とは，どのような制度ですか。また，当該業務を行うには，どのような手続をとる必要がありますか。

A

適格機関投資家等特例業務とは，適格機関投資家等を相手方として行う集団投資スキーム（投資家からの出資を専門家が合同運用する仕組み）の持分（ファンド）の私募および自己運用を指しています。

適格機関投資家等特例業務については，プロ投資家を相手方とするものであることから，金融商品取引業の登録（金商法33条の2）は不要とされており，内閣総理大臣（実際には委任を受けた財務局長等）への事前の届出が必要とされているにとどまっています。

また，金融商品取引業者に適用される行為規制についても，原則的には及ばないものの，一部の行為規制（虚偽の告知・損失補填等の禁止）については適用があります（金商法63条〜63条の4）。

解説

1 制度趣旨

金融商品取引法は，集団投資スキーム持分について，「有価証券」として規定しており（金商法2条2項5号・6号），集団投資スキーム持分の自己募集（私募）および自己運用については，金融商品取引法上の金融商品取引業としての登録が必要になります（同条8項7号・15号）。

従来，民法上の組合や匿名組合等を利用したファンドについては，一般投資家による利用を念頭において，このように金融商品取引業の登録の対象とすることによって投資者保護を図っていました。しかし，プロ投資家向けのファンドの業務についてもかかる規制を及ぼすことは，過剰な規制であり，従前から適切にされてきた投資をも阻害することになりかねません。金融審議会金融分科会報告「投資サービス法（仮称）に向けて」では，「一般投資家（アマ）を対象とするファンドについては利用者保護の観点から充分な規制を課すこととしつつ，もっぱら特定投資家のみを対象とするファンドについては，一般投資家を念頭において規制を相当程度簡素化し，金融イノベーションを阻害するような過剰な規制とならないよう十分な配慮が必要と考えられる」と述べられています。

そこで，プロ投資家向けファンドの業務については，適格機関投資家等特例業務制度を設けて，適格機関投資家等金融商品取引業としての登録を要することなく，内閣総理大臣に対する届出という簡便な手続で足りるものとしました。（金商法63条1項・2項）

特例業務について，登録は不要であるものの，内閣総理大臣への届出を必要とする目的は，市場の公正性や透明性を確保し，特例業務の要件の充足の有無を内閣総理大臣が確認することとされます。

［2］ 適格機関投資家等特例業務の意義

「適格機関投資家等特例業務」とは，①適格機関投資家等を相手方として行う集団投資スキームにかかる自己募集，あるいは②集団投資スキーム持分を有する適格機関投資家等から出資・拠出された金銭の運用が挙げられます。（金商法63条1項1号・2号）

その具体的な要件は次のとおりです。

(1) **適格機関投資家等を相手方として行う集団投資スキームに係る自己募集について**

(a) 適格機関投資家等を相手方とすること

「適格機関投資家等」とは，適格機関投資家以外の者で49人以下の場合及び

適格機関投資家のことです（金商法63条1項1号，金商法施行令17条の12第2項）。適格機関投資家以外の者のみを相手方とする場合には，「適格機関投資家等」にあたらないため，適格機関投資家が少なくとも1名は入る必要があります。

　(b)　下記の者を相手方としていないこと

　　①　その発行する資産対応証券を適格機関投資家以外の者が取得している特定目的会社（金商法63条1項1号イ）

　　②　集団投資スキーム持分に対する投資事業に係る匿名組合契約で，適格機関投資家以外の者を匿名組合員とするものの営業者または営業者になろうとする者（金商法63条1項1号ロ）

　　③　上記(i)(ii)に掲げる者に準ずる者として内閣府令（金商業等府令235条1号・2号）で定める者

　(c)　譲渡制限

　取得者が適格機関投資家である場合，当該権利に係る契約その他の法律行為によって，当該権利を適格機関投資家以外へ譲渡することが禁止されている必要があります（金商法施行令17条の12第3項1号）。

　また，取得者が一般投資家である場合には，契約その他の法律行為によって一括譲渡以外の譲渡が禁止されていること，6か月の間の同種の新規発行権利の取得者である一般投資家の人数の合計が49名以下であることを要件としています（金商法施行令17条の12第3項2号）。

(2)　集団投資スキーム持分を有する適格機関投資家等から出資・拠出された金銭の運用について

　「適格機関投資家等」を相手方とする必要があることは，(1)と同様ですが，譲渡制限等の規制はなされていません。

３ 適格機関投資家等特例業務にかかる手続

(1)　業務を行うに際しての届出

　プロ投資家向けファンドの自己募集や自己運用をする場合，上記の適格機関投資家等特例業務の要件を満たせば，金融商品取引業者の登録が不要となり，あらかじめ内閣総理大臣（実際には再委任を受けた財務局長等）に対して届出をす

るのみで足ります（金商法63条1項・2項）。

　届出をする者は，ファンドに出資する投資家を勧誘する者やファンドの財産の運用者です。具体的には，民法上の組合の業務執行組合員や，匿名組合の営業者，投資事業有限責任組合の無限責任組合員等が届出をすることになります。

　具体的に届出に記載して届け出るべき事項は，次のとおりです（金商法63条2項各号）。この届出の様式は金商業等府令別紙様式20号において法定されており（金商業等府令236条），財務局のウェブサイトでも入手可能です。

① 商号，名称または氏名
② 法人であるときは，資本金の額または出資の総額
③ 法人であるときは，役員の氏名または名称
④ 政令で定める使用人（(i)法令等を遵守させるための指導に関する業務を統括する者および部長，次長，課長その他いかなる名称を有する者であるかを問わず，当該業務を統括する者の権限を代行しうる地位にある者，(ii)運用を行う部門を統括する者および金融商品の価値等の分析に基づく投資判断を行う者）があるときは，その者の氏名（金商法施行令17条の13）
⑤ 業務の種別（自己募集業務または自己運用業務の種別）
⑥ 主たる営業所または事務所の名称および所在地
⑦ 他に事業を行っているときはその事業の種類
⑧ その他内閣府令で定める事項（金商業等府令238条）

(2) **その他の届出**

　適格機関投資家特例業務の届出を行った者（以下「特例業務届出者」）は，各届出事項に変更が生じた場合には，遅滞なく，その旨を内閣総理大臣（実際には委任を受けた財務局長）に届け出る必要があります（金商法63条3項）。

　また，特例業務届出者は，その適格機関投資家等特例業務として開始した業務が，適格機関投資家等特例業務に該当しなくなった場合にも，遅滞なく，その旨を内閣総理大臣（財務局長）に届け出る必要があります（金商法63条6項）（なお，内閣総理大臣は，特例業務届出者の業務が適格機関投資家等特例業務に該当しなくなった場合において，特例業務届出者に対して，3か月以内の期間を定めて必要な措置を命じることができます）。

　その他，事業譲渡や合併・分割や相続によって，特例業務届出者の地位が承

継された場合には、特例業務届出者の地位を承継した者は遅滞なくその旨を内閣総理大臣（財務局長）に届け出る必要があります（金商法63条の2第2項）。

また、特例業務届出者は、適格機関投資家等特例業務を休止、再開、廃止した場合においても遅滞なく、その旨を内閣総理大臣（財務局長等）に届け出る必要があります（金商法63条の2第3項）。

特例業務届出者である法人が、合併以外の事由で解散した場合には、その清算人（破産手続開始決定による場合には、破産管財人）が遅滞なく、その旨を内閣総理大臣（財務局長等）に届け出る必要があります（金商法63条の2第4項）。

④ 行為規制

適格機関投資家等特例業務の届出者に対しては、金融商品取引業者に課せられた法35条以降の行為規制は原則として適用されません。もっとも、取引の虚偽告知の禁止（金商法38条1号）および損失補塡の禁止（金商法39条）という、最低限の取引の公正を確保するための規制については、適用されます（金商法63条4項・63条の3第3項）。

⑤ 特例業務届出者に対する監督

適格機関投資家等特例業務の届出者は、金融商品取引業者ではないので、金融商品取引業者に適用される検査等の規定は適用されませんが、市場の公正性や透明性等を図る観点から、必要な場合に、金融行政当局が適格機関投資家等特例業務届出者の業務実態を把握することができるように、自己運用を行う適格機関投資家等特例業務届出者について、必要な限度において、報告徴取や検査を行うことができます（金商法63条7項・8項）。

【中村　健三】

Q34 弊害防止措置

一定の金融商品取引業者は複数の種別の業務や金融商品取引業以外の業務を行うことが可能ですが，そのような場合に何らかの問題が生じることはありませんか。またそのような問題に対しては，金融商品取引法はどのように対処していますか。

A

金融商品取引業者が複数の業種の業務を行う場合や金融商品取引業者が他の業務を行う場合，それぞれの業務において取得した情報や立場を利用して金融商品取引業務が行われることによって利益相反などの弊害が生じる可能性があります。そこで，金融商品取引法は，①金融商品取引業者が2種以上の種別の業務を行う場合，及び，②金融商品取引業とそれ以外の業務を行う場合について，利益相反などの弊害を防止するために，禁止行為を定め，弊害を防止するための規制を行っています。

解説

1 問題の所在

金融商品取引法上，金融商品取引業者が複数の種類の業務やその他の業務を行うことが可能です。

このように，金融商品取引業者が複数の業務や他の業務を行うことができるため，金融商品取引業者が一方の業務で得た業務を他の業務に利用したり，一方の業務の地位を利用して他の業務を行うなど，利益相反や優越的地位の濫用

の弊害が生じる可能性があります。

このため、金融商品取引法においては、①金融商品取引業者が2種以上の種別の業務を行う場合、および、②金融商品取引業とそれ以外の業務を行う場合について、利益相反などの弊害を防止するために、禁止行為を定めています。

［2］ 複数の種別の業務を行う場合の規制

金融商品取引法44条は、金融商品取引業者が複数の種別の業務を行う場合において、金融商品取引業者等またはその役員もしくは使用人が、次の行為を行うことを禁止しています。

なお、ここでいう業務とは、次の業務を意味します（金商法29条の2第1項5号）。

① 第1種金融商品取引業のうち、金融商品取引法28条1項1号、2号、3号イからハまでおよび4号に掲げる行為に係る業務
② 有価証券等管理業務
③ 第二種金融商品取引業
④ 投資助言・代理業
⑤ 投資運用業

(1) 投資助言業務や投資運用業に関連して得た情報を利用した勧誘の禁止

金融商品取引法44条1号は、投資助言業務に係る助言を受けた顧客が行う有価証券の売買その他の取引等に関する情報又は投資運用業に係る運用として行う有価証券の売買その他の取引等に関する情報を利用して、有価証券の売買その他の取引等の委託等（媒介、取次ぎまたは代理の申込みをいう。以下同じ）を勧誘する行為を禁止しています。

本号は、勧誘行為にあたって、情報が不正利用されることを防ぐことを目的としている。このためには、投資助言業や投資運用業を行っている部門と有価証券の売買や取引等の勧誘を行っている部門を分け、部門間での情報の交換を完全に遮断することが考えられます。

しかし、金融商品取引法44条1号は、「情報を利用して……勧誘する行為」を禁止しているにすぎず、法令上は、業務の種別ごとに担当部署を分け、部門

間での情報共有を遮断することまでは求められていません。

また，規制対象となっている「有価証券」には，有価証券とみなされる信託受益権等（金商法2条2項各号）の権利も含まれます。

(2) 不必要な取引を行う助言や運用の禁止

金融商品取引法44条2号は，投資助言業務および投資運用業以外の業務による利益を図るため，その行う投資助言業務に関して取引の方針，取引の額もしくは市場の状況に照らして不必要な取引を行うことを内容とした助言を行い，またはその行う投資運用業に関して運用の方針，運用財産の額もしくは市場の状況に照らして不必要な取引を行うことを内容とした運用を行うことを禁止しています。

(3) その他内閣府令で定める行為の禁止

金融商品取引法44条3号は，1号および2号のほか，投資者の保護に欠け，もしくは取引の公正を害し，または金融商品取引業の信用を失墜させるものとして内閣府令で定める行為を禁止しています。

これを受け，金融商品取引業等に関する内閣府令147条は，次の行為を規定しています。

(a) 金融商品取引業等に関する内閣府令147条1号の禁止行為　同府令147条1号は，投資助言業務に係る助言に基づいて顧客が行った有価証券の売買その他の取引等または投資運用業に関して運用財産の運用として行った有価証券の売買その他の取引等を結了させ，または反対売買を行わせるため，その旨を説明することなく当該顧客以外の顧客または当該運用財産の権利者以外の顧客に対して有価証券の売買その他の取引等を勧誘する行為を禁止しています。

本号の取引を結了させるために行う取引の例としては，すでに成立している先物取引の決済に必要な有価証券を調達するために行う取引などが考えられます。

(b) 金融商品取引業等に関する内閣府令147条2号の禁止行為　同府令147条2号は，投資助言業務または投資運用業に関して，非公開情報に基づいて，顧客の利益を図ることを目的とした助言を行い，または権利者の利益を図ることを目的とした運用を行うことを禁止しています。

ただし，当該非公開情報に係る有価証券の発行者又は顧客の同意を得て行う

場合は，禁止の対象外とされています。

本号において利用が制限されている非公開情報は，「有価証券の発行者又は投資助言業務及び投資運用業以外の業務に係る顧客に関するもの」に限定されているので，投資対象とする未上場企業の事業等に関する情報であっても，本号の禁止行為に該当しない場合も考えられるとされています。

(c) **金融商品取引業等に関する内閣府令147条3号の禁止行為**　同府令147条3号は，有価証券の引受けに係る主幹事会社である場合において，当該有価証券の募集もしくは売出しまたは特定投資家向け取得勧誘もしくは特定投資家向け売付け勧誘等の条件に影響を及ぼすために，その行う投資助言業務に関して実勢を反映しない作為的な相場を形成することを目的とした助言を行い，またはその行う投資運用業に関して実勢を反映しない作為的な相場を形成することを目的とした運用を行うことを禁止しています。

なお，ここでいう主幹事会社とは，下表の(i)および(ii)または(iii)に該当する者を意味します。

(i) 元引受契約の締結に際し，当該元引受契約に係る有価証券の発行者と当該元引受契約の内容を確定させるための協議を行う者

およそ

(ii) 当該有価証券の発行価格の総額のうちその引受けに係る部分の金額が他の引受幹事会社の引受額より少なくないもの	または	(iii) その受領する手数料，報酬その他の対価が他の引受幹事会社が受領するものより少なくないもの

(d) **金融商品取引業等に関する内閣府令147条4号の禁止行為**　同府令147条4号は，有価証券の引受け等を行っている場合において，当該有価証券の取得または買付けの申込みの額が当該金融商品取引業者等が予定していた額に達しないと見込まれる状況の下で，その行う投資助言業務に関して当該有価証券を取得し，もしくは買い付けることを内容とした助言を行い，またはその

行う投資運用業に関して当該有価証券を取得し，もしくは買い付けることを内容とした運用を行うことを禁止しています。

３ 金融商品取引業とそれ以外の業務を行う場合の規制

(1) 金融商品取引業者に関する禁止行為

金融商品取引法44条の２第１項は，金融商品取引業者またはその役員もしくは使用人が，金融商品取引業およびこれに付随する業務以外の業務を行う場合の禁止行為を定めています。具体的には，次の行為が禁止されています。

(a) 与信の供与を条件とした有価証券の売買の受託等の禁止　金融商品取引法44条の２第１項１号は，156条の24第１項に規定する信用取引以外の方法による金銭の貸付けその他信用の供与をすることを条件として有価証券の売買の受託等をする行為を禁止しています。

本号の趣旨は，信用供与を受けることを強要したり，信用を供与して顧客に過当取引を生じさせることを防止することにあります。

ここでいう「信用の供与」とは，将来の一定の日時まで一定の額の反対給付につき期限の利益を認めるものが想定されています。

また，信用供与を「条件として」いるか否かは，個別事例ごとに実態に即して実質的に判断され，顧客の希望により行う信用供与であっても，本号に抵触する可能性があります。

なお，投資者の保護に欠けるおそれが少ないと認められるものとして内閣府令で定めるものは禁止の対象から除かれており，これを受けて，金融商品取引業等に関する内閣府令148条は，次のすべてを満たす場合を除外しています。

① クレジットカードを提示した個人から有価証券の売買の受託等をする行為であること
② 当該個人が当該有価証券の対価に相当する額を２か月未満の期間内に一括して金融商品取引業者に支払うものであること
③ 同一人に対して金融商品取引業者ごとに，一時点における信用の供与（当月までの未決済分と当月分を合算した額）が10万円を超えないこと
④ 有価証券の売買が一定の要件を満たす累積投資契約であること

(b) 不必要な取引を行う助言や運用の禁止　金融商品取引法44条の2第1項2号は、金融商品取引業者その他業務による利益を図るため、その行う投資助言業務に関して取引の方針、取引の額もしくは市場の状況に照らして不必要な取引を行うことを内容とした助言を行い、またはその行う投資運用業に関して運用の方針、運用財産の額もしくは市場の状況に照らして不必要な取引を行うことを内容とした運用を行うことを禁止しています。

(c) その他内閣府令で定める行為の禁止　金融商品取引法44条の2第1項3号は、投資者の保護に欠け、もしくは取引の公正を害し、または金融商品取引業の信用を失墜させる行為を禁止しており、これを受けて、金融商品取引業等に関する内閣府令149条は、次の行為を規定しています。

(イ) 金融商品取引業等に関する内閣府令149条1号の禁止行為　同府令149条1号は、資金の貸付けもしくは手形の割引を内容とする契約の締結の代理もしくは媒介または信用の供与（金商法156条の24第1項に規定する信用取引に付随して行う金銭または有価証券の貸付けを除く）を行うことを条件として、金融商品取引契約の締結またはその勧誘を行う行為を禁止しています。

ただし、金融商品取引業等に関する内閣府令117条1項3号に掲げる行為によってするものおよび一定の要件を満たすクレジット決済による場合は除かれています。

(ロ) 金融商品取引業等に関する内閣府令149条2号の禁止行為　金融商品取引業に従事する役員または使用人が、有価証券の発行者である顧客の非公開融資等情報を金融機関代理業務に従事する役員もしくは使用人から受領し、または金融機関代理業務に従事する役員もしくは使用人に提供する行為を禁止しています。

ただし、次の場合は禁止行為から除外されます。

① 非公開融資等情報の提供につき、事前に顧客の書面による同意を得て提供する場合
② 金融商品取引業に係る法令を遵守するために、金融機関代理業務に従事する役員または使用人から非公開融資等情報を受領する必要があると認められる場合
③ 非公開融資等情報を金融商品取引業を実施する組織の業務を統括する役

員または使用人に提供する場合

(2) 登録金融機関に関する禁止行為

　金融商品取引法44条の2第2項は，登録金融機関またはその役員もしくは使用人が，登録金融機関業務以外の業務を行う場合の禁止行為を定めています。具体的には，次の行為が禁止されています。

　(a) 与信の供与を条件とした有価証券の売買の受託等の禁止　金融商品取引法44条の2第2項1号は，金銭の貸付けその他信用の供与をすることを条件として有価証券の売買の受託等をする行為を禁止しています。

　本号においても，投資者の保護に欠けるおそれが少ないと認められるものとして内閣府令で定めるものは除かれており，これを受けて，金融商品取引業等に関する内閣府令149条の2は，次のすべてを満たす場合を除外しています。

① 　クレジットカードを提示した個人から有価証券の売買の受託等をする行為であって，当該有価証券の対価に相当する額を2か月未満の期間内に一括して支払われるか，または，預金契約を締結した個人から有価証券の売買の受託等をする行為であって，その対価に相当する額の全部又は一部につき1か月以内に返済を受ける貸付けを行うものであること

② 　同一人に対して金融商品取引業者ごとに，一時点における信用の供与（当月までの未決済分と当月分を合算した額）が10万円を超えないこと

③ 　有価証券の売買が一定の要件を満たす累積投資契約であること

　(b) 不必要な取引を行う助言や運用の禁止　金融商品取引法44条の2第2項2号は，金融商品取引法44条の2第1項2号と同様に，不必要な取引を行う助言や運用を行うことを禁止しています。

　(c) その他内閣府令で定める行為の禁止　金融商品取引法44条の2第2項3号は，投資者の保護に欠け，もしくは取引の公正を害し，または登録金融機関業務の信用を失墜させるものとして内閣府令で定める行為を禁止しており，これを受けて，金融商品取引業等に関する内閣府令150条は，次の行為を規定しています。

　　(ｲ) 　資金の貸付けもしくは手形の割引を内容とする契約の締結の代理もしくは媒介または信用の供与の条件として，金融商品取引契約の締結またはその勧誘を行う行為（金商業等府令117条1項3号に掲げる行為によってするものおよび一

定の要件を満たすクレジット決済や総合口座貸越を利用するものを除く）

　(ロ)　資金の貸付けもしくは手形の割引を内容とする契約の締結の代理もしくは媒介または信用の供与を行うことを条件として，金融商品取引契約の締結またはその勧誘を行う行為（金商業等府令117条1項3号に掲げる行為によってするものおよび一定の要件を満たすクレジット決済や総合口座貸越を利用するものを除く）

　(ハ)　自己の取引上の優越的な地位を不当に利用して金融商品取引契約の締結またはその勧誘を行う行為

　(ニ)　次の場合における，顧客に説明することなく行う有価証券の売買の媒介（当該有価証券の引受けを行った委託金融商品取引業者が引受人となった日から6か月を経過する日までの間に当該有価証券を売却するものに係るものに限る）または有価証券の募集もしくは売出しの取扱いもしくは私募の取扱いもしくは特定投資家向け売付け勧誘等の取扱い

- 自己に対して借入金に係る債務を有する者が当該有価証券を発行する場合であって，当該有価証券に係る手取金が当該債務の弁済に充てられることを知っているとき
- 自己が借入金の主たる借入先である者が当該有価証券を発行する場合（自己が借入先である事実が金商法172条の2第3項に規定する発行開示書類または金商法27条の31第2項もしくは第4項の規定により提供され，もしくは公表された特定証券等情報において記載され，または記録されている場合に限る）

　(ホ)　金融商品仲介業務に従事する役員（役員が法人であるときは，その職務を行うべき社員を含む）または使用人が，有価証券の発行者である顧客の非公開融資等情報を融資業務もしくは金融機関代理業務に従事する役員もしくは使用人から受領し，または融資業務もしくは金融機関代理業務に従事する役員もしくは使用人に提供する行為（次に掲げる場合において行うものを除く）

- 非公開融資等情報の提供につき，事前に顧客の書面による同意（金商業等府令123条1項24号の顧客の書面による同意を含む）を得て提供する場合
- 登録金融機関業務に係る法令を遵守するために，融資業務または金融機関代理業務に従事する役員または使用人から非公開融資等情報を受領する必要があると認められる場合
- 非公開融資等情報を金融商品仲介業務を実施する組織の業務を統括する役

員または使用人に提供する場合

【太田　浩之】

第4章

金融商品取引業者に対する行為規制・不公正な取引

第1節　業者に対する販売・勧誘規制

Q35　金融商品取引法による金融商品取引業者に対する行為規制

金融商品取引法においては，金融商品取引業者に対してどのようなことを求め，また，どのような行為をすることを禁止していますか。

A

　金融商品取引法は，金融商品取引業者一般に適用される総則的な規制（金商法3章2節1款）を定めたうえで，投資助言業務を営む業者のみに適用される規制（同節2款），投資運用業を営む業者のみに適用される規制（同節3款），有価証券等管理業務を営む業者のみに適用される規制（同節4款），複数の業務を兼営する業者のみを対象とする規制をはじめとする弊害防止措置等（同節5款）を定めています。

　これらの規制の中には，罰則があるものとないものがありますが，罰則がない規制に違反した場合であっても，法令違反を理由とする行政処分の対象になります。

　また，これらの規制の中には，投資に関する知識や経験が豊富である特定投資家が顧客となっている場合には適用されないものがあります。

解説

1 金融商品取引法による金融商品取引業者に対する規制の構造

金融商品取引法は，従前，各種法令によってなされていた縦割りの規制を廃止し，規制の横断化・共通化を図っています。具体的には，金融商品取引法は，まず，その3章2節1款において，金融商品取引業者一般に適用される総則的な規制を定めたうえで，その特則として，投資助言業務を営む業者のみに適用される規制（同節2款），投資運用業を営む業者のみに適用される規制（同節3款），有価証券等管理業務を営む業者のみに適用される規制（同節4款），複数の業務を兼営する業者のみを対象とする規制をはじめとする弊害防止措置等（同節5款）を定めています。

2 金融商品取引業者一般に適用される規制

金融商品取引業者一般に適用される規制は，次のとおりです。
(1) **遵守事項**
① 顧客に対する誠実義務（金商法36条）
② 標識の掲示義務（金商法36条の2）
　金融商品取引業者は，営業所または事業所ごとに，公衆の見やすい場所に，金融商品取引業等に関する内閣府令71条所定の様式の標識を掲示しなければなりません。
③ 広告等における商号，登録番号等の表示義務（金商法37条1項，金商業等府令72条）。
　詳細は，**Q44**で解説しています。
④ 取引態様の事前明示義務（金商法37条の2）
　金融商品取引業者が，顧客の利益よりも自己の利益を優先するのを防ぐための規制です。
⑤ 契約締結前交付書面の交付義務（金商法37条の3）

詳細は，**Q40**，**Q41**で解説しています。

⑥ 契約締結時交付書面の交付義務（金商法37条の4）

詳細は，**Q40**，**Q42**で解説しています。

⑦ 顧客が預託すべき保証金の受領に係る書面の交付義務（金商法37条の5）

金融商品取引業者は，顧客から金融商品取引業等に関する内閣府令113条に定める保証金を受領したときは，顧客に対し，直ちに金融商品取引業等に関する内閣府令114条に定める方法により作成した預かり証（領収書）を交付しなければなりません。この義務に違反した場合，6月以下の懲役もしくは50万円以下の罰金に処され，またはこれが併科されます（金商法205条12号）。

⑧ クーリング・オフ（金商法37条の6）

金融商品取引業者と政令で定める金融商品取引契約（投資顧問契約）を締結した顧客は，書面により，金融商品取引法37条の4第1項の書面（契約締結時交付書面）を受領した日から10日間，契約を任意に解除することができます（金商法37条の6，金商法施行令16条の3）。

⑨ 適合性の原則（金商法40条）

投資者保護の観点から，金融商品取引業者は，顧客の知識，経験，財産状況および投資目的等に照らし，不適当な勧誘を行わないようにしなければなりません。詳細は，**Q36**，**Q37**で解説しています。

⑩ 最良執行方針等の作成と書面の交付義務（金商法40条の2）

金融商品取引業者は，顧客に最も有利な条件で顧客の注文による取引を成立させる義務を負っており，そのような義務を履行するための方針の制定や方針を記載した書面の交付等を義務づけられています。この義務に違反した場合，30万円以下の過料に処されます（金商法208条6号）。

(2) 禁止事項

① 名義貸しの禁止（金商法36条の3）

② 会社法上の社債管理者または担保付社債信託法上の受託会社となることの禁止（金商法36条の4）

社債発行会社の意向を汲んで社債の引受けや販売等を行う金融商品取引業者が，社債権者の利益を代表して社債発行会社との交渉を行う社債管理者や担保付社債の受託会社になることによって，利益相反が生じるのを防ぐための規制

です。

　③　広告等における著しく事実に相違する表示や著しく人を誤認させる表示の禁止（金商法37条2項、金商業等府令78条）

詳細は、**Q44**で解説しています。

　④　虚偽告知、断定的判断の提供等の禁止（金商法38条1号・2号）

　金融商品取引業者は、投資者保護の観点から、金融商品取引契約の締結・勧誘に際して、顧客に対し虚偽の事項を告げること（虚偽告知）や、顧客に対し不確実な事項について断定的な判断を提供すること（断定的判断の提供）等を禁止されています。金融商品取引契約の締結またはその勧誘に関して、顧客に対し虚偽告知をした場合、1年以下の懲役もしくは300万円以下の罰金に処され、またはこれが併科されます（金商法198条の6第2号）。

　⑤　不招請勧誘の禁止、勧誘受諾意思の不確認の禁止、再勧誘の禁止（金商法38条4号～6号）

詳細は、**Q46**で解説しています。

　⑥　損失補塡・利益追加等の禁止（金商法39条）

詳細は、**Q47**で解説しています。

　⑦　出資または拠出された金銭の分別管理が確保されていない集団投資スキーム等の売買等の禁止（金商法40条の3）

③　投資助言・代理業および投資運用業を営む業者のみに適用される規制

(1)　規制の内容

(a)　禁止事項

　①　投資顧問契約、投資一任契約等の締結または解約に関する偽計、暴行、脅迫の禁止（金商法38条の2第1号）

　これに違反した場合、3年以下の懲役もしくは300万円以下の罰金に処され、またはこれが併科されます（金商法198条の3）。

　②　損失の補塡を約束して顧客を勧誘することの禁止（金商法38条の2第2号）

　違反した場合の罰則については、①と同様です（金商法198条の3）。

4 投資助言業を営む業者のみに適用される規制

(1) 規制の内容
(a) 遵守事項
① 忠実義務（金商法41条1項）
② 善管注意義務（金商法41条2項）
(b) 禁止事項
① 利益相反取引行為および損失補塡等の禁止（金商法41条の2）
　これに違反した場合，3年以下の懲役もしくは300万円以下の罰金に処され，またはこれが併科されます（金商法198条の3）。
② 顧客を相手方とする有価証券の売買等の禁止（金商法41条の3）
　これに違反した場合，1年以下の懲役もしくは100万円以下の罰金に処され，またはこれが併科されます（金商法201条4号）。
③ 顧客からの金銭または有価証券の預託の受入れの禁止（金商法41条の4）
　違反した場合の罰則については，②と同様です。
④ 顧客に対する金銭または有価証券の貸付け等の禁止（金商法41条の5）
　違反した場合の罰則については，②と同様です。

5 投資運用業を営む業者のみに適用される規制

(1) 規制の内容
(a) 遵守事項
① 忠実義務（金商法42条1項）
② 善管注意義務（金商法42条2項）
③ 運用財産の分別管理義務（金商法42条の4）
　投資運用業を営む業者は，運用財産と自己の固有財産および他の運用財産とを，金融商品取引業等に関する内閣府令132条に定める方法により，分別して管理しなければなりません。この義務に違反した場合，2年以下の懲役もしくは300万円以下の罰金に処され，またはこれが併科されます（金商法198条の5第

1号)。

④ 運用報告書の交付義務(金商法42条の7)

　金融商品取引業者は，一定の場合を除き，内閣府令の定めるところにより，定期的に運用財産についての報告書を作成し，これを運用財産に係る権利者に交付しなければなりません(金商法42条の7，金商業等府令134条)。この義務に違反した場合，6月以下の懲役もしくは50万円以下の罰金に処され，またはこれが併科されます(金商法205条14号)。

(b) 禁止事項

① 利益相反取引行為および損失補塡等の禁止(金商法42条の2)

　これに違反した場合，3年以下の懲役もしくは300万円以下の罰金に処され，またはこれが併科されます(金商法198条の3)。

② 契約その他で定められた場合以外の運用権限の委託の禁止およびすべての運用財産につき運用権限の全部を委託することの禁止(金商法42条の3)

③ 顧客からの金銭または有価証券の預託の受入れの禁止(金商法42条の5)

　これに違反した場合，1年以下の懲役もしくは100万円以下の罰金に処され，またはこれが併科されます(金商法201条4号)。

④ 顧客に対する金銭または有価証券等の貸付け等の禁止(金商法42条の6)

　違反した場合の罰則については，③と同様です。

6　有価証券管理業を営む業者のみに適用される規制

　有価証券管理業を営む業者に対しては，次のような規制がなされています。

(1) 遵守事項

① 善管注意義務(金商法43条)

② 有価証券を確実にかつ整然と管理する分別管理義務(金商法43条の2)

　この義務に違反した場合，2年以下の懲役もしくは300万円以下の罰金に処され，またはこれが併科されます(金商法198条の5第1号)。

③ デリバティブ取引等に関し預託を受けた金銭または有価証券等の分別管理義務(金商法43条の3)

　違反した場合の罰則については，②と同様です。

(2) 禁止事項
① 顧客から書面による同意を得た場合以外における預託を受けた有価証券を担保に供する行為等の禁止（金商法43条の4）

これに違反した場合，30万円以下の罰金に処されます（金商法205条の2の3第2号）。

7 複数の業務を兼営する業者のみを対象とする規制をはじめとする弊害防止措置等

(1) 複数の業務を兼営している業者に対する規制
(a) 禁止事項
① 投資助言業務，投資運用業務から得られた情報を利用した有価証券の売買等の委託等の勧誘（金商法44条1号）
② 投資助言，投資運用以外の業務による利益を図るために不必要な取引を行うことの助言またはそのような取引を伴う運用（金商法44条2号・44条の2第1項2号）
③ 付随業務以外の業務を兼業している場合における，信用取引以外の方法による金銭の貸付けや信用供与を条件とした有価証券の売買の受託等（金商法44条の2第1項1号）
④ その他投資者保護に欠け，もしくは取引の公正を害し，または金融商品取引業の信用を失墜させるものとして内閣府令で定める行為（金商法44条3号，金融業等府令147条）

(2) その他の弊害防止措置等
金融商品取引法には，(1)以外にも，金融商品取引業者が金融商品取引業およびこれに付随する業務以外の業務を行う場合の行為規制（金商法44条の2），金融商品取引業者の親法人等または子法人等が関与する取引の制限（金商法44条の3），金融商品取引業者が有価証券の引受人となった場合における信用供与の制限（金商法44条の4）などの弊害防止措置等が規定されています。

8 特定投資家が顧客となっている場合には適用されない行為規制

(1) 制度趣旨

　以上のような金融商品取引業者に対する行為規制の中には，金融商品取引業者と投資者との間の情報格差の是正等を目的とするものがあり，それらについては，投資に関する知識や経験が豊富な特定投資家（金商法2条31項参照）が顧客となっている場合には，適用の必要性が乏しいといえますし，投資者保護の観点から必要性の乏しい規制を適用しても，業者の規制遵守のコストをいたずらに増大させるだけです。そこで，金融商品取引法は，特定投資家が顧客となっている場合には，一定の規制を適用しないこととしています。

(2) 特定投資家が顧客となっている場合に適用されない規制の具体的な内容

　特定投資家が顧客となっている場合に適用されない規制の具体的な内容ついては，金融商品取引法45条に定められています。詳細は，Q43で解説しています。

【草深　充彦】

第2節　適合性の原則・説明義務

Q36　適合性の原則

適合性原則とは，どのようなものですか。金融商品取引法制において，適合性原則は，どのような形で具体化されていますか。

A

　適合性の原則とは，狭義の適合性原則と広義の適合性原則の2つの概念により成り立っているといわれています。金融商品取引法制においては，金融商品取引法40条1号，金融商品取引業等に関する内閣府令117条1項1号において，そのいずれもが具体化されています。その遵守のために，金融商品取引業者等は，顧客の「知識」，「経験」，「財産の状況」，「金融商品取引契約を締結する目的」といった顧客側の情報を収集しなければなりません。裁判例等を含め，適合性原則という言葉は，多義的に使用されることも多く，それが理解の妨げになることもあるため，基本的な考え方を押さえておくことが重要です。

解説

1　適合性原則とは

　利用者保護のための販売勧誘ルールとして，情報提供義務とともに，その柱と評価される原則です。一般的には，狭義の適合性原則と広義の適合性原則の

2つの概念により成り立っているといわれています。

(1) 狭義の適合性原則

狭義の適合性原則とは，「ある特定の利用者に対してはどんなに説明を尽くしても一定の商品の販売・勧誘を行ってはならない」というものです（金融審議会第一部会「中間整理（第一次）」〔平成11年7月6日公表〕17頁）。

ポイントは，「どんなに説明を尽くしても」という点です。どれほど顧客が欲しがっても，あるいはどれほどリスクを顧客に説明しても，販売勧誘してはならないという概念で，私的自治の原則に対する利用者保護の観点からの国のパターナリスティックな規制といえます。よってこの原則が正面から適用されるのは，利用者保護の必要性が高い場合に限定されるべきものと考えます。上記報告書では，その例示として，「取引経験のない一般的な個人を相手に，レバレッジが極端に大きい取引を行ったり，利用者に相当額の負債が残るリスクの大きい金融取引を行う場合」が挙げられています。

(2) 広義の適合性原則

広義の適合性原則とは，「業者が利用者の知識・経験・財産力・投資目的に適合した形で勧誘（あるいは販売）を行わなければならない」というものです（金融審議会第一部会「中間整理（第一次）」〔平成11年7月6日公表〕18頁）。ポイントは，利用者の理解への「配慮」にあります。「配慮」とはどのようなものでしょうか。たとえば，顧客の理解可能性に応じ，通常の場合よりも懇切丁寧に商品内容等を説明することが考えられます。これは情報提供義務（説明義務）を，通常人であれば理解可能な程度の説明（一般人基準）に加え，販売勧誘の対象たる個々人の理解可能性まで考慮すべきとするもので，説明義務を実質化したものとして，「実質的説明義務」と呼ばれます。また，たとえば，運用のバランスが偏っていますよ，是正した方がよいですよ，等とアドバイスすることも考えられます。投資の専門家にとってはお節介かもしれませんが，そのようなことが必要な利用者が存在することも事実です。このようなアドバイスをすることが法律上（私法上）求められる場合があり，これが「指導助言義務」と呼ばれる概念です。それ以外にも，投資額が大きい，あるいはリスクが大きい商品を推奨する場合には，その場で取引をするのではなく，顧客に熟慮する期間をおいてあげたうえで別の日に取引をしたり，高齢者と取引をする場合に，取引

の場に家族を同席させたり，購入について家族に相談するようアドバイスするといった配慮も考えられます。

広義の適合性原則の中で中心となるのは，実質的説明義務なのですが，それ以外の「配慮」も広義の適合性原則に含まれる，あるいは考えを同じくするもので，裁判においても重要視される要素ですので，留意が必要です。

２ 金融商品取引法上の適合性原則

では，上記２つの適合性原則は，金融商品取引法制においてどのように具体化されているのでしょうか。

(1) 金融商品取引法40条1号

金融商品取引法40条1号は，「金融商品取引行為について，顧客の知識，経験，財産の状況及び金融商品取引契約を締結する目的に照らして不適当と認められる勧誘を行つて投資者の保護に欠けることとなつており，又は欠けることとなるおそれがあること」に該当することのないよう，その業務を行うことを求めています。

「不適当と認められる勧誘を行つて」との文言上，上記２つの適合性原則をいずれも包摂する規定のように読めます。少なくとも，狭義の適合性原則が当該規定によって具体化されていることに争いはありません。広義の適合性原則については，次に説明する実質的説明義務の規定で処理すべきとの考えもあるでしょうが，広義の適合性原則は実質的説明義務以外の「配慮」を求めるために機能する場合もあるため，私はこの規定をそのように限定解釈する必要はないものと考えています。

(2) 金融商品取引業等に関する内閣府令117条1項1号

金融商品取引業等に関する内閣府令117条1項1号（金商法38条7号）は，（契約締結前交付書面等の交付に関し）「あらかじめ，顧客……に対して，法第37条の3第1項第3号から第7号までに掲げる事項……について顧客の知識，経験，財産の状況及び金融商品取引契約を締結する目的に照らして当該顧客に理解されるために必要な方法及び程度による説明をすることなく，金融商品取引契約を締結する行為」を禁止しています。

要するに契約締結前交付書面の金融商品取引業者等の商号，登録番号等を除く全事項について，「顧客に理解されるために必要な方法及び程度による説明」を行うことが求められています。

正に広義の適合性原則に含まれる実質的説明義務を具体化したものといえます。

3 いわゆるノウ・ユア・カスタマー（ルール）について

上記で見てきた適合性原則は，概していえば，「顧客の知識，経験，財産の状況及び金融商品取引契約を締結する目的に照らして」，一定の商品の販売・勧誘を行ってはならないこと（狭義の適合性原則），顧客に理解されるために必要な方法および程度による説明をすること，その他の「配慮」をすること（広義の適合性原則）を求めるものです。

その前提として，金融商品取引業者等は，顧客の「知識」，「経験」，「財産の状況」，「金融商品取引契約を締結する目的」といった顧客側の情報を収集しなければ，適合性原則を遵守することができないこととなります。

諸外国の法制では，これらの情報を収集した場合でなければ販売勧誘を開始しまたは継続してはならないといった強い規制をかけているものもあります。これを「ノウ・ユア・カスタマー・ルール」といいます。

日本の法制においては，情報収集を行う時期が一律に求められるわけではありませんが，顧客側の情報を収集することが，適合性原則の履践に極めて重要であることに変わりはありません。

そこで，金融商品取引業者等向けの総合的な監督指針は，「顧客の属性等及び取引実態を的確に把握し得る顧客管理態勢を確立することが重要」としたうえで，主な着眼点として，①顧客属性等の的確な把握および顧客情報の管理の徹底（顧客カード等の整備・適時の把握（顧客の投資目的，意向の共有）・役職員への徹底，リスクの高い商品を販売する場合の管理職の承認等，内部管理部門等による検証・見直し等，実効性を確保する態勢構築），②顧客の取引実態の的確な把握およびその効果的活用（顧客口座ごとの売買損等取引状況を参考とすること，管理責任者等による顧客面談等の適時・適切な実施（長期に取引が継続するデリバティブ取引等の実態の把握

についても同様), 顧客面談等に係る具体的な方法について内部管理部門による策定・周知徹底・見直し等) が求められています (同監督指針Ⅲ－2－3－1)。顧客カードについては, 自主規制機関である日本証券業協会の「協会員の投資勧誘, 顧客管理等に関する規則」5条にその項目 (氏名・名称, 住所又は所在地及び連絡先, 生年月日, 職業, 投資目的, 資産の状況, 投資経験の有無, 取引の種類, 顧客となった動機, その他各協会員において必要と認める事項) が定められています。

4 まとめ

これまで, 適合性原則の概念および, 金融商品取引法制において, どのように具体化されているかについて見てきました。

適合性原則は, その規定, 概念が必ずしも明確ではなく, その分柔軟に適用できる仕組みのものであるため, 金融商品の販売勧誘に係るトラブルに直面した利用者にとって強い味方のようにも思えます。一方で, これを広く認めすぎると投資者の自己責任原則といった投資の基本が崩れてしまい, 成熟した資本市場を構築できないばかりか, ひいては投資者の投資機会を奪うこととともなってしまい, 利用者利便の観点から好ましいものではありません。

適合性原則は, このような魅力と危険性を併せ持った原則といえます。

裁判例等を含め, 適合性原則という言葉は, 多義的に使用されることも多く, それが理解の妨げになることもあるため, 本設題ではあえて, その基本的考えについて, 詳細な説明をしました。

【錦野　裕宗】

Q37 適合性原則の私法上の効果

私は大した貯金もなく、年金を受給して質素に暮らしているため、証券投資の経験などありませんでしたが、2年ほど前にファンドの運用をしているというA社の従業員が来て、新興国の株式や国債に投資するというファンドを250万円も購入させられ、結果大変損をしてしまいました。A社からお金を取り戻すようなことはできますか。

A

　まず、不法行為に基づく損害賠償請求の可否について検討すべきです。適合性原則から著しく逸脱した販売勧誘は私法上も違法となります。その判断において、商品性（仕組み）、知識・経験、財産の状況、契約締結目的（ニーズ）、配慮等の各要素が総合的に検討されます。設題の事案において適合性原則違反を理由とした損害賠償請求が認められる可能性は否定できませんので、販売勧誘の具体的状況、投資意向、投資資金の性格等も含め、より詳細なヒアリングを行い、方針を定める必要のある案件と考えます。
　また、金融商品の販売等に関する法律（以下「金融商品販売法」といいます）上の主張、錯誤無効の主張についても検討すべきです。

解説

1　不法行為に基づく損害賠償請求

　A社の販売勧誘が適合性原則に違反するものであった場合の、相談者の被害

の回復方法としてオーソドックスなのは，Λ社の販売勧誘行為が違法であるとして損害賠償請求を行うことです（民法709条）。

当該請求を行う場合のポイントを以下に説明します。

(1) 適合性原則の私法上の効果

まず，その前提として，適合性原則違反の私法上の効果について，その考え方を説明します。

金融商品取引法制において，金融商品取引業者等には「金融商品取引行為について，顧客の知識，経験，財産の状況及び金融商品取引契約を締結する目的に照らして不適当と認められる勧誘を行つて投資者の保護に欠けることとなっており，又は欠けることとなるおそれがあること」に該当することのないよう，その業務を行うことが求められています（金商法40条1号）。

加えて，（契約締結前交付書面等の交付に関し）「あらかじめ，顧客……に対して，法第37条の3第1項第3号から第7号までに掲げる事項……について顧客の知識，経験，財産の状況及び金融商品取引契約を締結する目的に照らして当該顧客に理解されるために必要な方法及び程度による説明をすることなく，金融商品取引契約を締結する行為」が禁止されています（金商業等府令117条1項1号）。

これらは，狭義の適合性原則・広義の適合性原則を金融商品取引法制といった行政法規において「業者ルール」として具体化したものです。これは民法等私人間の権利義務関係を定める私法（「取引ルール」）ではありません。

私法である民法は，故意または過失によって他人の権利または法律上保護される利益を侵害した者は，これによって生じた損害を賠償する責任を負うものとし，不法行為による損害賠償責任を規定しています（民法709条）。

すなわち，①不法行為，②行為者の故意・過失，③損害，④①と③の因果関係が存在すれば，私法上の不法行為責任が成立することとされています。考え方としては，金融商品取引法制上の適合性原則違反が存在した場合に，直ちに私法上の不法行為責任が発生するものではなく，その発生を基礎づける一つの（重要な）要素にとどまるものとされています。

(2) 判　　例

この点に関し，最判平17・7・14[1]は，（適合性原則は）「公法上の業務規制，

行政指導又は自主規制機関の定める自主規制という位置付けのものではあるが，証券会社の担当者が，顧客の意向と実情に反して，明らかに過大な危険を伴う取引を積極的に勧誘するなど，適合性の原則から著しく逸脱した証券取引の勧誘をしてこれを行わせたときは，当該行為は不法行為法上も違法となると解するのが相当である。」との判断を示しています。

このような判断枠組みは，その後の裁判例においても踏襲されており，まさに生きた規範となっています。

(3) 裁判例における検討のポイント

不法行為法上も違法となるかどうかの判断を行うに当たり，裁判例では以下のようなポイントが検討されています。

(a) 商品性（仕組み）
- レバレッジが大きいか（投資額を超えるリスクがあるか）
- 仕組みの中にレバレッジリスクがあるか（投資判断を困難にする要素としても考慮される）
- 投資額の範囲内でリスクが高いか（リスクと利益の相関性）
- わかりやすい仕組みか複雑か
- 解約でリスクヘッジができるか

(b) 知識・経験
- 年齢
- 意思能力
- 投資能力
- 同種の取引（株式・デリバティブ）
- 過去の取引を合理的に行っているか（自律的なリスク管理）

(c) 財産の状況
- 多くの資産を有しているか
- 投資額の資産に対する割合

(d) 契約締結目的（ニーズ）
- 元本を重視する慎重な投資意向か
- 当該取引が，顧客側の事情，積極性により行われたか
- 資金の性格

(e) 配　　慮
・熟慮期間を置いているか
・（高齢者の場合）家族に相談する機会を設けたり，それを勧めたりしているか
(f) その他
・業者側の社内規程に照らし，違反はないか，フェアに行われているか
・金融機関担当者の能力（商品内容を理解できる能力があるか）
・特殊な顧客のニーズを把握しえたか

(4) **説題の検討**

説題では，「証券投資の経験がない」（知識・経験），「大した貯金もなく，年金を受給して質素に暮らしている」（財産の状況），「新興国の株式や国債に投資するというファンド」（商品性）ということでリスクの程度もそれほど低くないものと思われます。

適合性原則違反を理由とした損害賠償請求が認められる可能性は否定できませんので，販売勧誘の具体的状況，投資意向，投資資金の性格等も含め，より詳細なヒアリングを行い，方針を定める必要のある案件と考えます。

また，私法（「取引ルール」）である金融商品販売法は，一定の事項について説明義務を定め（金販法3条1項），それは「顧客の知識，経験，財産の状況及び当該金融商品の販売に係る契約を締結する目的に照らして，当該顧客に理解されるために必要な方法及び程度によるものでなければならない」とされています（同条2項）。そして義務違反の場合の損害賠償責任については元本欠損額が損害の額と推定されることとなっています（金販法5条・6条）。当該規定が利用できるような事実関係であれば，当該規定を利用し解決を有利に進めるべきです。

2　その他

不法行為に基づく損害賠償請求以外に，利用者側より錯誤無効の主張（民法95条）がなされる場合があります。事案の柔軟な解決という意味では，（客観的観点からすれば）過失相殺の余地のある不法行為責任の方が適しているように

思いますが，被害回復の要請が強い場合には，錯誤無効の主張が認められる場合があります。その場合には，金融商品の売買契約が無効となるわけですから，利用者側からすれば，投資金額全額を返還請求しうることとなります（一方で，金融商品は返還しなければなりません）。

　高裁レベルですが，仕組債について，「本件仕組債を購入する際，本件仕組債の権利内容について錯誤に陥り，そのリスクについて理解しないままであったと認めるのが相当である。そして，この錯誤は，本件仕組債を購入するかどうかを判断する上で，最も重要な事項についての錯誤であり，しかも，錯誤に陥っていたことは，表示されていたと認められるから，本件仕組債を買受ける旨の意思表示は，民法95条により無効である。」とした裁判例がありますので[*2]，当該主張についても検討すべきでしょう。

引用判例
　＊1　最判平17・7・14民集59巻6号1323頁・判夕1189号163頁・判時1909号30頁。
　＊2　大阪高判平22・10・12金判1358号37頁・金法1914号68頁。

【錦野　裕宗】

Q38　説明義務（一般論）

金融商品取引を行うに際して要求される業者の説明義務とは、どのような内容ですか。

A

業者は、業法上、契約締結前交付書面、上場有価証券等書面、目論見書等および契約変更書面の交付に関し、あらかじめ、顧客（特定投資家を除く。）に対し、当該書面の記載事項（元本欠損等が生ずるおそれがある旨等）について、顧客の知識、経験、財産の状況および金融商品取引契約を締結する目的に照らして、当該顧客に理解されるために必要な方法および程度による説明を行う義務があります（金商法38条7号、金商業等府令117条1項1号）。

民事上も、概ね同内容の義務が課されています（金販法3条1項・2項）。

解説

1　業法上の義務

(1)　実質的説明義務

金融商品取引業者等は、金融商品取引契約を締結しようとするときは、あらかじめ、顧客に対し、当該金融商品取引契約の概要、顧客が行う金融商品取引行為について金利、通貨の価格、金融商品市場における相場その他の指標に係る変動により損失が生ずることとなるおそれがあるときはその旨等を記載した書面（以下、「契約締結前交付書面」といいます）を交付しなければなりません（金

商法37条の3第1項)。

　このように，金融商品取引業者等には，契約締結前交付書面の交付義務が課されていますが，金融商品の中には，包含されているリスクが顧客にとって一見わからないものがあり，そのようなリスクについて，記載された書面を単に形式的に顧客に交付するだけではなく，顧客にその内容について実際に説明をすることによって，金融商品取引契約を締結するに際しての判断材料を顧客に提供することが必要です。

　そこで，金融商品取引業等に関する内閣府令においては，契約締結前交付書面，上場有価証券等書面，目論見書等および契約変更書面の交付に関し，あらかじめ，顧客（特定投資家を除く。）に対し，当該書面の記載事項（元本欠損等が生ずるおそれがある旨等）について，顧客の知識，経験，財産の状況および金融商品取引契約を締結する目的に照らして，当該顧客に理解されるために必要な方法および程度による説明をすることなく，金融商品取引契約を締結する行為を禁止することによって（金商法38条7号，金商業等府令117条1項1号），金融商品取引業者等に実質的説明義務を課しています。

(2) 説明の方法・程度等

　金融商品取引業者等は，顧客の属性（知識，経験，財産の状況および金融商品取引契約を締結する目的）に照らして，当該顧客に理解されるために必要な方法および程度による説明をする必要があります（金商法38条7号，金商業等府令117条1項1号）。

　ここにいう説明の「方法および程度」については，法令上特段の定めはなく，説明の態様等に関する形式的，手続的な面よりも，顧客の属性に照らして，当該顧客が契約締結前交付書面等の内容を的確に理解しているかという実質面が重視されることになると考えられます。

　このような考え方は，対面取引と非対面取引（たとえばインターネット取引やATM取引等）とで異なるものではありませんが，とくに非対面取引の場合には，その特性にかんがみ，たとえば，顧客が「契約締結前交付書面」の内容をよく読んだ旨を確認すること，顧客からの問い合わせに適切に対応できる態勢を整備することおよび照会頻度の高い質問についての「Q&A」を掲載することなど，実務上の工夫が必要であると考えられます。

この点に関連して、金融商品取引業等向けの総合的な監督指針（監督指針Ⅲ－２－３－４(1)④）では、「インターネットを通じた説明の方法」に係る実務上の工夫の例示として、「金融商品取引をインターネットを通じて行う場合においては、顧客がその操作する電子計算機の画面上に表示される説明事項を読み、その内容を理解した上で画面上のボタンをクリックする等の方法で、顧客が理解した旨を確認すること」が挙げられています。

対面取引の場合においても、実務上の工夫の一つとして、たとえば、顧客が当該書面の内容をよく読んだ旨を確認することが適切な場合もあると考えられます。

なお、顧客の主観的な内心は他者にはわからないことから、金融商品取引業者等は、その説明義務を通じて顧客が結果的に「理解した」ことの確認までは求められていないものの、顧客に「理解される」ために必要な方法および程度による説明を行う必要があります。

いずれにせよ、顧客への説明義務が尽くされているといえるかどうかは、個別事例ごとに判断されることとなると考えられます。

(3) 実質的説明義務違反の効果

金融商品取引業者等が、顧客の属性に照らして、当該顧客に理解されるために必要な方法および程度による説明を行わなかった場合には、業法上の実質的説明義務違反として、行政処分の対象になりえます。

民事上も、以下とおり、金融商品の販売等に関する法律上の説明義務違反として、損害賠償責任の対象になりえます。

２ 民事上の義務

(1) 金融商品の販売等に関する法律における説明義務

金融商品に包含されているリスクについて、民事上、当然には業者に説明義務があるわけではありませんが、業者の説明不足等により損害を被った顧客の保護を図ること等を目的として、金融商品の販売等に関する法律においては、業者に損害賠償責任を負わせる前提としての説明義務として、業者にリスク等の重要事項について説明をする義務を課しています（金販法３条１項柱書）。

(2) 説明義務違反と適合性原則違反

　適合性原則について言及した最高裁判例[*1]の趣旨等を踏まえ，金融商品の販売等に関する法律においては，業者が説明義務を尽くしたかどうかの基準として，適合性原則（広義）の考え方を取り込み，説明は，顧客の知識，経験，財産の状況および当該金融商品の販売に係る契約を締結する目的に照らして，当該顧客に理解されるために必要な方法および程度によるものでなければならないとされています（金販法3条2項）。

(3) 業者の損害賠償責任

　業者が，顧客に対し，重要事項について説明を行っていない場合，または不確実な事項について断定的判断の提供等を行った場合は，これによって生じた当該顧客の損害を賠償しなければなりません（金販法5条）。

　この損害賠償責任は，①業者に(i)説明義務があること，(ii)断定的判断の提供等が禁止されていること（上記 1 (1)ないし(3)）のほかに，②顧客に損害が発生したこと，③説明義務違反または断定的判断の提供等と損害との間に因果関係が存在すること，④業者が直接的な無過失責任を負うものとされている点について，民法上の不法行為に基づく損害賠償責任の特則として位置づけられています。

(a) 上記②損害額および③因果関係の推定　　金融商品の販売等に関する法律5条に基づき損害賠償を請求する場合，元本欠損額は，業者が重要事項について説明をしなかったことまたは断定的判断の提供等を行ったことによって当該顧客に生じた損害の額と推定されます（金販法6条1項）。

(b) 上記④業者の無過失責任　　業者に対して民法上の不法行為に基づく損害賠償責任を追及するためには，販売を行った従業員に不法行為責任が認められたうえで，業者の使用者責任（民法715条）を問う必要があり，販売を行った従業員に過失がない場合や，過失がある場合でも業者が当該従業員の監督等について相当の注意をしたとき等においては，業者は使用者責任を負わないことになります。これに対し，金融商品の販売等に関する法律においては，直接的に業者に無過失責任を負わせています。

引用判例

　　[*1]　最判平17・7・14民集59巻6号1323頁・判夕1189号163頁・判時1909号30頁。

【平山　浩一郎】

Q39　説明義務（事例）

A社は，車両用精密機器の販売を行う会社グループの系列投資会社ですが，B証券会社から勧められて金利スワップ取引を行っていたところ，勧誘時に示されたシミュレーション表では想定されていなかった損失が発生しました。この場合にA社は，B証券会社に対して損害の賠償等を求めることはできるでしょうか。

A

　B証券会社がA社に対し，勧誘時に①A社が支払う利息の合計額がA社の取得する利息の合計額を上回るおそれがある旨，②指標となる金利，③金利スワップ取引の仕組みのうちの重要な部分について，A社の知識，経験，財産の状況および金利スワップ取引契約を締結する目的（金利変動リスクをヘッジする目的といえるかどうか等）に照らして，A社が理解するために必要な方法および程度による説明（金販法3条2項）を行っていない場合には，A社は，B証券会社に対し，A社がB証券会社に対して支払った利息の合計額からA社がB証券会社から取得した利息の合計額を控除した金額について，損害の賠償を求めることができます。

　また，B証券会社がA社に対し，勧誘時に将来の金利変動について断定的判断を提供し，または確実であると誤認させるおそれのあることを告げる行為をした場合も，A社は，B証券会社に対し，A社がB証券会社に対して支払った利息の合計額からA社がB証券会社から取得した利息の合計額を控除した金額について，損害の賠償を求めることができます。

解説

1　説明義務違反

(1)　重要事項についての説明義務

　金融商品販売業者等は，金融商品の販売等を業として行おうとするときは，当該金融商品の販売等に係る金融商品の販売が行われるまでの間に，「重要事項」について説明をしなければなりません（金販法3条1項柱書）。

　金融商品販売業者等が説明義務を負う「重要事項」とは，当該金融商品の販売について金利その他の指標に係る変動を直接の原因として元本欠損が生ずるおそれがあるときは，①元本欠損が生ずるおそれがある旨，②当該指標をおよび③当該指標に係る変動を直接の原因として元本欠損が生ずるおそれを生じさせる当該金融商品の販売に係る取引の仕組みのうちの重要な部分のことをいいます（金販法3条1項1号）。

　金利スワップ取引は，固定金利と変動金利など同一通貨での異なる金利の支払を交換する取引であり，金融商品取引法2条21項4号に規定する市場デリバティブ取引として，金融商品の販売等に関する法律における「金融商品の販売」に該当し（金販法2条1項8号），またB証券会社は，金利スワップ取引を業として行う者として，「金融商品販売業者等」に該当します（同条3項）。

　元本欠損が生ずるおそれ（金販法3条1項1号）とは，当該金融商品の販売が行われることにより顧客が支払うこととなる金銭の合計額が，当該金融商品の販売により当該顧客の取得することとなる金銭の合計額を上回ることとなるおそれをいいます（同条3項）。

　金利スワップ取引によって，A社がB証券会社に対して支払う利息の合計額が，A社がB証券会社から取得する利息の合計額を上回るおそれがありますので，本件では元本欠損が生ずるおそれがあるといえます。

　したがって，B証券会社は，A社に対し，①A社が支払う利息の合計額がA社の取得する利息の合計額を上回るおそれがある旨，②指標となる金利，③金利スワップ取引の仕組みのうちの重要な部分について，説明義務を負うという

ことになります。

　B証券会社がA社に対して説明義務を負う③金利スワップ取引の仕組みのうちの重要な部分とは，たとえば，A社がB証券会社に対して固定金利による利息を支払ってB証券会社から変動金利による利息を取得する取引形態であれば，A社が取得する利息の合計額が支払う利息の合計額を上回る程度に短期金利が上昇しない限り，金利スワップ取引単体でみればA社の損失となるといった内容が考えられます。

(2) 説明義務違反と適合性原則違反

　金融商品販売業者等は顧客に対して重要事項の説明義務を負っていますが，その説明は，顧客の知識，経験，財産の状況および当該金融商品の販売に係る契約を締結する目的に照らして，当該顧客に理解されるために必要な方法および程度によるものでなければならないとされています（金販法3条2項）。

　この金融商品の販売等に関する法律3条2項は，金融商品販売業者等が顧客に対して説明義務を尽くしたかどうかの基準として，適合性原則（広義）の考え方を取り込んだものと考えられており，適合性原則（広義）に照らして適切な説明を行っていない場合には，金融商品販売業者等は，説明義務違反による損害賠償責任を負うことになると考えられます（金販法5条）（三井秀範＝池田唯一監修／松尾直彦編『一問一答金融商品取引法〔改訂版〕』（商事法務，2008）480頁以下〔松本圭介＝池田和世〕）。

　設題においては，B証券会社がA社に対し，勧誘時に，重要事項について，A社の知識，経験，財産の状況および金利スワップ取引契約を締結する目的に照らして，A社が理解するために必要な方法および程度による説明がなされていない場合には，A社は，B証券会社に対して損害の賠償を求めることができます（金販法5条）。

　金利スワップ取引契約を締結する目的については，たとえば金利スワップ取引における想定元本がA社の変動金利借入金を上回るような場合（いわゆるオーバーヘッジ）であれば，オーバーヘッジ部分については金利変動リスクヘッジ目的とはいえないことから，B証券会社の説明義務は加重されるものと考えられます。

2　断定的判断の提供禁止

　金融商品販売業者等は，金融商品の販売等を業として行おうとするときは，当該金融商品の販売等に係る金融商品の販売が行われるまでの間に，顧客に対し，当該金融商品の販売に係る事項について，不確実な事項について断定的判断を提供し，または確実であると誤認させるおそれのあることを告げる行為を行ってはなりません（金販法4条）。

　本件では，勧誘時に示されたシミュレーション表では想定されなかった損失が発生しており，B証券会社がA社に対し，勧誘時に将来の金利変動について断定的判断を提供し，または確実であると誤認させるおそれのあることを告げる行為を行ったと認められる場合には，A社は，B証券会社に対して損害の賠償を求めることができます（金販法5条）。

3　損害額および因果関係の推定

　金融商品の販売等に関する法律5条に基づき損害賠償を請求する場合，元本欠損額は，業者が重要事項について説明をしなかったことまたは断定的判断の提供等を行ったことによって当該顧客に生じた損害の額と推定されます（金販法6条1項）。

　設題においては，A社がB証券会社に対して支払った利息の合計額からA社がB証券会社から取得した利息の合計額を控除した金額が，B証券会社に説明義務違反があったことまたはB証券会社が断定的判断の提供等を行ったことによってA社に生じた損害の額と推定されることになります。

4　業者の無過失責任

　金融商品の販売等に関する法律は，直接的に金融商品販売業者等に無過失責任を負わせています。

　したがって，金利スワップ取引の販売を行ったB証券会社の従業員に過失が

なく，またはＢ証券会社が当該従業員の監督等について相当の注意をした場合等においても，Ｂ証券会社に説明義務違反がありまたはＢ証券会社が断定的判断の提供等を行ったと認められる限り，Ａ社は，Ｂ証券会社に対し，損害の賠償を求めることができます。

【平山　浩一郎】

第3節　情報提供

Q40　金融商品の販売・提供にあたっての顧客に対する情報提供

金融商品取引法においては，金融商品を販売・勧誘するにあたり，どのような情報提供を行う必要があるとされていますか。

A

　金融商品取引法は，金融商品取引業者に対し，①顧客との契約締結に先立って，締結しようとする契約の概要，顧客が損失を被るリスク等が記載された書面（契約締結前交付書面）を顧客に交付すること，および②同書面を交付する際に，顧客に対し，顧客の知識・経験・財産状況および目的に照らし顧客が理解するのに十分な方法・程度によって同書面の記載事項を説明することを義務づけることにより，金融商品取引業者から顧客への情報提供を図っています（金商法37条の3・38条7号，金商業等府令117条など）。

　また，金融商品取引業者は，契約締結時その他内閣府令で定める場合に，顧客に対し，一定の事項を記載した書面（契約締結時交付書面）を交付しなければならず，これによっても業者から顧客に対する情報提供が確保されています（金商法37条の4など）。

　これら以外にも，金融商品取引業者から顧客への目論見書の交付（金商法15条2項など），金融商品取引業者による広告等の規制（金商法37条など）等の制度によって，金融商品取引業者から顧客への情報提供が図られています。

解説

1 契約締結前交付書面

(1) 契約締結前交付書面制度の概要

　金融商品取引法およびこれを受けて定められた金融商品取引業等に関する内閣府令は，金融商品取引業者と投資者との間の情報格差を是正し，投資に関する知識や経験に乏しい投資家を保護するため，金融商品取引業者に対し，原則として，顧客との間で契約を締結する前に，業者の商号，登録番号，契約の概要，手数料その他顧客が支払う対価の種類ごとの金額・計算方法等，指標変動により元本欠損が生じるおそれがあるときはその旨等を記載した書面（契約締結前交付書面）を顧客に交付することを義務づけています（金商法37条の3，金商業等府令79条〜97条）。

(2) 契約締結前交付書面の記載事項

　契約締結前交付書面の記載事項については，金融商品取引法37条の3第1項各号および金融商品取引業等に関する内閣府令81条ないし96条に定められています。詳細については，**Q41**で解説しています。

(3) 契約締結前交付書面の記載方法

(a) 原　　則　　契約締結前交付書面には，必要的記載事項を日本工業規格Z8305に規定する8ポイント以上の大きさの文字及び数字を用いて明瞭かつ正確に記載しなければなりません（金商業等府令79条1項）。

(b) 例　　外

　(イ) 次に掲げる事項については，枠の中に日本工業規格Z8305に規定する12ポイント以上の大きさの文字および数字を用いて明瞭かつ正確に記載しなければなりません（金商業等府令79条2項1号〜3号）。

(i) 金融商品取引法37条の3第1項4号に掲げる事項の概要ならびに同項5号および6号ならびに金融商品取引業等に関する内閣府令82条3号から6号までに掲げる事項

(ii) 金融商品取引契約が店頭デリバティブ取引契約（金商法施行令16条の4第

1項1号イからハまでに掲げる取引に係る同号に掲げる契約又は同項2号に掲げる契約〔金融商品取引業等に関する内閣府令116条1項3号イおよびロに掲げる取引に係るものを除く〕をいう）であるときは，金融商品取引業等に関する内閣府令94条1項1号および4号に掲げる事項

(ⅲ) 金融商品取引業等に関する内閣府令82条9号に掲げる事項

(ロ) また，金融商品取引業者は，契約締結前交付書面に，金融商品取引業等に関する内閣府令82条1号に掲げる事項および金融商品取引法37条の3第1項各号に掲げる事項のうち顧客の判断に影響を及ぼすこととなる特に重要なものを，日本工業規格Ｚ8305に規定する12ポイント以上の大きさの文字および数字を用いて当該契約締結前交付書面の最初に平易に記載しなければなりません（金商業等府令79条3項）。

(ハ) なお，(イ)記載の(ⅰ)～(ⅲ)の事項については，(ロ)記載の事項の後に記載しなければならないこととされています（金商業等府令79条2項）。

(4) 契約締結前交付書面の交付方法

金融商品取引業者は，顧客の承諾がある場合には，電子媒体を通じて契約締結前交付書面を交付することができます（金商法37条の3第2項・34条の2第4項，金商業等府令56条）。

(5) 契約締結前交付書面の交付が不要な場合

顧客に対し，契約締結前交付書面に記載すべき事項が全て記載されている目論見書を交付している場合など一定の場合には，契約締結前交付書面の交付が不要とされています（金商法37条の3第1項ただし書，金商業等府令80条）

(6) 交付義務に違反した場合の効果

金融商品取引法，金融商品取引業等に関する内閣府令に反して，契約締結前交付書面を交付しなかった場合や，記載しなければならない事項が記載されていない書面もしくは虚偽の記載がなされている書面を交付した場合には，6月以下の懲役もしくは50万円以下の罰金が科され，またはこれらが併科されます（金商法205条12号）。

また，金融商品取引業者等の代表者，使用人，従業員等がかかる行為をしたときは，当該行為者を罰する（刑罰の内容は，金融商品取引法205条12号による）ほか，金融商品取引業者等に対し50万円以下の罰金が科されます（金商法207条1

項6号）。

2　契約締結時交付書面

(1) 契約締結時交付書面制度の概要
　金融商品取引業者は，金融商品取引契約が成立したときおよび金融商品取引業等に関する内閣府令98条で定めるときは，原則として，遅滞なく，内閣府令で定めるところにより，顧客に対し，一定の事項を記載した書面を交付しなければなりません（金商法37条の4，金商業等府令98条〜112条）。

(2) 契約締結時交付書面の記載事項
　契約締結時交付書面の記載事項については，金融商品取引業等に関する内閣府令99条ないし107条に定められています。詳細は，**Q42**で解説しています。

(3) 契約締結時交付書面の交付方法
　顧客の承諾がある場合には，インターネットなどの電子媒体を通じて交付することができます（金商法37条の4第2項・34条の2第4項，金商業等府令56条）。

(4) 契約締結時交付書面の交付が不要な場合
　顧客との間で締結した金融商品取引契約が一定の種類の契約であり，顧客に対し当該金融商品取引契約の内容を記載した書面を定期的に交付し，かつ，当該顧客からの個別の取引に関する照会に対して，速やかに回答できる体制が整備されている場合など，一定の場合については，契約締結時交付書面の交付が不要とされています（金商法37条の4第1項ただし書，金商業等府令110条）。

(5) 交付義務に違反した場合の効果
　契約締結時交付書面の交付義務に違反した場合の効果は，契約締結前交付書面の交付義務に違反した場合と同様です。

3　金融商品取引業者の説明義務

(1) 金融商品取引業者の説明義務
　金融商品取引法には，金融商品取引業者等の説明義務を正面から規定した規定はありませんが，金融商品取引法38条7号およびこれを受けて規定された

金融商品取引業等に関する内閣府令117条は，金融商品取引業者等が，契約締結前交付書面の交付に際して，それらの書面に記載すべき事項を，あらかじめ顧客の知識，経験，財産状況および目的に照らして当該顧客に理解されるのに必要な方法および程度によって説明しなければならないと規定することにより，金融商品取引業者等に対し，間接的な説明義務を負わせています。

(2) 金融商品取引業者等が説明義務を負わない場合

顧客が，特定投資家（金商法2条31項参照）である場合および金融商品取引法34条の3第4項（金融商品取引法34条の4第4項において準用する場合を含む）の規定により特定投資家とみなされる場合には，金融商品取引業者等は，顧客に対し契約締結前交付書面の内容を説明する義務を負いません。

ただし，顧客が，金融商品取引法34条の2第5項の規定により特定投資家以外の顧客とみなされる者である場合には，金融商品取引業者の説明義務が生じます（金商業等府令117条）。

4 目論見書

(1) 目論見書の意義

目論見書とは，有価証券の募集もしくは売出しまたは金融商品取引法4条2項に定める適格機関投資家取得有価証券一般勧誘のために当該有価証券の発行者の事業その他の事項に関する説明を記載する文書であって，相手方に交付し，または相手方から交付請求があった場合に交付するものをいいます（金商法2条10項参照）。目論見書には，投資家に対象会社の情報を適切に把握させるという機能があります。

(2) 金融商品取引業者が目論見書の交付義務を負う場合

金融商品取引業者は，内閣総理大臣への届出がなされている有価証券またはすでに開示が行われている有価証券を顧客に販売する場合には，原則として，顧客に対し，目論見書を交付しなければなりません（金商法15条2項）。

(3) 目論見書の記載事項

目論見書の具体的な記載事項は，金融商品取引法13条2項1号，企業内容等の開示に関する内閣府令9条および12条ないし14条に定められています。

(4) 目論見書の交付が不要な場合

次のいずれかに該当する場合（①～③の場合については，有価証券を販売するまでの間に，顧客から目論見書の交付請求があった場合を除く），金融商品取引業者は，顧客に対し，目論見書を交付する義務を負いません（金商法15条2項ただし書）。

① 顧客が適格機関投資家である場合（金商法15条2項ただし書1号）
② 顧客が，販売等の対象である有価証券と同一の銘柄を所有する者であって，目論見書の交付を受けないことについて同意している場合（金商法15条2項ただし書2号イ）
③ 顧客の同居者が，すでに目論見書の交付を受け，または確実に交付を受けると見込まれる場合であって，顧客が目論見書の交付を受けないことについて同意している場合（金商法15条2項ただし書2号ロ）
④ 金融商品取引法13条1項ただし書に該当する場合（金商法15条2項ただし書3号）。

5 広告等の規制

(1) 広告等の規制の趣旨

広告等の規制の趣旨は，金融商品取引業者がその行う金融商品取引業の内容について広告その他これに類似するものとして内閣府令で定める行為（広告等）をする場合に，金融商品取引業者に対し，一定の事項の表示を義務づけることによって，顧客をして金融商品取引業者や金融商品に関する情報を正確に理解せしめることにあります。

(2) 金融商品取引業者が広告等の規制を受ける場合

いかなる場合に金融商品取引業者が広告等の規制を受けるかについては，金融商品取引業等に関する内閣府令72条に定められています。

(3) 広告等の規制に従って表示しなければならない事項

金融商品取引業が，広告等の規制に従って表示しなければならない事項は，次のとおりです。

（i）自己の商号，名称または氏名（金商法37条1項1号）
（ii）自己が金融商品取引業者である旨および登録番号（金商法37条1項2号）

(iii) 自己の行う金融商品取引業の内容に関する事項であって，顧客の判断に影響を及ぼすこととなる重要なものとして政令で定めるもの（金商法37条1項3号，金商法施行令16条）

(4) 広告等の規制に従った表示方法

　金融商品取引業者が，(3)の事項をどのように表示しなければならないのかについては，金融商品取引業等に関する内閣府令73条に具体的に定められています。

【草深　充彦】

Q41　契約締結前交付書面の記載事項

金融商品取引業者と取引するにあたって交付される契約締結前交付書面には，どのような事項が記載されているのでしょうか。

A

　金融商品取引業者等は，金融商品取引契約を締結する前に法定の記載事項を明記した書面を交付することが義務づけられています（金商法37条の3）。さらに，同書面を交付するだけでは足りず，顧客の属性に応じた説明をすることが法令上義務づけられています（金商法38条7号，金商業等府令117条1項1号）。

　契約締結前交付書面には，金融商品取引業者等の商号，締結しようとしている金融商品取引契約の概要，顧客が支払わなくてはならない手数料・報酬その他の対価，市場リスクに関する事項，その他金融商品取引業の内容に関する事項であり，顧客の判断に影響を及ぼすこととなる重要なものとして内閣府令で定める事項を記載しなければならず，さらに詳細は事項は金融商品取引業等に関する内閣府令に制定されています。

解説

1　契約締結前の書面交付義務

(1)　書面交付義務の趣旨

　金融商品取引業者等は，金融商品取引契約を締結しようとするときは，内閣府令で定めるところにより，あらかじめ，顧客に対し，一定の事項を記載した

書面を交付しなければならないとされています（金商法37条の3第1項）。この規定は，金融商品取引業者と顧客（一般投資家）との情報格差の是正するための説明義務の一環として，口頭による簡単な説明にとどまらず，書面による確実な情報提供を求めたものです。なお，本規定は平成18年改正前証券取引法40条，同改正前金融先物取引法70条，および同改正前投資顧問業法14条と同趣旨を定めていますが，より一層投資家保護を強化したものとなっています。

(2) 説明義務

契約締結前に単に書面を交付するだけでは足りず，それを顧客の属性に応じて説明することも法令上義務づけられています（金商法38条7号，金商業等府令117条1項1号）。

(3) 罰　則

上記書面を行使しないとき，3 の法定記載事項の記載がないとき，書面に虚偽の記載がなされていたとき等，書面交付義務に違反したときには，刑事罰（6月以下の懲役もしくは50万円以下の罰金）の対象となるほか（金商法205条12号・207条1項6号），行政処分の対象となります（金商法52条）。

2　契約締結前交付書面の記載方法

契約締結前交付書面は，金融商品取引法37条の3第1項に定める事項を8ポイント以上の大きさの文字を用いて明瞭かつ正確に記載しなければなりません（金商業等府令79条1項）。また，手数料などの種類ごとの金額，上限額または計算方法など一定の事項については，12ポイント以上の大きさの文字を用いなければなりません（同条2項）。さらに，顧客の判断に影響を及ぼすこととなる特に重要なものについては，12ポイント以上の大きさの文字および数字を用いて，当該書面の最初に平易に記載しなければならないとされています（同条3項）。

３　契約締結前交付書面の記載内容

(1) 総　論

まず，金融商品取引法においては，法律の明文上において，契約締結前交付書面に以下の事項を記載しなければならないことを明示しています（金商法37条の３第１項各号）。
① 当該金融商品取引業者等の商号，名称または氏名および住所
② 金融商品取引業者等である旨および当該金融商品取引業者等の登録番号
③ 当該金融商品取引契約の概要
④ 手数料，報酬その他の当該金融商品取引契約に関して顧客が支払うべき対価に関する事項であって内閣府令で定めるもの（金商業等府令81条１項参照）
⑤ 顧客が行う金融商品取引行為について金利，通貨の価格，金融商品市場における相場その他の指標に係る変動により損失が生ずることとなるおそれがあるときは，その旨
⑥ 前号の損失の額が顧客が預託すべき委託証拠金その他の保証金その他内閣府令で定めるものの額を上回るおそれがあるときは，その旨
⑦ 前各号に掲げるもののほか，金融商品取引業の内容に関する事項であって，顧客の判断に影響を及ぼすこととなる重要なものとして内閣府令で定める事項（金商業等府令82条参照）

(2) **共通記載事項**

さらに，上記⑦を受けて金融商品取引業等に関する内閣府令82条は，契約類型を問わない共通の記載事項として下記の記載事項を法定しています。
(ⅰ) 内容をよく読むべきこと
(ⅱ) 顧客が預託すべき保証金等がある場合は，その額または計算方法
(ⅲ) 指標の変動により元本欠損・元本超過損が生じるおそれがあるときはその旨，当該指標，そしてその理由
(ⅳ) ある者の信用リスクによって元本欠損・元本超過損が生じるおそれがある場合は，その旨と当該者およびその理由

(v) 当該金融商品取引契約に関する租税の概要
(vi) 当該金融商品取引契約の終了事由がある場合は，その内容
(vii) クーリングオフの権利の有無
(viii) クーリングオフの権利がある場合，クーリングオフに関する所定事項
（金商法37条の6第1項～4項）
(ix) 当該金融商品取引業者等の概要
(x) 当該金融商品取引業者等の行う金融商品取引業務の内容および方法の概要
(xi) 顧客が当該金融商品取引業者等に連絡する方法
(xii) 当該金融商品取引業者等が加入している金融商品取引業協会および対象事業者となっている認定投資者保護団体の有無（加入しているまたは対象となっている場合は，その名称）
(xiii) 指定紛争解決機関が存在する場合はその機関の名称，存在しない場合は苦情処理措置および紛争解決措置の内容

(3) 追加的記載事項

さらに，契約締結前交付書面は，各商品・取引の特性に応じ，記載事項が追加されています（具体的な内容については，金商業等府令83条～96条参照）。

4 契約締結前交付書面の交付義務が免除される場合

(1) 投資者保護に支障がない場合

上記の契約締結前の書面交付義務は，「投資者の保護に支障を生ずることがない場合として内閣府令で定める場合」は適用が除外されます（金商法37条の3第1項ただし書）。

内閣府令によれば，以下の場合に交付義務が免除されます（金商業等府令80条1項参照）。
① 上場有価証券等の売買等の契約の締結前1年以内に，当該顧客に上場有価証券等書面を交付している場合
② 有価証券の売買その他の取引またはデリバティブ取引等の契約の締結前1年以内に，同種の内容の金融商品取引契約の契約締結前交付書面を交付

している場合
③ 目論見書（契約締結前交付書面に記載すべき事項が記載されたもの）を交付している場合または目論見書の交付を受けないことについて同意した以下の者に有価証券を取得等させる場合（取得等のときまでに交付の請求があった場合を除く）
  (i) 当該有価証券と同一の銘柄を所有する者
  (ii) その同居者が既に当該目論見書の交付を受け，または確実に交付を受けると見込まれる者
④ すでに成立している金融商品取引契約の一部の変更をすることを内容とする金融商品取引契約を締結しようとする場合においては，以下の場合
  (i) 当該変更にすでに成立している当該金融商品取引契約に係る契約締結前交付書面の記載事項に変更すべきものがないとき
  (ii) 当該変更に伴い，すでに成立している金融商品取引契約に係る契約締結前交付書面の記載事項に変更すべきものがある場合には，契約変更書面を交付しているとき
⑤ 金融商品取引契約が次に掲げる行為に係るものである場合
  (i) 有価証券の売付け（当該金融商品取引業者等との間で買付けの契約を締結した場合に限る）
  (ii) 公開買付者を相手方とした公開買付けに係る有価証券の買付けの媒介または代理
  (iii) 委託者指図型投資信託受益証券等の募集・私募を行った者による，転売を目的としない買取り
  (iv) 課徴金を計算する際に，デリバティブ取引等において行ったとみなされる反対売買
  (v) 累積投資契約による有価証券の買付けまたは累積投資契約に基づき定期的にする有価証券の売付け
  (vi) 投資信託受益証券等から生ずる収益金の再投資
  (vii) 計算期間が1日の公社債投資信託受益証券の売買（当初の買付けを除く）またはその解約
  (viii) 有価証券の引受け

(ix) 有価証券の募集もしくは売出しの取扱いもしくは私募の取扱いまたは特定投資家向け売付け勧誘等の取扱い（当該金融商品取引契約に係る顧客が当該有価証券の発行者または所有者である場合に限る）

(2) 取引の相手方が特定投資家（いわゆるプロ）の場合

　金融商品取引業者等が申込みを受け，または締結した金融商品取引契約の相手方が特定投資家（金商法2条31項）である場合には，契約締結前の書面交付義務を定めた金融商品取引法37条の3の適用も除外されます（金商法45条2号）。したがって，契約締結前交付書面の交付義務が免除されます。

契約締結前書面交付義務違反に基づく行政処分例
5　（神田秀樹ほか編『金商法実務ケースブックⅡ　行政編』（商事法務，2008）36頁）

(1) ジェイトレード株式会社に対する行政処分（平成18年7月20日関東財務局）

(a)　事　　案　ジェイトレード株式会社がインターネット閲覧会員等に対する契約締結前交付書面（改正前投資顧問業法14条書面），契約締結時交付書面（同15条書面），そして契約締結後の顧客に対して交付すべき書面（同16条書面）を作成・交付していないことについて，平成13年9月4日の検査において関東財務局より指摘を受け，平成14年1月18日付の改善報告書には，今後必要な記載事項を満たした書面を交付していくと記載していたにもかかわらず，それが一部履践されていなかったことが平成18年の検査において発覚したケース

(b)　行政処分「業務改善命令」（改正前投資顧問業法37条）
① 具体的な再発防止策の策定を含む内部管理体制の見直しを図るとともに，責任の所在を明確化すること
② 法令等遵守に係る経営姿勢を明確にすること
③ 全役職員に対する「法令等遵守の徹底」に係る研修等を実施し，周知徹底を図ること

(2) クレディ・スイス・グループ等について（平成11年7月29日金融監督庁）

(a)　事　　案　クレディスイス投信が投資一任契約を締結しようとするとき等に顧客に交付すべき書面を交付していなかった事案

(b)　行政処分「業務停止命令」

(3) ＤＩＰ株式会社に対する行政処分（平成19年6月28日関東財務局）

(a) 事　　案　　業務開始日以降検査基準日までの間，金融先物取引の受託等を内容とする契約を締結した顧客に対し，改正前金融先物取引法70条1項に基づき記載すべき事項を記載していない契約締結前交付書面を交付していた事案（その他にも法令違反が多数あり）

(b) 行政処分「業務改善命令」（改正前金融先物取引法86条）
① 内部管理体制の構築・充実のための抜本的な方策を講じること
② 法令遵守に係る責任の所在を明確化すること
③ 法令違反の再発防止のための具体的方策を策定するとともに，全社的な法令等遵守体制を確立すること
④ 内部監査機能の実効性を確保すること

【下西　祥平】

Q42 契約締結時交付書面の記載事項

金融商品取引業者から交付される契約締結時交付書面には、どのような事項が記載されているのでしょうか。

A

金融商品取引業者等は、金融商品取引契約が成立したとき等には、法定の記載事項を明記した書面を交付することが義務づけられています（金商法37条の4）。また、顧客の属性に応じた説明も求められています（金商法38条7号、金商業等府令117条1項1号）。

契約締結時交付書面には、共通記載事項として、当該金融商品取引業者の商号、当該金融商品取引契約の概要、当該金融商品取引契約の成立の年月日、当該金融商品取引契約に係る手数料等に関する事項、顧客の氏名、顧客が当該金融商品取引業者等に連絡する方法などを記載しなければならないとされています（金商業等府令99条）。さらに、別途金融商品取引契約の種類に応じた個別具体的な記載事項が内閣府令で定められています。

解説

1 契約締結時の書面交付義務

(1) 書面交付義務の趣旨

金融商品取引業者等は、金融商品取引契約が成立したときその他内閣府令で定めるときは、遅滞なく、内閣府令で定めるところにより、書面を作成し、これを顧客に交付しなければならないとされています（金商法37条の4第1項）。

本規定は，改正前証券取引法41条「取引報告書」に相当するもので，顧客が成立した契約の内容について注文内容と相違がないか迅速に確認できるようにするために定められた規定です。

(2) 説明義務

単に書面を交付するだけでは足りず，顧客の属性に応じて説明することが法令上義務づけられている点は，契約締結前交付書面の場合と同じです（Q41参照）。

(3) 罰　　則

上記書面を交付しないとき，下記の法定記載事項の記載がないとき，そして書面に虚偽の記載がなされていたとき等，書面交付義務に違反したときには，刑事罰（6月以下の懲役もしくは50万円以下の罰金）の対象となるほか（金商法205条12号・207条1項6号），行政処分の対象となります（金商法52条）。また，本書面の記載事項が顧客に通知されていない場合には，受渡状況の通知義務（金商業等府令123条8号）にも違反し，行政処分の対象となります。

2　契約締結時交付書面を交付する場合

金融商品取引業者等は，以下の場合に契約締結時交付書面を交付しなければなりません。
① 金融商品取引契約が成立したとき
② その他内閣府令で定めるとき
上記②の内閣府令で定めるときとは，以下の場合をいいます（金商業等府令98条）。
(i) 投資信託または外国投資信託の受益証券に係る信託契約の全部または一部の解約があったとき（金融商品取引契約の成立に該当する場合を除く）
(ii) 投資口の払戻しがあったとき
(iii) 有価証券の売買その他の取引もしくはデリバティブ取引等（有価証券等清算取次ぎを除く）に係る金融商品取引契約が成立し，または有価証券もしくは金銭の受渡しを行った場合にあっては，次に掲げるとき
　(ｱ) 金融商品取引契約が成立し，または受渡しを行った場合にはそのつど

取引残高報告書の交付を受けることについて顧客から請求があったときは，当該金融商品取引契約の成立または当該受渡しのつど
　(イ)　顧客が(ア)の請求をした顧客以外である場合等は，3か月以内の報告対象期間ごと
(iv)　商品ファンド関連取引に関する金融商品取引契約を締結しているとき
　ただし，上記(iii)の場合は，取引残高報告書に関する規定であり，上記(iv)は，商品ファンド運用状況報告書に関する規定です。

３　契約締結時交付書面の記載内容

(1) 総　　論

契約締結時交付書面は，契約締結前交付書面と異なり，記載事項については法律には明記せず，すべて政令に委任しています。もっとも，内閣府令において，契約類型を問わない共通記載事項を定め（金商業等府令99条1項），別途金融商品取引契約の種類に応じて，個別具体的にその記載事項を法定している点は共通しています（金商業等府令100条～107条）。

(2) 共通記載事項

(a)　金融商品取引業者等が，契約締結時交付書面を交付する際に，金融商品の種類を問わず，以下の事項は記載しなければなりません（金商業等府令99条）。

① 当該金融商品取引業者等の商号，名称または氏名
② 当該金融商品取引業者等の営業所または事務所の名称
③ 当該金融商品取引契約，投資信託・外国投資信託の受益証券に係る信託契約の解約または投資口の払戻しの概要（金商業等府令100条から107条までに規定するものを除く）
④ 当該金融商品取引契約の成立，投資信託・外国投資信託の受益証券に係る信託契約の解約または投資口の払戻しの年月日
⑤ 当該金融商品取引契約，投資信託・外国投資信託の受益証券に係る信託契約の解約または投資口の払戻しに係る手数料等に関する事項
⑥ 顧客の氏名または名称

⑦　顧客が当該金融商品取引業者等に連絡する方法
(b)　有価証券（抵当証券等を除く）の売買その他の取引またはデリバティブ取引等に係る共通記載事項（金商業等府令100条）
①　自己または委託の別ならびに委託（店頭デリバティブ取引等）の場合にあっては，相手方の商号，名称または氏名および住所または所在地
②　売付け等・買付け等の別
③　銘柄
④　約定数量（数量がない場合は，件数または数量に準ずるもの）
⑤　単価，対価の額，約定数値その他取引一単位あたりの金額または数値
⑥　顧客が支払うこととなる金銭の額および計算方法
⑦　取引の種類
⑧　①から⑦のほか，取引の内容を的確に示すために必要な事項

(3)　追加的記載事項

契約締結時交付書面は，各商品・取引の特性に応じ，以下の金融商品取引契約の場合に記載事項が追加されています（金商業等府令101条〜107条）。

①　有価証券の売買その他の取引もしくは有価証券関連デリバティブ取引等（金商業等府令101条）
②　デリバティブ取引等（金商業等府令102条）
③　抵当証券等の売買その他の取引（金商業等府令103条）
④　商品ファンド関連取引（金商業等府令104条）
⑤　競走用馬投資関連業務に係る取引（金商業等府令105条）
⑥　投資顧問契約等（金商業等府令106条）
⑦　投資一任契約等（金商業等府令107条）

4　契約締結時の書面の交付義務が免除される場合

(1)　投資者保護に支障がない場合

当該「金融商品取引契約の内容その他の事情を勘案し，当該書面を顧客に交付しなくても公益又は投資者保護のため支障を生ずることがないと認められるものとして内閣府令で定める場合」には，契約締結時の書面交付義務が免除さ

れています（金商法37条の4第1項ただし書）。

　上記「内閣府令で定める場合」とは次の場合をいいます（金商業等府令110条）。

① 金融商品取引契約が以下の場合で，顧客に対し当該金融商品取引契約の内容を記載した書面を定期的に交付し，かつ，当該顧客からの個別の取引に関する照会に対して，速やかに回答できる体制が整備されているとき
　(i)　累積投資契約による買付けまたは定期的な売付け
　(ii)　顧客が所有する投資信託受益証券・集団投資スキームから生じる収益金をもって，当該有価証券または権利と同一の銘柄を取得させるもの
　　　（収益金の再投資）
　(iii)　公社債投資信託（計算期間が1日のもの）の受益証券の売買または当該有価証券に係る投資信託契約の解約

② 以下に掲げる取引に係る金融商品取引契約が成立した場合であって，契約ごとに当該取引の条件を記載した契約書を交付するものであるとき
　(i)　一定の債券等の買戻条件付売買
　(ii)　一定の債券等の売戻条件付売買
　(iii)　債券等の売買のうち約定日から受渡しの日までの期間が1か月以上となる取引
　(iv)　選択権付債券売買
　(v)　店頭デリバティブ取引
　(vi)　顧客が当該有価証券の発行者・所有者である場合の，有価証券の売付けの媒介，取次ぎまたは代理
　(vii)　公開買付者を相手方とした公開買付に係る有価証券の買付けの媒介または代理
　(viii)　有価証券の引受け
　(ix)　顧客が発行者・所有者である場合の有価証券の募集もしくは売出しの取扱いもしくは私募の取扱いまたは特定投資家向け売付け勧誘等の取扱い

③ 清算参加者が行う有価証券等清算取次ぎに係る金融商品取引契約が成立した場合

④ 事故処理である場合

⑤ 顧客が自己または他の金融取引行者等と投資一任契約を締結している場合で，当該投資一任契約に基づく有価証券の売買その他の取引またはデリバティブ取引等について以下の要件をすべて満たす場合
  (ⅰ) 書面または情報通信を利用する方法により，当該顧客からあらかじめ契約締結時交付書面の交付を要しない旨の承諾を得ること
  (ⅱ) 当該顧客に対し，当該投資一任契約に基づく有価証券の売買その他の取引またはデリバティブ取引等の内容を記載した書面を遅滞なく交付すること
  (ⅲ) 当該顧客から個別の取引に関する照会に対して速やかに回答できる体制が整備されていること
⑥ 既に成立している金融商品取引契約の一部の変更をすることを内容とする金融商品取引契約が成立したときは，以下の場合
  (ⅰ) 当該変更に伴い，すでに成立している金融商品取引契約に係る契約締結時交付書面の記載事項に変更すべきものがないとき
  (ⅱ) 当該変更に伴い，すでに成立している金融商品取引契約に係る契約締結時交付書面の記載事項に変更すべきものがある場合は，当該顧客に対し当該変更すべき記載事項を記載した書面を交付しているとき
⑦ 当該金融商品取引契約が市場デリバティブ取引であって顧客の指示に基づき注文・清算分離行為が行われたものである場合で，契約締結時交付書面を注文執行会員等が当該顧客に対して交付することに代えて清算執行会員等が交付することにつき，あらかじめ顧客，注文執行会員等および清算執行会員等の間で書面により合意しているとき

(2) 取引の相手方が特定投資家である場合

金融商品取引業者等が申込みを受け，または締結した金融商品取引契約の相手方が特定投資家（金商法2条31項）である場合は，契約締結時の書面交付義務を定めた金融商品取引法37条の4の適用が除外されています（金商法45条）。したがって，契約締結時の書面交付が免除されます。

ただし，「公益又は特定投資家の保護のため支障を生ずるおそれがあるものとして内閣府令で定める場合」は，書面の交付義務は免除されません（金商法45条ただし書）。そして，「内閣府令で定める場合」とは，顧客からの個別の取

引に関する照会に対して速やかに回答できる体制が整備されていない場合とされています（金商業等府令156条1号）。

契約締結時書面交付義務違反に基づく行政処分例
5 （神田秀樹ほか編『金商法実務ケースブックⅡ　行政編』（商事法務，2008）38頁）

① 契約締結時交付書面の必要的記載事項が欠けていた行政事例
  ・ジェイトレード株式会社に対する行政処分（**Q41**参照）
② 取引報告書の不交付に係る行政事例
  (i) ドイチェ証券株式会社東京支店に対する行政処分について（平成12年5月24日金融監督庁）・ドイチェ・セキュリティーズ・リミテッド東京支店に対する検査結果に基づく勧告について（平成12年5月15日証券取引等監視委員会）
    （上記東京支店の親法人（ドイツ銀行東京支店）から受託した有価証券先物取引の委託注文の一部について市場において取引が成立したにもかかわらず，取引報告書を交付しなかったもの）
  (ii) エイチ・アイ・エス協立証券株式会社に対する検査結果に基づく勧告について（平成12年10月6日証券取引等監視委員会）
③ ＤＩＰ株式会社に対する行政処分について（**Q41**参照）
④ 虚偽記載の取引報告書交付に係る行政事例
  (i) インスティネット証券会社東京支店に対する検査項目に基づく勧告について（平成10年10月12日証券取引等監視委員会）
  (ii) ドレスナー・クラインオート・ベンソン証券会社東京支店に対する行政処分について（平成10年11月13日証券取引等監視委員会）
  (iii) 神栄石野証券株式会社に対する検査結果に基づく勧告について（平成11年5月19日証券取引等監視委員会）
  (iv) 証券取引等監視委員会の勧告に伴うクレスベール証券会社東京支店に対する行政処分について（平成11年10月28日金融監督庁）
⑤ 不十分な取引残高報告書の交付に係る行政事例
  ・日本インベスターズ証券株式会社に対する行政処分について（平成18年6

月30日関東財務局)

【下西　祥平】

第4節　プロ・アマ規制

Q43　プロ・アマ規制

プロ投資家とアマ投資家とでは，金融商品取引法上，どのような取扱いの違いがありますか。その規制の全体像について，説明してください。

A

　金融商品取引業者等がアマ投資家との間で取引を行う場合には，広告規制，不招請勧誘・再勧誘の禁止，適合性の原則，契約締結前の書面交付義務等，十分な行為規制が適用されます。

　これに対し，金融商品取引業者等がプロ投資家との間で取引を行う場合，上記のような情報格差是正を趣旨とする行為規制は適用されません。もっとも，損失補塡の禁止をはじめとした市場の公正確保をも趣旨とする行為規制は適用されます。

　一定のプロ投資家は一定の要件の下にアマ投資家に移行することができ，法人アマ投資家および一定の個人アマ投資家も一定の要件の下にプロ投資家に移行することができます。

解説

1 プロ・アマ規制

(1) プロ・アマ規制の意義

(a) 類型的に，金融商品取引業者等と利用者との間では情報の格差があり，利用者にとっては，金融商品取引に伴うリスクを適切に管理することは難しいといえます。そこで，金融商品取引法においては，利用者の保護を図るために，金融商品取引業者等に対し，利用者への説明責任等をはじめとした様々な行為規制が導入されています。

しかし，利用者がプロ投資家である場合，その有する知識，経験や財産状況等にかんがみ，金融商品取引業者等との間の情報格差は大きな問題とはならず，金融取引に伴うリスクを適切に管理することも可能であると考えられます。したがって，金融商品取引業者等に対して説明責任等を課さなくとも，利用者保護に欠けることとはならず，プロ投資家も金融商品取引業者等に対する行為規制を望んでいないものと思われます。むしろ，説明責任等が金融商品取引業者等に対する過度な負担となり，取引コストが増大することによって，ひいてはわが国の金融市場の拡大・発展を阻害する要因にもなりかねません。

そこで，適切な利用者保護を図りつつ，過度な規制による取引コストを削減させ，もってわが国の金融市場における取引の円滑化を図るため，利用者をプロ投資家とアマ投資家に区分したうえで，①アマ投資家との間で金融商品取引業者等が取引を行う場合には，利用者保護を図るために，広告規制，不招請勧誘・再勧誘の禁止，適合性の原則，契約締結前の書面交付義務等，十分な行為規制を適用しつつ，②プロ投資家との間で金融商品取引業者等が取引を行う場合には，上記のような情報格差の是正を趣旨とする行為規制は適用しないようにしています（金商法45条）。

なお，損失補填の禁止等，市場の公正確保をも趣旨とするとする行為規制については，プロ投資家との間の取引についても適用されます。

(b) 金融商品取引法において，特定投資家（プロ投資家）とは，①適格機関

投資家（銀行，保険会社等〔金商法2条31項1号，定義府令10条〕），②国（金商法2条31項2号），③日本銀行（金商法2条31項3号），④投資者保護基金その他の内閣府令で定める法人（資本金の額が5億円以上であると見込まれる株式会社等〔金商法2条31項4号，定義府令23条〕）のことをいい，このようなプロ投資家に該当しない投資家を，一般投資家（アマ投資家）といいます。なお，プロ投資家のうち④投資者保護基金その他の内閣府令で定める法人は，金融商品取引業者等に対する申出等により，アマ投資家へ移行することができます（金商法34条の2第1項）。

(2) **プロ投資家について適用されない行為規制**

金融商品取引業者等がプロ投資家との間で取引を行う場合，以下の行為規制が適用されません。

金融商品取引業者等が行う取引の勧誘の相手方がプロ投資家である場合（金商法45条1号）

① 広告規制（金商法37条）
② 不招請勧誘の禁止（金商法38条4号）
③ 勧誘受諾意思の確認義務（金商法38条5号）
④ 再勧誘の禁止（金商法38条6号）
⑤ 適合性の原則（金商法40条1号）

金融商品取引業者等が取引の申込みを受け，または取引を行う相手方がプロ投資家である場合（金商法45条2号）

① 取引態様の事前説明義務（金商法37条の2）
② 契約締結前の書面交付義務（金商法37条の3）
③ 契約締結時等の書面交付義務（金商法37条の4）
④ 保証金の受領に係る書面交付義務（金商法37条の5）
⑤ 書面による解除（金商法37条の6）
⑥ 最良執行方針等記載書面の事前交付義務（金商法40条の2第4項）
⑦ 顧客の有価証券を担保に供する行為等の制限（金商法43条の4）

金融商品取引業者等が締結した投資顧問契約の相手方がプロ投資家である場合（金商法45条3号）

① 金銭・有価証券の預託の受入れ等の禁止（金商法41条の4）

② 金銭・有価証券の貸付け等の禁止（金商法41条の5）

金融商品取引業者等が締結した投資一任契約の相手方がプロ投資家である場合（金商法45条4号）

① 金銭・有価証券の預託の受入れ等の禁止（金商法42条の5）
② 金銭・有価証券の貸付け等の禁止（金商法42条の6）
③ 運用報告書の交付義務（金商法42条の7）

(3) **プロ投資家について例外的に適用される行為規制**

プロ投資家保護等のため支障を生じるおそれがある一定の場合には、以下の行為規制が適用されます（金商法45条ただし書）。

プロ投資家からの照会に対し、速やかに回答できる体制が整備されていない場合（金商業等府令156条1号・2号・4号）

① 契約締結時等の書面交付義務（金商法37条の4）
② 保証金の受領にかかる書面交付義務（金商法37条の5）
③ 運用報告書の交付義務（金商法42条の7）

預託を受けた金銭・有価証券を分別管理する体制が整備されていない場合（金商業等府令156条3号）

① 金銭・有価証券の預託の受入れ等の禁止（金商法41条の4）
② 金銭・有価証券の貸付け等の禁止（金商法41条の5）

2 プロからアマへの移行手続

(1) **アマに移行できるプロ**

アマ投資家へと移行できるプロ投資家は、投資者保護基金その他の内閣府令で定める法人に限られており、具体的には、以下の法人がこれに該当します（定義府令23条）。

① 特別の法律により特別の設立行為をもって設立された法人
② 投資者保護基金
③ 預金保険機構
④ 農水産業協同組合貯金保険機構
⑤ 保険契約者保護機構

⑥　特定目的会社
⑦　金融商品取引所に上場されている株券の発行会社
⑧　取引の状況その他の事情から合理的に判断して資本金 5 億円以上と見込まれる株式会社
⑨　金融商品取引業者または特例業務届出者である法人
⑩　外国法人

(2) **移行手続**

(a)　プロの業者に対する申出　　アマ投資家に移行できる法人プロ投資家がアマ投資家に移行するためには、取引の相手方となる金融商品取引業者等に対し、契約の種類ごとに、自己をアマ投資家として取り扱うよう申し出る必要があります（金商法34条の 2 第 1 項）。

このような申出の機会を上記のプロ投資家に与えるため、金融商品取引業者等は、取引の相手方となるそのプロ投資家との間で、過去に締結したことがない金融商品取引契約の申込みを受けた場合には、取引の相手方となる同プロ投資家に対し、その申出ができることを事前に告知しなければなりません（金商法34条）。

(b)　業者の受諾義務　　アマ投資家に移行できる法人プロ投資家から、自己をアマ投資家として取り扱うよう申出を受けた金融商品取引業者等は、原則として、申出のあった契約の種類に該当する取引の勧誘またはその取引を行うまでに、同申出を承諾しなければなりません（金商法34条の 2 第 2 項）。

このように金融商品取引業者等に承諾義務が課されているのは、アマ投資家への移行が可能なプロ投資家が行為規制全般の適用を望む場合にはこれを尊重すべきであると考えられるからです（三井秀範＝池田唯一監修／松尾直彦編『一問一答金融商品取引法〔改訂版〕』（商事法務、2008）269頁〔澤飯敦ほか〕）。

(c)　業者の書面交付義務　　金融商品取引業者等は、アマ投資家に移行できる法人プロ投資家からアマ投資家への移行についての申出を受けこれを承諾する場合、申出をした法人プロ投資家に対し、あらかじめ、承諾日、期限日（プロ投資家がアマ投資家として取り扱われる有効期間の末日）や契約の種類等の所要の事項を記載した書面を交付しなければなりません。なお、申出者の承諾を得て、このような書面の交付に代えて、上記事項をインターネットや電子メールによ

って提供することも認められています。(金商法34条の2第3項・4項,金商業等府令56条)。

(3) 移行の効果

利用者が法人プロ投資家からアマ投資家へと移行した場合に,金融商品取引業者等に対して行為規制全般が適用されるのは,移行の申出をしてアマ投資家となった法人プロ投資家とその申出を承諾した金融商品取引業者等との間に限られます。

したがって,プロ投資家が,ある金融商品取引業者等との関係でアマ投資家への移行手続をしても,他の金融商品取引業者との関係では,プロ投資家としての規制の適用を受けます。

また,プロ投資家からアマ投資家への移行は,移行の有効期間内に限られ,同期間経過後は,プロ投資家としての規制の適用を受けることになります。

3 アマからプロへの移行手続

(1) 法人の場合

(a) アマ投資家の業者に対する申出 アマ投資家がプロ投資家に移行するためには,取引の相手方となる金融商品取引業者等に対し,契約の種類ごとに,自己をプロ投資家として取り扱うよう申し出る必要があります(金商法34条の3第1項)。

(b) 書面によるアマ投資家の同意 金融商品取引業者等は,アマ投資家からプロ投資家への移行の申出を受けこれを承諾する場合,申出をしたアマ投資家に対し,あらかじめ,承諾日,期限日(アマ投資家からプロ投資家への移行の有効期間の末日),契約の種類,プロ・アマ規制の内容やプロへと移行することに伴うリスクを理解していること等を記載した書面により,当該申出をしたアマ投資家の同意を得なければなりません(金商法34条の3第2項,金商業等府令59条)。

(c) 金融商品取引業者等の承諾 アマ投資家からプロ投資家へと移行するには,アマ投資家から自己をプロ投資家として取り扱うよう申出を受けた金融商品取引業者等による当該申出の承諾が必要です(金商法34条の3第2項・4項)。

(d) 移行の効果 移行の効果が相対効であること,移行の有効期間内に限

られることは，プロからアマへの移行の場合と同様です。

(2) 個人の場合

(a) プロ投資家に移行できるアマ投資家 個人の場合，プロ投資家に移行できるのは，知識・経験・財産の状況に照らしてプロ投資家に相当する者として一定の要件を満たす者に限られており，具体的には，以下の個人がこれに該当します（金商法34条の4第1項）。

(イ) 匿名組合の営業者である個人，民法組合の業務執行組合員である個人または有限責任事業組合の重要な業務執行の決定に関与し自ら執行組合員である場合で，かつ以下の要件をいずれも満たす場合（金商法34条の4第1項1号，金商業等府令61条）。

① 移行の申出を行うことについて他のすべての組合員の同意を得ていること。

② 組合契約等に基づく出資の合計額が3億円以上であること。

(ロ) 一般の個人で，以下の要件のすべてを満たす場合（金商法34条の4第1項2号，金商業等府令62条）。

① 取引の状況その他の事情から合理的に判断して，承諾日における純資産の合計額が3億円以上になると見込まれること。

② 取引の状況その他の事情から合理的に判断して，承諾日における投資性の強い金融資産の合計額が3億円以上になると見込まれること。

③ 最初の申出にかかる契約の種類に属する契約を締結した日から1年を経過していること。

(b) 移行手続

(イ) アマ投資家の業者に対する申出 法人の場合と同様，アマ投資家がプロ投資家に移行するためには，取引の相手方となる金融商品取引業者等に対し，契約の種類ごとに，自己をプロ投資家として取り扱うよう申し出る必要があります（金商法34条の4第1項）。

(ロ) 業者の書面交付義務およびプロに移行可能なアマであることの確認義務 個人アマ投資家からの申出を受けた金融商品取引業者等は，法人アマ投資家からの申出を受けた場合と異なり，①プロ・アマ規制の内容やプロへと移行することに伴うリスクを記載した書面を，当該申出をした個人アマ投資家に

対して事前に交付しなければなりません。また，②当該申出をした個人アマ投資家が上記(2)(a)(イ)または(ロ)の要件に該当していることを確認しなければなりません（金商法34条の4第1項〜3項・34条の2第4項・34条の3第2項4号イ・ロ，金商業等府令59条）。

　このように，アマ投資家からプロ投資家への移行手続であっても，金融商品取引業者等に①書面事前交付義務と②プロ投資家に移行可能なアマ投資家であることの確認義務を課したのは，アマ投資家が個人である場合には法人の場合と比較して利用者保護の必要性が大きいからであると考えられます（三井=池田監修／松尾編・前掲書271頁〔澤飯敦ほか〕）。

　(ハ)　書面によるアマ投資家の同意　　承諾日，期限日（アマ投資家からプロ投資家への移行の有効期間の末日），契約の種類，プロ・アマ規制の内容やプロへと移行することに伴うリスクを理解していること等を記載した書面により，申出をしたアマ投資家の同意を得なければならないのは，法人の場合と同様です（金商法34条の4第6項・34条の3第2項）。

　(ニ)　金融商品取引業者等の承諾　　アマ投資家から自己をプロ投資家として取り扱うよう申出を受けた金融商品取引業者等による同申出の承諾が必要であることも，法人の場合と同様です（金商法34条の4第5項）。

　(c)　移行の効果　　移行の効果が相対効であること，移行の有効期間内に限られることも，法人の場合と同様です。

【平山　浩一郎】

第5節　広告規制

Q44　広告規制

投資助言業者が，株式投資を研究するという趣旨のホームページを開設し，同社の助言実績や上昇率が掲載されているのですが，あまりに高い上昇率が示されているなど，誇大広告ではないかと疑われる点が多々あります。金融商品取引法において，このような金融商品取引業者の広告を規制する規定などはないのですか。

A

　　金融商品取引法においては，金融商品取引業者等が行う金融商品取引業の内容について広告等をする場合，一定の事項の表示を義務づけるとともに，利益の見込み等について著しく事実に相違する表示または著しく人を誤認させるような表示をすることを禁止する規定が設けられています。

解説

1　規制対象

　金融商品取引業者等が金融商品取引業（金商法2条8項）の内容について行う，(1)「広告」および(2)「その他これに類似するもの」（広告類似行為）が，金融商品取引法上の広告規制の対象とされています（金商法37条1項柱書）。(1)「広告」および(2)「その他これに類似するもの」（広告類似行為）の具体的な内容は，以

下のとおりです。
(1) 広　　告
テレビ・ラジオ等の放送媒体のほか，インターネット，看板・立て看板や屋外広告物等も含まれます。
(2) 広告類似行為
(a) 広告類似行為とは　　広告類似行為とは，郵便，信書便，ファクシミリ，電子メールまたはビラ・パンフレット配布その他の方法により，多数の者に対して同様の内容で行う情報の提供のことをいいます（金商法37条，金商業等府令72条）。

たとえば，販売用資料等であっても，多数の者に対する同様の内容で行う情報の提供であれば，広告類似行為に該当すると考えられます。

(b) 適用除外
(イ) 以下の場合は，広告類似行為に該当しません（金商業等府令72条各号）。
① 法令等に基づき作成された書類（目論見書，運用報告書等）
② アナリスト・レポート（個別企業の分析・評価に関する資料で契約締結の勧誘に使用しないもの）
③ 一定の要件を満たすノベルティ・グッズ（メモ帳，ボールペンや貯金箱等の景品その他の物品）

①および②の場合には，広告規制の対象としなくても利用者保護に欠けることとはならず，③の場合は，紙媒体の広告等における表示事項のすべてを表示することが実際上困難な面があると考えられるからです。

(ロ) 上記③のノベルティ・グッズが広告類似行為の適用除外となるための要件
　(i) 表示事項　　ノベルティ・グッズを提供した場合に広告類似行為に該当しないための要件として，まず，当該ノベルティ・グッズまたはそれと一体として提供される物品において，以下の事項のみを表示することが求められています（金商業等府令72条3号，金商法施行令16条2項1号）。
① 契約・有価証券・出資対象事業またはこれらの種類のいずれかのものの名称，銘柄または通称
② 金融商品取引業者等の商号・名称もしくは氏名または通称

③ （市場リスクにより）元本損失・元本超過損が生ずるおそれがある場合にはその旨
④ 契約締結前交付書面等の内容を十分に読むべき旨

　(ii) 表示方法　ノベルティ・グッズを提供した場合に広告類似行為に該当しないための要件として，上記(i)の②ないし③の事項について明瞭かつ正確な表示が求められているうえ，とくに，③リスク情報（金商業等府令72条3号ハ，金商法施行令16条2項1号）については，当該事項の最も大きな文字・数字と著しく異ならない大きさでの表示が求められています（金商業等府令72条3号ハ）。

2　規制方法

(1) 表示事項

(a) 原則的表示事項　金融商品取引法上の広告規制においては，広告等の原則的な表示事項として，次のとおり定められています（金商法37条1項各号，金商法施行令16条1項，金商業等府令76条）。

① 金融商品取引業者等の商号・名称または氏名
② 金融商品取引業者等である旨および登録番号
③ 顧客が支払うべき手数料等（金商業等府令74条参照）
④ 顧客が預託すべき委託証拠金等がある場合にはその額または計算方法
⑤ 顧客が行うデリバティブ取引等の額が保証金等の額を上回る可能性がある場合にはその旨および保証金等の額に対する比率
⑥ （市場リスクにより）元本損失が生ずるおそれがある場合にはその旨，その直接の原因となる指標およびその理由
⑦ （市場リスクにより）元本超過損が生ずるおそれがある場合にはその旨，その直接の原因となる指標およびその理由
⑧ 店頭デリバティブ取引における売付価格と買付価格に差がある場合にはその旨（金商業等府令75条参照）
⑨ 重要な事項について顧客の不利益となる事実
⑩ 金融商品取引業協会に加入している場合にはその旨およびその名称

(b) テレビ・ラジオCM等の場合　テレビ・ラジオCM，有線テレビ・

有線ラジオ放送の CM，インターネット上でテレビ CM 等と同内容のものの動画により行う広告および看板・屋外広告等による広告においては，表示時間等に一定の制約があり，上記(a)記載の表示事項のすべてを視聴者等にわかりやすく表示することが困難であることから，表示事項を次の4点に限定しています（金商法37条1項各号，金商法施行令16条2項，金商業等府令77条・72条3号ニ）。

① 金融商品取引業者等の商号・名称または氏名
② 金融商品取引業者等である旨および登録番号
③ （市場リスクにより）元本損失・元本超過損が生ずるおそれがある場合にはその旨
④ 契約締結前交付書面等の内容を十分に読むべき旨

(c) 誇大広告等の禁止　金融商品取引法上の広告規制においては，利用者の保護を図るために，金融商品取引を行うことによる利益の見込みのほか，契約解除・損失負担・利益保証・違約金等に関する事項等について，著しく事実に相違する表示または著しく人を誤認させるような表示が禁止されています（金商法37条2項，金商業等府令78条）。

(2) 表示方法

金融商品取引法上の広告規制においては，広告等の表示方法として，明確かつ正確な表示が義務づけられています（金商法37条1項各号，金商業等府令73条1項）。

とくに，元本損失・元本超過損が生ずるおそれがある場合のリスク情報（金商法施行令16条1項4号・5号）については，当該事項の最も大きな文字・数字と著しく異ならない大きさでの表示が義務づけられています（金商業等府令73条2項）。

【平山　浩一郎】

第6節　断定的判断の提供

Q45　断定的判断の提供の禁止

金融商品取引法上の断定的判断の提供等の禁止について，説明してください。

A

　断定的判断の提供等とは，顧客に対し，不確実な事項について断定的判断を提供しまたは確実であると誤解させるおそれのあることを告げて金融商品取引契約の締結の勧誘をする行為のことをいい，これらの行為は禁止されています。これらの行為を行った場合，金融商品取引業の登録を取り消され，または6か月以内の業務停止を命じられる対象となります。

　さらに，顧客からの損害賠償請求を受けたり，断定的判断の提供の場合には顧客から金融商品取引契約を取り消されたりする可能性もあります。

　したがって，不確実な事項は不確実である旨を明確に告げ，顧客が確実性に関する誤解をしていないかを確認しつつ，最後は顧客自身がリスク判断を行わなければならないことを理解してもらいながら勧誘を進める必要があります。

解説

1　断定的判断の提供等とは

(1) 定義規定

金融商品取引法38条2号は，以下の2つの行為を禁止しており，これらを断定的判断の提供等の禁止といいます。

① 顧客に対し，不確実な事項について断定的判断を提供して金融商品取引契約の締結の勧誘をする行為

② 顧客に対し，不確実な事項について確実であると誤解させるおそれのあることを告げて金融商品取引契約の締結の勧誘をする行為

(2) 制度趣旨

金融商品を取引することに伴い利益が生じた場合，顧客はその利益を得られる一方，損失が生じた場合には顧客がこれを引き受けるべきものであるというのが自己責任の考え方ですが，このような自己責任には，自己判断という前提が伴っていなければなりません。そのため，不確実な事項に対するリスク判断は，最終的には顧客自身が行わなければならないということができます。ここで，金融商品取引業者が顧客に対して断定的判断の提供等を行ってしまうと，一般的にみて情報力，判断力において優位に立つ金融商品取引業者側の判断に流され，顧客の自己判断が歪められてしまい，自己責任の前提を欠く事態が生じかねません。

そこで，金融商品取引法は，上記①②のような断定的判断の提供等を禁止しているのです。

(3) ①について

(a) 不確実な事項　不確実な事項は，金融商品の価格や何らかの数値等に限られず，およそ発生，変動等が不確実な事項であればすべて含まれます。

(b) 断定的判断の提供　「必ず値上がりします。」等といった言葉を述べた場合，断定的判断の提供の典型的なものといえますが，「必ず」や「絶対」等といった文言は必須ではありません。

裁判例として，担当者が「某信託銀行の買いが入るという情報がある。」と話し，「現在手持ちの株で損の出ているものも大分あるようですが，少々損してでも，そういう損の出ている手持ち株を売って，A株に買い換えたらどうですか。損は取り戻せます。某大手信託銀行が大量に買いに入るという情報があります。自信をもってお勧めします。」といってA株を買うよう勧め，顧客が「株式取引で絶対儲かる話なんかあるはずがないのではないですか。」と反問すると，担当者は「これは私の長年の経験から自信をもってお勧めします。」と述べて勧誘し，顧客が，信託銀行の買いが入るのかということを繰り返し念押しし，「いくらぐらいになるのか。」と何度か聞いたところ，「3000円くらいまでは値上がりするでしょう。」と答え，さらに顧客からどれくらいの期間でその価格まで値上がりするのかと何度か尋ねられたのに対し，2～4週間である旨答えたという事案において，「断定的判断の提供」があったと判断したもの*1があります。

　また，この裁判例からもわかるとおり，ある特定の言葉のみで判断するのではなく，顧客が金融商品取引契約を締結すると判断する過程において，その自由な判断を妨げたかどうかという観点から，一連の言動として断定的判断の提供に該当するかどうかが判断されます。

　なお，問題とされているのは顧客の自由な判断が妨げられたかどうかですので，金融商品取引業者が提供した断定的判断が結果的に正しかったとしても，あるいは顧客が結果的に利益を上げていたとしても，違法性が阻却されるものではありません。

　他方，たとえ「必ず値上がりします」等といった言葉を述べたとしても，それが単なる予想にすぎず確実ではないとわかっていた場合，すなわち，顧客の自由な判断が妨げられなかった場合には，断定的判断の提供があったとはいえないことになります（裁判例*2を参照）。

　(c)　契約の締結を勧誘　　かつての裁判例*3では，顧客が有価証券の売却を望んでいるときに，金融商品取引業者が断定的判断を提供してその売却を思いとどまらせたという事案において，断定的判断の提供禁止の規定に違反するとされたものもありました。しかし，それは「取引に関連し」と規定されていた旧法（証取法50条1号）の下での判断であり，現行法上禁止されているのは，

「契約の締結を勧誘する行為」ですから，そのような行為は断定的判断の提供禁止には違反しません。

また，単に顧客の依頼に応じて取引内容の説明を行うことや受動的に販売資料を顧客に交付するだけの行為は「締結の勧誘」にはあたらないと解されていますが，結局契約締結に至った場合，それらの行為も契約締結に向けられた勧誘の一環であったと評価されることもありえますので，個別具体的事案に則して実質的に考えなければならないと思われます。

(3) ②について

(a) 確実であると誤解されるおそれのあること　確実であると誤解されるおそれのあることとは，不確実な事項についての断定的な判断ではないものの，間接的にその確実性を示唆する事実をいうものと解されます。

ここで問題となるのは，「おそれのある」という文言により，かなり広い範囲の事実が含まれる可能性があるということと，ある不確実な事項について，それが確実であると誤解する「おそれ」があるか否かは，個々の顧客の属性によって異なるため，顧客ごとに，告げることが禁止される事実の範囲が変わってくるということです。

つまり，ある顧客には告げてもよいと判断される事実であっても，違う顧客には告げてはいけないと判断される事実がありうるのです。

たとえば，「かなり経験と実績のあるお客様もこの商品を購入しておられます。」と告げることは，その商品の価値上昇等について断定的判断を述べるものではないとしても，顧客によっては，当該商品を購入すれば確実に利益を得られると誤解するかもしれません。他方，他の顧客の判断がどうあれ，自分の経験に照らせばむしろ損をするかもしれないと判断する顧客もいるかもしれません。他にも，「あくまで私の個人的意見ですが」といった前置きを述べたとしても，顧客によっては，情報力・判断力に長けているプロがいうのだから間違いないだろうと誤解してしまうケースは想定できます。

したがって，顧客の適合性判断の結果等を踏まえ，顧客が確実性に関する誤解をしていないかどうかを確かめながら勧誘を進める必要があるといえます。

(b) 告げる　規定上は，「告げる」となっており，特定の言葉を発する等の作為が前提とされているように読めますが，上記①の断定的判断の提供の

際の該当性判断枠組みと同様、作為や不作為も含め、顧客による自由な判断を妨げたかどうかという観点から、一連の言動として、確実であると誤解されるおそれのあることを告げたといえるかを判断すべきです。

たとえば、一定期間における相場変動の推移を示しつつ、他の時期における推移を示さなかったり、将来はどうなるか不確実である旨を伝えなかったりした場合には、全体として、不確実な事項について確実であると誤解されるおそれのあることを告げた行為と評価されることはありえます。

(4) 小　　括

以上が断定的判断の提供等の禁止の概要ですが、この禁止規定に違反しないためには、不確実な事項は不確実である旨を明確に告げ、顧客が確実性に関する誤解をしていないかを確認しつつ、最後は顧客自身がリスク判断を行わなければならないことを理解してもらいながら勧誘を進める必要があるといえます。

2 違反の法的効果

(1) 金融商品取引法上の効果――監督上の処分

断定的判断の提供等の禁止に違反した場合、金融商品取引法上は、監督上の処分、すなわち、①金融商品取引業者としての登録の取消し、②6か月以内の業務停止命令の対象となります。

(2) 金融商品販売法上の効果――損害賠償

また、金融商品取引法38条2号と同様の禁止規定が金融商品販売法4条にも規定されており、それに違反した場合、それによって顧客に生じた損害を賠償する責めに任ずることになります（金販法5条）。

この場合においては、顧客の元本欠損額（顧客が当該金融商品を取得した価格から売却した価格を控除した金額）が顧客の損害額と推定されます（金販法6条）。

(3) 消費者契約法上の効果――契約の取消し

さらに、上記①の断定的判断の提供を、消費者との間で行った場合、締結された契約は、取消しの対象とされます（消費者契約法4条1項2号）。他方、上記②の行為（不確実な事項について確実であると誤解されるおそれのあることを告げること）は、消費者契約法上、取消事由には含まれません。

引用判例

* 1　大阪地判平 5 ・10・13判時1510号130頁。
* 2　東京地判平 6 ・ 1 ・27判時1517号70頁，大阪地判平 6 ・ 3 ・30判夕855号220頁，大阪地判平 7 ・10・26判夕909号259頁・金判1003号28頁。
* 3　大阪地判昭59・11・29判夕546号154頁。

【髙橋　瑛輝】

第7節　不招請勧誘・再勧誘の禁止

Q46　不招請勧誘・再勧誘の禁止

FX取引については不招請勧誘や再勧誘が禁止されていると聞きました。金融商品取引法上の規制内容について教えてください。

また，最近次のようなことがあり，不招請勧誘の禁止や再勧誘の禁止に抵触すると思うのですが，いかがでしょうか。

① 以前に付き合いのあった商品先物取引業者の営業社員であった人から，突然，「今度FX業者に移籍したので口座を開設して取引しないか」と電話がかかってきました。

② 取引所取引の金融先物取引について勧誘を受けましたが，関心がなかったので，断ったにもかかわらず，何度も勧誘の電話がかかってきます。

A

(1) 金商法上，金融商品取引業者等が行う勧誘については，①不招請勧誘の禁止，②勧誘受諾意思不確認勧誘の禁止，③再勧誘の禁止等の規制が定められています。

　金融商品取引業者等がこれに違反すると，業務改善命令，業務停止命令等の監督上の処分対象となります（金商法51条・52条）。

(2) Q①のケースは，店頭FX取引について勧誘が行われた場合には，不招請勧誘の禁止に抵触します。Q②のケースは，再勧誘の禁止に抵触します。

解説

　金融商品取引法上，利用者保護等の観点から，金融商品取引業者等が行う勧誘については，以下のような規制がなされています。
　金融商品取引業者等がこれに違反すると，業務改善命令，業務停止命令等の監督上の処分の対象となります（金商法51条・52条）。

1　不招請勧誘の禁止

(1) 意　義
　金融商品取引業者等またはその役員もしくは使用人は，金融商品取引契約（当該金融商品取引契約の内容その他の事情を勘案し，投資者の保護を図ることがとくに必要なものとして政令で定めるものに限る）の締結の勧誘の要請をしていない顧客に対し，訪問しまたは電話をかけて，金融商品取引契約の締結の勧誘をする行為をしてはならないとされています（不招請勧誘の禁止〔金商法38条4号〕）（金融商品取引業者等が行う金融商品取引契約の締結の相手方が特定投資家（プロ）である場合には適用されません。ただし，公益または特定投資家保護のため支障を生ずるおそれがあるものとして内閣府令で定める場合は，この限りではありません〔金商法45条1号〕。なお，後述する勧誘受諾意思不確認勧誘の禁止，再勧誘の禁止についても同様です）。
　不招請勧誘の禁止は，平成17年に施行された改正金融先物取引法（金融先物取引法は，平成18年に金融商品取引法が制定された際に金融商品取引法に統合されました）において，外国為替証拠金取引（FX取引）に係る利用者被害が多発したこと等を踏まえて導入されたものです（改正金融先物取引法においては，同法76条4号において「受託契約等の締結の勧誘を要請していない一般顧客に対し，訪問し又は電話をかけて，受託契約等の締結を勧誘すること」が禁止されていました）。

(2) 対象取引
　従来，政令において，店頭金融先物取引（店頭 FX 取引等。FX 取引は大別すると，業者と直接取引をする相対取引〔店頭取引〕と，取引業者の仲介を受けて取引所を通じて取引をする取引所取引〔くりっく365・大証 FX 等〕の2種類があり，現在，店頭

取引のみが不招請勧誘の禁止対象とされています）のみが，対象取引として規定されていました。

　しかし，店頭金融先物取引以外の個人顧客を相手方とする店頭デリバティブ取引についても，業者が自由に商品内容を設計でき，価格の透明性も低く，投資者被害が発生しやすいため，平成22年金融商品取引法改正により，個人向けの店頭デリバティブ取引の全般が規制対象となり，規制の範囲が拡大されました（金商法施行令16条の4第1項）。

(3) 留意点

(a)　「訪問しまたは電話をかける」という態様のみが禁止されますので，電子メールによる勧誘は禁止されていません。

(b)　「訪問しまたは電話をかけて勧誘をする行為」には，勧誘を行ってよいか否かを尋ねることが含まれます（金融商品取引業者等向けの総合的な監督指針〔以下，「監督指針」という〕Ⅳ－3－3－2(9)①イ）。

(c)　広告等を見た顧客が，業者に対して電話などにより，一般的な事項に関する照会や取引概要に関する資料請求を行ったことのみをもって，当該顧客が「金融商品取引契約の締結の勧誘の要請」をしたとみなすことはできないとされています（監督指針Ⅳ－3－3－2(9)①ハ）。

(d)　継続的取引関係にある顧客（勧誘の日前1年間に店頭金融先物取引に係る2以上の金融商品取引契約のあった者および勧誘の日に未決済の店頭金先物取引の残高を有する者に限ります）に対する勧誘や外国貿易等を行う法人に対し為替変動による損失の可能性を減殺するために行う勧誘は，必ずしも不招請勧誘の禁止の対象にするほど投資者保護の必要性等がない勧誘であるため，禁止対象とされていません（金商法38条柱書・ただし書，金商業等府令116条1項1号・2号）。

(e)　不招請勧誘の禁止の潜脱防止のため，「不招請勧誘の禁止の対象契約の締結を勧誘する目的があることを顧客にあらかじめ明示しないで当該顧客を集めて当該金融商品取引契約の締結を勧誘する行為」は，別途，金融商品取引業等に関する内閣府令117条1項8号で禁止されています。

2　勧誘受諾意思不確認勧誘の禁止（勧誘受諾意思確認義務）

(1) 意　義

　金融商品取引業者等またはその役員もしくは使用人は，金融商品取引契約（当該金融商品取引契約の内容その他の事情を勘案し，投資者の保護を図ることがとくに必要なものとして政令で定めるものに限る）の締結につき，その勧誘に先立って，顧客に対し，その勧誘を受ける意思の有無を確認せずに勧誘をしてはならないとされています（勧誘受諾意思不確認勧誘の禁止・勧誘受諾意思確認義務〔金商法38条5号〕）。

　金融商品取引法は，利用者保護ルールの徹底を図るため，勧誘に先立って，顧客に対しその勧誘を受ける意思の有無を確認することを金融商品取引業者等に義務づけました。

　かかる勧誘受諾意思不確認勧誘の禁止は，次項で述べる再勧誘の禁止を遵守するためには，顧客に対する勧誘受諾意思の確認が必要であるため，再勧誘の禁止の前提として位置づけられます。

(2) 対象取引

　政令において，取引所取引を含むデリバティブ取引が，対象取引として規定されており（金商法施行令16条の4第2項），投資者保護がとくに必要とされている不招請勧誘の禁止と比較すると，より広い取引が対象となります。

3　再勧誘の禁止

(1) 意　義

　金融商品取引業者等またはその役員もしくは使用人は，金融商品取引契約（当該金融商品取引契約の内容その他の事情を勘案し，投資者の保護を図ることがとくに必要なものとして政令で定めるものに限る）の締結の勧誘を受けた顧客が当該金融商品取引契約を締結しない旨の意思（当該勧誘を引き続き受けることを希望しない旨の意思を含む）を表示したにもかかわらず，当該勧誘を継続する行為をしてはならないとされています（再勧誘の禁止〔金商法38条6号〕）。

金融商品取引法は，利用者保護ルールの徹底を図るため，勧誘を受けた顧客が契約を締結しない旨の意思（当該勧誘を引き続き受けることを希望しない旨の意思表示を含む）等を表示した場合における当該顧客への勧誘継続の禁止に関する一般的な枠組みを整備しました。再勧誘の禁止は，不招請勧誘の禁止を課す必要性までは認められないものの，その商品性や実態に照らして顧客の意思に反する勧誘について認めないこととするものです。その意味で，再勧誘の禁止も勧誘受諾意思不確認勧誘の禁止と同様に，適合性原則と不招請勧誘の禁止の中間に位置づけられるものといえます。

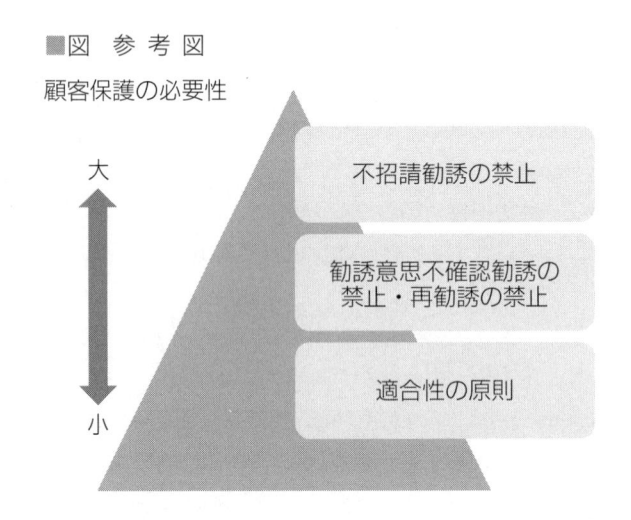

■図　参考図

顧客保護の必要性

大 ／ 小

- 不招請勧誘の禁止
- 勧誘意思不確認勧誘の禁止・再勧誘の禁止
- 適合性の原則

(2) 対象取引

顧客の意思不確認勧誘の禁止と同様，政令において，取引所取引を含むデリバティブ取引が，対象取引として規定されており（金商法施行令16条の4第2項），「投資者保護が特に必要」とされている不招請勧誘の禁止と比較すると，より広い取引が対象となります。

4 設題についての判断

(1) Q①のケースについて

FX 取引については，金融商品取引業者等と相対で行われる店頭取引のみ不招請勧誘が禁止されていますので（取引所取引は規制対象外），Q①のケースについては，店頭 FX 取引について勧誘が行われた場合には，不招請勧誘の禁止に抵触することになります。

(2) Q②のケースについて

取引所取引の金融先物取引については，不招請勧誘の禁止の対象となりませんが，再勧誘の禁止の対象となりますので，Q②のケースについては，再勧誘の禁止に抵触することになります。

【中村　健三】

Q47　損失補塡の禁止

証券会社の営業マンから勧誘されて，仕組債を購入しましたが，当該勧誘の際，第三者に売却処分されなかった場合には，その時点での価値にかかわらず，販売時の価格で買い戻すので安心してくださいといわれました。このような買戻しの約束は金融商品取引法上問題とならないのでしょうか。

A

　設題にある買戻しの申入れは，損失補塡の約束の申入れに該当し，かかる行為は金融商品取引法によって禁じられています。また，相談者がこの申入れに応じた場合，損失補塡の約束が成立したことになりますが，これも金融商品取引法に違反します。

　この場合，証券会社には，行政処分や刑罰が，証券マンには，刑罰が科せられる可能性があります。

　また，仮に相談者の方から損失補塡等を要求した場合には，相談者にも刑罰が科せられる可能性があります。

　なお，損失補塡約束は，それ自体が公序良俗に反するものであり，私法上無効になると思われます。

解説

1　損失補塡等の禁止

(1)　損失補塡等の禁止の概要

金融商品取引法は，金融商品取引業者が，有価証券の売買等を行うについて，

顧客に損失が生じることとなったり，あらかじめ定めた額の利益が生じないこととなった場合に，業者自身か第三者がその分を補塡・補足することを約束すること（損失補塡約束）や，現実に損失の補塡を行うこと（損失補塡）を禁じています（金商法39条1項）。

また，顧客の側にも，顧客自身または第三者の要求によって損失補塡約束をしたり，損失補塡を受けたりすることを禁止しています（金商法39条2項）。

損失補塡約束や損失補塡の禁止の違反は行政処分の対象となります。

また，刑事罰が定められており，金融商品取引業者や顧客には刑事罰による制裁が科せられる可能性があります。

さらに，損失補塡約束の私法上の効力も否定される可能性があります。

(2) 損失補塡等禁止の趣旨

投資は本来，リスクを覚悟のうえで自己責任により行うべきものですが，金融商品取引業者によって損失補塡約束等がなされるのであれば，投資者はリスクについて慎重に検討せず，安易な投資判断を行うことになります。この場合，本来は取引に参加するべきでないものが参加したということができ，これが金融商品取引市場の価格形成に反映されることにより，市場における価格形成機能が歪められることになります。

また，一部の者のみが損失補塡を受けることになると，このような補塡を受けられない投資者に不公平感を抱かせ，ひいては投資者の市場に対する信頼が損なわれることにつながります。

このように，金融商品市場の公正な価格形成機能が歪められることや投資者の市場への信頼が損なわれることを防止するため，損失補塡約束や損失補塡は禁止されています。

(3) 金融商品取引業者に対する規制

金融商品取引業者等は，以下の行為をしてはならないとされています（金商法39条1項）。

① 有価証券の売買その他の取引またはデリバティブ取引（以下，「有価証券売買取引等」といいます）について，当該有価証券またはデリバティブ取引（以下，「有価証券等」といいます）について顧客に損失が生ずることとなり，またはあらかじめ定めた額の利益が生じないこととなった場合に，金融商

品取引業者または第三者がその全部または一部を補塡・補足するため，当該顧客または第三者に財産上の利益を提供する旨を，当該顧客またはその指定した者に対し，申し込み，もしくは約束し，または第三者に申し込ませ，もしくは約束させる行為（1号）

　この規定は，未だ損失の発生等がない段階において，金融商品取引業者等が，損失補塡等の約束をすることを禁止するものです。金融商品取引業者等が直接顧客に損失補塡約束を行う場合のみではなく，第三者を通じて行う場合も規制の対象となっています。

　「有価証券売買取引等」とは，有価証券の売買，媒介・取次ぎ・代理など，有価証券の移転に関する者が広く含まれると解されています。なお，適用除外として，国債や社債等にかかる買戻条件付売買であって，買戻価格があらかじめ定められているもの（債権等の買戻条件付売買）のうち，金融商品取引業者等が専ら自己の資金調達のために行うものが定められています（金商法施行令16条の5）。

　「顧客」には，信託会社等が信託契約に基づいて信託をする者の計算において有価証券の売買またはデリバティブ取引を行う場合には，当該信託をする者も含まれるとされています。

　「財産上の利益」とは経済的な取引の対象となりうるような利益を広く含みます。具体的には，金銭・物品のみならず，信用の提供，本来有償であるサービスの無償提供，顧客に株式等の売却益を与える場合等も広く含まれると解されます。

　本号は損失補塡約束のみならず，その申込みまでを禁止しており，損失補塡等について金融商品取引業者と顧客との間で合意が成立しなくても，その申込みを行えば，業者の行為は本号違反となります。

　なお，本号は顧客の損失や生じなかった利益を補塡または補足するために行われる損失補塡約束等を禁止するものですから，社交や接待目的での贈答等は，禁じられていないと解されています。

　② 有価証券売買取引等につき，有価証券取引業者または第三者が当該有価証券等について生じた顧客の損失の全部もしくは一部を補塡し，またはこれらについて生じた顧客の利益に追加するため当該顧客または第三者に財

産上の利益を提供する旨を，当該顧客またはその指定した者に対し，申し込み，もしくは約束し，または第三者に申し込ませ，もしくは約束させる行為（2号）

　本号は1号とは異なり，実際に顧客に損失を生じた場合等に，損失補塡の約束等を禁止するものです。

　その他の留意点については，①を参照してください。

　③　有価証券売買取引等につき，当該有価証券等について生じた顧客の損失の全部もしくは一部を補塡し，またはこれらについて生じた顧客の利益に追加するため，当該顧客または第三者に対し，財産上の利益を提供し，または第三者に提供させる行為（3号）

　本号は，実際に顧客に損失を生じた場合等に，財産上の利益を提供する行為を禁止するものです。

　その他の留意点については，①を参照してください。

(4) 顧客に対する規制

　金融商品取引業者等の顧客は，以下の行為をしてはならないとされています（金商法39条2項）。

　①　有価証券売買取引等につき，金融商品取引業者等または第三者との間で，金融商品取引法39条1項1号（(3)①参照）の約束をし，または第三者に当該約束をさせる行為（当該約束が自己がし，または第三者にさせた要求による場合に限る）（1号）

　②　有価証券売買取引等につき，金融商品取引業者等または第三者との間で，金融商品取引法39条1項2号（(3)②参照）の約束をし，または第三者に当該約束をさせる行為（当該約束が自己がし，または第三者にさせた要求による場合に限る）（2号）

　③　有価証券売買取引等につき，金融商品取引業者等または第三者から，金融商品取引法39条1項3号（(3)③参照）の提供に係る財産上の利益を受け，または第三者に当該財産上の利益を受けさせる行為（金商法39条2項1号・2号（(4)①②参照）の約束による場合であって当該約束が自己がし，または第三者にさせた要求によるときおよび当該財産上の利益の提供が自己がし，または第三者にさせた要求による場合に限る）（3号）

顧客の行為に関しては，金融商品取引業者等の場合とは異なり，禁止行為は限定的となっています。すなわち，損失補塡約束や損失補塡等を顧客の側から積極的に要求するような悪質な場合のみが規制の対象とされていますから，単に業者の方から提供した利益を受けた場合には，禁止行為にはあたりません。

(5) 損失補塡等が許される場合——証券事故の場合

以上のように，損失補塡や損失補塡約束は原則として禁じられていますが，証券事故により顧客に生じた場合には許されています（金商法39条3項・4項）。

「証券事故」とは，「金融商品取引業者等又はその役員若しくは使用人の違法又は不当な行為であって当該金融商品取引業者等とその顧客との間において争いの原因となるものとして内閣府令で定めるもの」をいいます。

証券事故があった場合に損失補塡等が許容されるのは，この場合の損失補塡は実質的には金融商品取引業者等から顧客に対する損害賠償としての性質を有するものであって，違法性が認められないからです。

(a) 証券事故の内容　金融商品取引業等に関する内閣府令118条は，証券事故として以下のような場合を規定しています。

① 有価証券売買取引等について，金融商品取引業者等の代表者等が，当該金融商品取引業者の業務に関し，以下の行為を行い，顧客に損失を及ぼした場合
  (ⅰ) 顧客の注文の内容について確認しないで，当該顧客の計算により有価証券売買取引等を行うこと
  (ⅱ) 有価証券の性質，取引条件等一定の事由について顧客を誤認させるような勧誘をすること
  (ⅲ) 顧客の注文の執行において，過失により事務処理を誤ること
  (ⅳ) 電子情報処理組織の異常により，顧客の注文の執行を誤ること
  (ⅴ) その他法令に違反する行為を行うこと
② 投資助言業務または投資運用業に関し，次に掲げる行為を行うことにより顧客等に損失を及ぼしたもの
  (ⅰ) 過失または電子情報処理組織の異常により事務処理を誤ること
  (ⅱ) 任務を怠ること
  (ⅲ) その他法令または投資顧問契約等に違反する行為を行うこと

(b) 事故の確認について　金融商品取引法39条1項2号および3号にあたる場合については，補塡に係る損失が証券事故に起因するものであることについて，当該金融商品取引業者があらかじめ内閣総理大臣の確認を受けている場合または内閣府令で確認不要とされている場合に限り，損失補塡等が許容されます（金商法39条3項）。

確認申請の手続については，金融商品取引法39条5項，金融商品取引業等に関する内閣府令120条および121条を参照してください。

確認が不要とされる場合としては，金融商品取引業等に関する内閣府令119条に，裁判所の確定判決を得ている場合や弁護士仲裁センターによる和解が成立している場合等が規定されています。

(6) 損失補塡等の禁止に違反した場合の効果

(a) 行政処分　損失補塡等は法令違反行為に該当しますので，行政処分の対象となります（金商法52条1項6号等）。なお，行政処分についての詳細は**Q54**を参照してください。

(b) 刑事罰　金商法39条1項に違反する行為をした金融商品取引業者の代表者，代理人，使用人その他の従業者または金融商品取引業者等は，3年以下の懲役もしくは300万円以下の罰金に処せられ，または併科されます（金商法198条の3）。

一方，顧客の場合については業者の場合よりも軽くなっており，1年以下の懲役もしくは100万円以下の罰金にせられ，または併科されます（金商法200条14号）。なお，この場合，顧客の得た利益について，必要的没収・追徴がなされます（金商法200条の2）。

なお，39条違反行為が法人の代表者等によって行われた場合の両罰規定もあります（金商法207条1項3号・5号）。

(c) 損失補塡約束の私法上の効力　最判平9・9・4[*1]は，平成3年証券取引法改正（損失補塡の禁止に関する改正）前である平成2年8月になされた損失保証契約は，契約締結当時既に損失保証が証券取引秩序において許容されない反社会性の強い行為であるとの社会的認識が存在していたものとみるのが相当であるとして，損失補塡約束の私法上の効力を否定しました（なお，最判平15・4・18[*2]は，昭和60年6月に締結された損失保証契約について，契約当時において，

既に損失保証等が証券取引秩序において許容されない反社会性の強い行為であるとの社会的認識が存在していたものとみることは困難として損失保証契約の有効性を認めましたが，かかる契約に基づく履行請求は改正された証券取引法によって禁止されるものであり，法律上許容される余地はないとしました）。

2 設問の場合

これまで述べてきたところからすると，設題の場合は，実際には売却できない高値での買取りという財産上の利益を与える財産上の利益の提供をもちかけるものであり，損失補塡約束の申込みないし損失補塡約束がなされたものと考えられますから，適用除外事由等に該当しない限り，金融商品取引法39条に違反する可能性が高いといえます。

したがって，証券会社には行政処分や刑事罰が科せられる可能性があります。

また，損失補塡約束も私法上の効力を有しないと解されますから，仮に本件で損失補塡約束が成立していたとしても，かかる約束に基づく買戻請求は認められないことになります。

引用判例
*1 最判平9・9・4民集51巻8号3619頁・判夕956号149頁・判時1618号3頁。
*2 最判平15・4・18民集57巻4号366頁・判夕1123号78頁・判時1823号47頁。

【大平 修司】

第8節　不公正な取引

Q48　風説の流布，偽計取引

金融商品取引法において禁止される風説の流布，偽計取引とは，どのようなものですか。

A

> 有価証券の取引等のため，または，有価証券等の相場の変動を図る目的をもって合理的根拠のない事実を流すことや（風説の流布），他人を誤信させるような手段を用いた取引を行うこと（偽計取引）をいいます。このような行為は，有価証券の公正な価格形成や流通の円滑化を阻害する違法行為として，刑事罰や課徴金の対象とされています。

解説

1　風説の流布，偽計，暴行または強迫の禁止の目的

　市場で取引される有価証券は，市場が適切に機能してはじめて公正な価格形成がなされ，また円滑な流通が実現されるものです。
　ところが，合理的根拠のない事実を伝達することや，他人を誤信させるような手段を用いた取引を行うことが野放しにされると，有価証券の公正な価格形成や流通の円滑化を実現することができません。
　そこで，金融商品取引法は，有価証券の取引等や有価証券等の相場の変動を

図る目的をもって行われるこれらの行為を違法行為とし，刑事罰や課徴金の対象としています（金商法158条）。

2 風説の流布とは

(1) 風　　説
「風説」とは，虚偽または合理的根拠のない事実をいいます。虚偽の事実のみならず合理的根拠がない事実もこれに含まれることに注意が必要です。
(2) 流　　布
「流布」とは，不特定多数の者に伝達することを意味します。たとえばインターネットの掲示板への書き込みがこの流布に該当します。

3 偽計取引，その他金融商品取引法158条で禁止される行為

(1) 偽　　計
「偽計」とは，他人を誤信させるような手段を用いた取引を行うことをいいます。
(2) 偽計取引が規制している場面
金融商品取引法158条では，風説の流布，偽計取引以外に，「暴行」，「脅迫」による取引行為も禁止しています。
「風説の流布」は，不特定多数の者を相手にし，広く市場に不当な影響を与える行為であるのに対して，偽計，暴行もしくは脅迫はどちらかというと相対取引の場面を想定して，禁止行為を定めているものといえます。

4 違法行為となるための「目的等」

(1) 「有価証券等の相場の変動を図る目的等」
単に虚偽の事実や合理的根拠のない事実をインターネットの掲示板に書き込んだだけでは金融商品取引法158条違反とはならず，これら行為が「有価証券の募集，売出し若しくは売買その他の取引若しくはデリバティブ取引等のた

め」または「有価証券等の相場の変動を図る目的」をもって行われることにより，はじめて違法行為となります。

最近とくに問題となっているのがインターネット上の掲示板への書き込みです。インターネットでの書き込みには匿名性が高く情報の発信者の特定が困難であるケースも多いうえ，さらに当該情報の発信者が「有価証券等の相場の変動を図る目的」を有していたと認定することは難しいケースも多いといわれています。

(2) 制　裁

また，何人であっても，金融商品取引法158条に該当する行為をした場合には違法行為として刑事罰や課徴金の対象となります。

5　具体的に問題となった事例

(1) 風説の流布

有価証券等の取引のため，あるいは有価証券等の相場の変動を図る目的をもって虚偽の事実を流したとして，摘発された事件はいくつかあります。

近年の事件としては，株式会社大盛工業の株券について，その売買等の目的のためおよびその株価の高騰を図る目的をもって，虚偽の事実を流布したとして，平成19年10月30日，証券取引等監視委員会が告発した事件があります（旧証券取引法158条の適用事案です）。同事件については，その後，実行者に対して懲役2年6月の実刑判決と追徴金約15億円の判決が言い渡されています[*1]。

(2) 暴行，脅迫があったとされた事例

有価証券等の相場の変動を図る目的をもった暴行・脅迫というのは想定しにくいかもしれませんが，実際に，このような目的をもって暴行・脅迫を行ったとされた事案があります。

株式会社ドン・キホーテの株式について，有価証券等の相場の変動を図る目的をもって，同社店舗に放火（暴行）し，新聞社宛に警告文を送信して同社役員に対し同社に危害を加える旨告知（脅迫）した行為が，金融商品取引法158条（暴行・脅迫）に違反する行為であるとして，平成20年11月26日，および同年12月17日証券取引等監視委員会が告発した事件があります。翌平成21年11月，

被告人に対して懲役6年の判決が言い渡されています*2。

6 罰則，課徴金

(1) 罰則

(a) 金融商品取引法158条が定める風説の流布等の禁止に違反した者は，10年以下の懲役もしくは1000万円以下の罰金（併科あり）の対象となります（金商法197条1項5号）。

また，財産上の利益を得る目的で風説の流布等の罪を犯して有価証券等の相場を変動等させ，その変動させた相場により有価証券取引の売買等の取引を行った場合は，10年以下の懲役もしくは3000万円以下の罰金（併科あり）の対象となります（金商法197条2項）。

(b) 法人の代表者等が法人の業務または財産に関し，金融商品取引法158条に違反する行為を行った場合には，行為者だけではなく法人も処罰の対象となります。法定刑は7億円以下の罰金となります（金商法207条1項1号）。

(c) 金融商品取引法158条に違反する行為により得た財産は没収や追徴の対象ともなります（金商法198条の2）。

(2) 課徴金

金融商品取引法158条が定める風説の流布等の禁止に違反した者は，課徴金の対象となります（金商法173条）。

引用判例

*1 東京地判平20・9・17判タ1286号331頁。
*2 横浜地判平21・11・24LLI/DB06450850。

【小林　章博】

Q49 インサイダー取引規制

インサイダー取引規制とはどのようなものですか。

A

インサイダー取引規制とは，上場会社の役員など一定の立場の者が，未公表の重要事実を知りながら当該株式の売買を行うことを禁止するものです。

解説

1 インサイダー取引とは

　上場会社の役員など一定の立場の者が，未公表の重要事実を知りながら当該株式の売買を行うことを禁止するものです。このようなインサイダー取引は通常の投資家がもっていない情報を利用して有利な取引を行うことになりますから，極めて不公平といえます。これが許容されてしまうと，証券市場の公正性，健全性が損なわれてしまうため，金融商品取引法において，一定のサンクションの下に規制されています。

　インサイダー取引規制は，大きくわけて会社関係者によるインサイダー取引を規制するタイプのもの（金商法166条）と公開買付者等関係者によるインサイダー取引を規制するタイプのもの（金商法167条）と2つの規制がありますが，ここでは前者を中心にご説明します。

［2］　会社関係者等によるインサイダー取引について

　会社関係者等による取引がインサイダー取引規制に抵触する場合は，具体的には以下の要件を満たすような場合です。
　①　会社関係者等が一定の条件で重要事実を知りながら
　②　重要事実が公表される前に
　③　上場株券等の売買等を行うこと
　要件は上記のとおりですので，インサイダー取引規制において「利益を得る目的」や「現実に利益を得たこと」等は要件となっていません。したがって，たとえばある会社の合併（未公表の重要事実に該当するという前提です）の準備をしている担当者が，子供の入学金を捻出する目的で自社株を売却して資金を作ったというケースであってもインサイダー取引規制に抵触する危険性があります。
　実際に摘発されたケースでは，たとえば役員が子会社の解散（子会社の解散については，2008年の金融商品取引法の改正により，軽微基準が設けられました）の事実を知りながら自社株の買付けを行った例（「金融商品取引法における課徴金事例集」事例21〔平成20年6月，証券取引等監視委員会〕）や役員が配当予想値の修正を知りながら自社株の買付けを行った例（同「事例集」事例16）等があります。一般にはインサイダー取引規制は，「お金儲けのために」というようなイメージがあるため，利得が要件となっているように思われがちですので注意が必要です。
　インサイダー取引規制の該当性を判断するにあたっては「会社関係者等」や「重要事実」とは，具体的どのような概念であるのかを明確に理解しておく必要があります。

［3］　会社関係者等について

　会社関係者等とは，具体的には以下のようなものを含む概念です（金商法166条）。会社関係者でなくなった者（以下の(2)）や，情報受領者も含む概念であることに注意が必要です。

(1) 会社関係者
① 当該上場会社等の役員，代理人，使用人その他の従業者（「役員等」といぅ）がその職務に関して知ったとき（金商法166条1項1号）
② 当該上場会社等に対して閲覧請求権を有する株主，出資者，社員が当該閲覧権の行使に関し知ったとき（同項2号）
③ 当該上場会社等に対して法令に基づく権限を有する者が当該権限の行使に関し知ったとき（同項3号）
④ 当該上場会社等と契約を締結している者または契約締結の交渉をしている者であって役員等以外のものが契約の締結，交渉または履行に関し知ったとき（同項4号）
⑤ ②または④に該当する法人の役員等のうち，②または④に定めるところにより重要事実を知った役員等以外の者が，その職務に関して重要事実を知ったとき（これは法人は1つの組織体でありある部門が取得した情報が他の部門に流れることが当然予想されるので，これを一体として捉えて規制の対象としたものです）（同項5号）

(2) 元会社関係者
会社関係者でなくなった後1年以内の者（金商法166条1項本文）

(3) 会社関係者からの情報受領者
会社関係者および元会社関係者から重要事実の伝達を受けた者（金商法166条3項）

4 重要事実について

重要事実は，大きくわけて①決定事実，②発生事実，③決算情報に分類することができます。

(1) 決定事実（金商法166条2項1号・5号）
上場会社またはその子会社の業務執行を決定する機関が，株式の発行や合併，会社分割などの事実を決定したこと等がこれに該当します。この決定事実が存在しているかどうかについては，形式的に取締役会決議の有無等で判定されるのではなく，業務執行を決定する機関が実質的にそのような意思決定をしてい

るかどうかによって判定されますので，決定事実に該当しうる事実については取締役会での意思決定よりも早い段階から情報管理に留意しておくべきといえます。

(2) **発生事実**（金商法166条2項2号・6号）

上場会社またはその子会社に，災害に起因する損害や主要株主の異動等の事実が発生したことがこれに該当します。

(3) **決算情報**（金商法166条2項3号・7号）

上場会社またはその子会社の売上高，経常利益，純利益もしくは配当等につき，公表された直近の予想値に比較して差違が生じたような場合がこれに該当します。

(4) **バスケット条項**（金商法166条2項4号・8号）

(1)ないし(3)に掲げる事実を除き，上場会社または子会社の運営，業務または財産に関する重要な事実であって投資者の判断に著しい影響を及ぼすものがこれに該当します。具体的には，主要製品の重大な欠陥の発生や粉飾決算の発覚などがこれに当たるとされています。

5 インサイダー取引規制違反の制裁について

(1) **法律上の制裁**

インサイダー取引規制違反に対する制裁として，刑事罰や課徴金が法定されています（金商法197条の2第13号・175条・207条1項2号）。

刑事罰　　5年以下の懲役もしくは500万円以下の罰金または併科
　　　　　　法人の場合　5億円以下の罰金
　　　　　　没収，追徴
課徴金　　金融商品取引法175条所定の計算式に基づく課徴金

(2) **その他の制裁**

刑事罰や課徴金は極めて重大な制裁ですが，インサイダー取引の行為者が現実的に受ける制裁はこれにとどまるものではないと考えられます。

すなわち，インサイダー取引が摘発されたケースでは証券取引等監視委員会や金融庁の報道においても会社名が公表されるのが通例であり，当然のことな

がらその会社のレピュテーション（風評）にも重大な影響を及ぼします。また，証券取引等監視委員会による調査では，インサイダー取引を行った者だけではなく，その者が所属する会社の上司や同僚等の周辺の関係者に対しても調査が行われることがあります。これにより会社が受ける事務的な負担，精神的な負担，金銭的な負担（ケースによっては弁護士に委任する等の必要も生じます）等はかなり重いものと考えられます。

さらに，インサイダー取引を行った者はケースによっては懲戒解雇されるなどにより失職することもありえます。

6　インサイダー取引の調査について

インサイダー取引については，証券取引等監視委員会がその調査を行っています。以前はインサイダー取引規制違反に対する制裁は刑事罰だけしかありませんでしたが，前述のとおり，規制の実効性を確保するという行政目的を達成するために，平成17年４月１日からインサイダー取引規制違反に対する制裁として新たに課徴金制度（金融商品取引法の一定の規制に違反した者に対して金銭的負担を課す行政上の措置）が導入されています。これにより証券取引等監視委員会の権限も課徴金調査にまで拡大され，最近では課徴金を課されるケースが増えてきています。証券取引等監視委員会の規模も平成４年に発足した当時200人余であった職員が，現在では700名を超える規模にまで拡充されています。このような形で証券市場の監視体制は厳しいものとなっています。刑事罰しかなかった時代においては，刑事処分を科すまではないとして，摘発されていなかった可能性があるような事案でも課徴金対象行為として，制裁が課されることになります。現在では，「この程度の取引であれば問題とならないであろう」という感覚は通用しない時代になっています。

【小林　章博】

Q50 相場操縦

金融商品取引法において禁止される相場操縦とはどのようなものですか。

A

> 市場で取引が繁盛に行われていると他人に誤解させる等，取引の状況に関し他人に誤解を生じさせる目的をもって仮装取引，馴合取引等を行うこと等が相場操縦行為として禁止されています。このような行為は，市場における有価証券等の公正な価格形成を歪める行為であるためです。

解説

1 相場操縦の禁止の目的

市場で取引される有価証券等の価格は，市場が適切に機能してはじめて公正に形成されるものです。ところが，市場の参加者の中には，市場で自らに有利な価格形成を行うために，市場に対して直接的，間接的な働きかけを行う場合があります。このような行為を野放しにすると，本来公正であるべき市場での価格形成機能が歪められることになりますので，金融商品取引法では相場操縦としてこのような行為を禁止しています。

2 相場操縦行為の類型

相場を人為的に操作して，自らに有利な価格を形成しようとする行為には，

現実に売買取引を行う中で相場を操作する類型もあれば，ある取引があったと装うような類型，相場を操作するために何らかの情報を意図的に流すような類型等があります。金融商品取引法では，このような相場を操作する行為について，以下の類型により禁止しています。

(1) **仮装取引**（金商法159条1項1号〜3号）

たとえば，同一の者であるXが同じ有価証券等を対象として，同じタイミングで1000円の売付けと買付けの取引を行い，あたかもそれが独立の当事者間での売買であると仮装するような取引をいいます。これはXが1000円という価格を市場で形成させようとするような場合に行われる行為ですが，実際にはXという同一人の取引であり何ら権利の移転を伴わない行為ですので，このような行為は仮装取引として禁止されます。

法が禁止する仮装取引に該当するのは「取引の状況に関し他人に誤解を生じさせる目的」をもって行われた取引に限られます。

(2) **馴合取引**（金商法159条1項4号〜8号）

上記(1)の例で，同一人物が取引を行うのではなく，あらかじめ通謀した複数の当事者が，同じタイミングで同じ価格での売付けと買付けの取引を行い，彼らが意図した価格が市場で形成されたように装う取引をいいます。仮装取引と同じく「取引の状況に関し他人に誤解を生じさせる目的」をもって行われた取引が禁止行為となります。

(3) **現実の取引による相場操縦**（金商法159条2項1号）

有価証券の売買等の「取引を誘引する目的」をもって，有価証券の売買等が繁盛しているように誤解させ，またはその相場を変動させるための一連の売買等またはその申込み，委託等もしくは受託等を行うことです。「売買」だけでなく「申込み」であっても禁止されているのは，次項で述べる「見せ玉（ぎょく）」による相場操縦も禁止するためです。

ある有価証券の売買行為が適法行為なのか，あるいは相場操縦として違法行為と評価されるのかの判断基準が「取引を誘引する目的」ですが，この目的を認定することは容易ではないといわれています。

(4) **見せ玉（ぎょく）による相場操縦**（金商法159条2項1号）

有価証券の売買等の「取引を誘引する目的」をもって，有価証券の売買等が

繁盛しているように誤解させ，またはその相場を変動させるために，もともと売買約定をする意思がないにもかかわらず，売買注文を市場に出し，約定する前にこれを取り消すという行為を行うことが「見せ玉（ぎょく）」として禁止されます。

近時，インターネットによる株式売買が普及し，インターネット取引における見せ玉への対応が問題となっています（Q51参照）。

(5) **表示による相場操縦**（金商法159条2項2号・3号）

相場が自己または他人の操作によって変動することを流布したり，有価証券の売買にあたり，重要な事項について虚偽であり，または誤解を生じさせる表示を故意に行い，相場を操縦する類型です。「取引を誘引する目的」をもってこのような行為を行うことにより，はじめて違法行為となります。

(6) **安定操作**（金商法159条3項）

相場操縦というと相場を「変動」させる行為のみが禁止されるように思われますが，本来自然な需給関係のバランスにより変動する価格を，人為的に一定の価格に固定する行為も相場操縦の一類型として禁止されています。もっとも，有価証券の募集や売出しを行う場合には，需給バランスが崩れ価格が下落することがあるため，政令が定める要件を充足したうえで合法的に安定操作をすることが認められています。

③ 民事上の責任

金融商品取引法159条に違反した者は，違反行為により形成された価格で取引または委託した者が当該取引により受けた損害の賠償責任を負うことになります（金商法160条1項）。

この損害賠償請求権は，請求権者が行為があったことを知った時から1年間，当該行為があった時から3年間で時効により消滅します（金商法160条2項）。

4 罰則，課徴金

(1) 罰則

金融商品取引法159条が定める相場操縦の禁止に違反した者は，10年以下の懲役もしくは1000万円以下の罰金（併科あり）の対象となります（金商法197条1項5号）。また，法人の代表者等が法人の業務または財産に関し，上記の違反行為を行った場合には，行為者だけではなく法人についても7億円以下の罰金の対象となります（金商法207条1項1号）。

(2) 課徴金（金商法174条・174条の2・174条の3）

金融商品取引法159条が定める相場操縦の禁止に違反した者は，課徴金の対象とされています。旧証券取引法から金融商品取引法へと改正が行われた際に「見せ玉」など，金融商品取引法159条2項1号に違反する行為が課徴金の対象とされましたが，その後の金融商品取引法の改正により，仮装取引や馴合取引（金商法159条1項）に該当する行為や，安定操作（同条3項）に該当する行為も課徴金の対象とされるに至っています。

【小林　章博】

Q51 「見せ玉」による相場操縦

デイトレーディングをしている友人が、複数の株式口座を使って、買い注文を入れたり取り消したりすることで株価が上昇するのでとても儲かるという話をしていました。このようなことをすることについて、何か問題となることはないのでしょうか。

A

> 金融商品取引法が禁止する相場操縦（いわゆる「見せ玉（ぎょく）」）に該当する可能性があります。仮に相場操縦に該当した場合には、刑事罰（10年以下の懲役もしくは1000万円以下の罰金（併科もあります））が科されることがあります。また、課徴金の対象となります。

解説

1 相場操縦の一類型としての「見せ玉（ぎょく）」

もともと売買約定をする意思がないにもかかわらず、売買注文を市場に出し、約定する前にこれを取り消すという行為が「見せ玉（ぎょく）」と呼ばれる行為です。現実に約定をしない単なる注文行為であっても、市場の他の参加者から見た場合、売買が繁盛しているように誤解する原因となる行為です。

そこで、金融商品取引法は、有価証券の売買等の「取引を誘引する目的」をもって、有価証券の売買等が繁盛しているように誤解させ、またはその相場を変動させるために「見せ玉」を行うことを相場操縦の一つとして禁止しています（金商法159条2項1号）。近時、インターネットによる株式売買が普及し、本

件設題のようなインターネット取引における「見せ玉」への対応が問題となっています。

2 罰則

(1) 罰則の内容
　金融商品取引法が禁止する相場操縦に該当する「見せ玉」を行った者に対しては，刑事罰（10年以下の懲役もしくは1000万円以下の罰金（併科あり））が法定されています（金商法197条1項5号）。なお，旧証券取引法では，顧客による「見せ玉」等売買の申込みのみが刑事罰の対象とされており，取引所の参加者である金融商品取引業者が行う同様の行為は対象外とされていましたが，平成18年に旧証券取引法が金融商品取引法へと改正された際に，金融商品取引業者が自己計算で行う見せ玉も禁止行為とされ刑事罰の対象となりました。

(2) 罰則の適用事例
　旧証券取引法の下での事案ですが，本件設題のようにインターネット取引を利用した「見せ玉」を行い，これにより株価操縦を行った会社員に対して，懲役1年6月，執行猶予3年，罰金100万円（求刑：懲役1年6月，罰金100万円）の有罪判決が言い渡された例があります[1]。

3 課徴金

(1) 課徴金制度の導入
　従来，金融商品取引法違反の行為に対する制裁としては刑事罰が用意されていましたが，必ずしも違法行為を抑制するだけの有効な手段とはなっていないとの考えから，違法行為を抑制する新たな制度として平成16年の旧証券取引法の改正により，刑事罰とは別に行政上の措置である課徴金制度が導入されました。
　相場操縦行為について当初課徴金の対象とされた行為は，売買等が「成立した行為に限定」されており，売買等が成立する前に取り消してしまう「見せ玉」は課徴金の対象とされていませんでした。

(2) 「見せ玉」も課徴金の対象へ

平成18年に旧証券取引法から金融商品取引法へと改正が行われた際に，「見せ玉」も課徴金の対象とする形で改正がなされました。「見せ玉」による相場操縦は，顧客が行う場合であっても金融商品取引業者が行う場合であっても等しく課徴金の対象とされました。

(3) 課徴金制度の平成20年改正

平成20年の金融商品取引法改正により，課徴金の加算（過去5年間に課徴金の対象となった者が，再度違反した場合に課徴金を1.5倍に加算する仕組み）（金商法185条の7第13項）及び減算措置（証券取引等監視委員会が調査に着手する前に企業自らが違反行為を金融庁に報告した場合に課徴金の額を減額する仕組み）（金商法185条の7第12項）等の改正が行われました。

「見せ玉」に対する課徴金については，減算措置は適用されませんが加算措置は適用対象とされています（金商法174条の2第1項・185条の7第12項・13項）。

(4) 相場操縦に対する課徴金の適用事例

平成24年7月，証券取引等監視委員会事務局から公表された「金融商品取引法における課徴金事例集」によれば，相場操縦案件に対しては，課徴金制度が導入されて3年半あまりが経過した平成20年12月にはじめての勧告を行って以来，平成24年6月までに，16件（納付命令対象者ベース）の課徴金納付命令勧告が行われています。その中には，見せ玉的手法を用いた案件に対する勧告もあります。

同事例集によれば，これら勧告の対象となった案件の違反行為は，1事例を除きインターネット取引により行われています。複数（最大4口座）の証券口座を使用した事案が多く（11件）借名口座のみを使用した事案は少ない（1件）とのことです。これは，違反行為の発覚を防ぐため，知人名義や自己の支配する会社名義の口座取引が行われることも少なくない内部者取引案件と比べて特徴的であり，相場操縦に手を染める者が，「インターネット取引なら見つからないだろう」とか「この程度なら咎められることはないだろう」という，半ば軽い感覚をもって違反行為を行っている状況にあることが推測されると評価されています。

引用判例

＊1　釧路地判平17・12・9商事1755号53頁。

【小林　章博】

Q52 インサイダー取引（事例）

上場会社の役員である父親から，その会社が競合他社を吸収合併することを聞き，その情報が公表されないうちに，その会社の株を購入してしまいました。どのような問題がありますか。

A

金融商品取引法166条に定めるインサイダー取引に該当する可能性が高いと考えられます。インサイダー取引に該当する場合，刑事罰や資格制限に加え，課徴金も課されますから，注意が必要です。

解説

1 インサイダー取引とは

一般にインサイダー取引とは，特別な立場の者が，発行された有価証券に関する公開前の情報を知りながら行う取引のことを指します（金商法166条）。

2 インサイダー取引に関する規制

(1) はじめに

このようなインサイダー取引は通常の投資家がもっていない情報を利用して有利な取引を行うことになりますから，極めて不公平といえます。これが許容されてしまうと，証券市場の公正性，健全性が損なわれてしまうため，一定のサンクションの下に規制をする必要があります。かかる観点から金融商品取引法166条においてインサイダー取引が規制されているのです。

(2) 具体的な規制対象

具体的な規制対象は以下の行為です。金融商品取引法上，①行為主体と情報取得場面（金商法166条1項），②客体たる重要事実（同条2項）に整理して定められているので，それに従って次頁の表のとおり整理できます。ただし，重要事実については，投資家に与える影響が軽微なものとして有価証券の取引等の規制に関する内閣府令で定める事項（いわゆる軽微基準）に該当する場合は規制の対象外となります。

(3) 具体的なサンクション

(a) **刑事罰** 5年以下の懲役もしくは500万円以下の罰金または併科（金商法197条の2第13項）

　　法人の場合　5億円以下の罰金（金商法207条）

　　没収，追徴（金商法198条の2）

(b) **刑事罰の場合の資格制限** 執行を終わりまたはその執行を受けることがなくなった日から2年間株式会社の取締役，監査役になれません。懲役の場合には刑の終了後2年間，執行猶予付き判決を受けた場合は執行猶予期間中，罰金を科された時は罰金納付後2年間取締役等になることができません（会社法331条）。

(c) **課徴金（行政罰）** 審判手続を経て，金融商品取引法175条所定の計算式に基づく課徴金を納付する必要があります。

(d) **役員等の報告義務** 役員（取締役・監査役・執行役等）または実質的に10％以上の議決権をもつ株主（主要株主）による自社株取引が行われた場合，その者は翌月15日までに売買報告書を内閣総理大臣（金融庁長官）に提出しなければならない（金商法163条）とされています。また，特定組合等（当該組合等のうち当該組合等の財産に属する株式に係る議決権が上場会社等の総株主等の議決権に占める割合が10％以上のものであるもの）において，当該特定組合員等の組合員が当該特定組合等の財産に関して当該上場会社等の株券等に関する買付けや売付け等をした場合，当該買付け・売付け等を執行した組合員は，翌月15日までに内閣総理大臣（金融庁長官）に対し，売買報告書を提出しなければならない（金商法165条の2）とされています。

(e) **短期売買利益の返還義務** 自社株の買付けまたは売付け後6か月以内

会社関係者等の特定有価証券等にかかる売買等（金商法166条・167条）

主体と情報取得場面	重要事実
① 会社関係者（金商法166条１項前段） ⑴ 当該上場会社の役員、代理人、使用人その他の従業者がその職務に関して知ったとき ⑵ 当該上場会社に対して閲覧請求権をもつ株主、出資者、社員が当該閲覧権の行使に関し知ったとき ⑶ 当該上場会社に対して法令に基づく権限をもつ者が当該権限の行使に関し知ったとき ⑷ 当該上場会社と契約を締結している者または契約締結の交渉をしている者で、役員等以外のものが契約の締結、交渉または履行に関し知ったとき ⑸ ⑵, ⑷に該当する法人の役員等（ただし、その者が役員等である当該法人の他の役員等が、それぞれ⑵, ⑷に定めるところにより当該上場会社等に係る業務等に関する重要事実を知った場合におけるその者に限る）がその者の職務に関し知ったとき ② 元会社関係者（金商法166条１項後段） 会社関係者でなくなった後１年以内の者 ③ 会社関係者からの情報受領者（金商法166条３項） 会社関係者および元会社関係者から重要事実の伝達を受けた者 ※上記①〜③については上場会社等の特定有価証券等に係る売買その他の有償の譲渡もしくは譲受けまたはデリバティブ取引が禁止される。 ※公開買付けの場合は以下のとおり ④ 公開買付者等関係者（金商法167条） ⑴ 当該公開買付者等（その者が法人であるときはその親会社も含む）の役員等がその職務に関し知ったとき ⑵ 当該公開買付者等の帳簿閲覧権等を有する株主または社員が閲覧権の行使に関して知ったとき ⑶ 当該公開買付者等に対する法令に基	① 決定事実 当該上場会社等またはその子会社の業務執行を決定する機関が以下の⑴〜⒂に掲げる事項を行うことにつき決定したことまたは当該機関が公表した当該決定に係る事項を行わないことを決定したこと ⑴ 株式の発行、募集または募集新株予約権の引受者の募集 ⑵ 資本金の額の減少 ⑶ 資本準備金または利益準備金の額の減少 ⑷ 自己株式の取得 ⑸ 株式無償割当てまたは新株予約権無償割当て ⑹ 株式の分割 ⑺ 剰余金の配当 ⑻ 株式交換 ⑼ 株式移転 ⑽ 合併 ⑾ 会社分割 ⑿ 事業の全部または一部の譲渡または譲受け ⒀ 解散（合併による解散を除く） ⒁ 新製品または新技術の企業化 ⒂ 業務上の提携その他上記に準ずる事項として政令で定める事項 ② 発生事実 当該上場会社等またはその子会社に次に掲げる事項が発生したこと ⑴ 災害に起因する損害または業務遂行の過程で生じた損害 ⑵ 主要株主の異動 ⑶ 特定有価証券または特定有価証券に係るオプションの上場の廃止または登録の取消しの原因となる事実 ⑷ 上記に準ずる事項として政令で定める事項 ③ 決算情報 当該上場会社等またはその子会社の売上高、経常利益、純利益もしくは配当等につき、公表された直近の予想値に比較して、当該上場会社等または子会社が新

づく権限を有する者がその権限の行使に関して知ったとき (4) 当該公開買付者等と契約を締結している者または締結の交渉をしている者であって，当該公開買付者等が法人であるときはその役員等以外の者，その者が法人以外の者であるときはその代理人または使用人以外のものが契約の締結，交渉または履行に関して知ったとき (5) (2)または(4)に該当する法人の役員等（その者が役員等である当該法人の他の役員等が，それぞれ(2)または(4)に記載されているところにより当該公開買付者等の公開買付け等の実施に関する事実または公開買付け等の中止に関する事実を知った場合におけるその者に限る）が，その者の職務の行使に関し知ったとき ⑤ 元公開買付等関係者 公開買付等関係者でなくなった後1年間の者 ⑥ 公開買付等関係者からの情報受領者 ④，⑤の者から「公開買付け等事実」の伝達を受けた者 ※上記④〜⑥の場合には株券等にかかる買付け，売付け等が禁止される。	たに算出した予想値または決算において差異が生じたこと ④ その他，当該上場会社等（またはその子会社）の運営，業務または財産に関する重要な事実であって投資者の投資判断に著しい影響を及ぼすもの

に売付けまたは買付けをして利益を得たと認められた場合は，会社側（会社または株主による代位請求）は当該役員または主要株主に対し，それによって得られた利益を自社に提供することを請求できる（金商法164条1項）とされているので，かかる返還請求を受ければ利益を返還する必要があります。同様に特定組合等の組合員が短期売買（6か月以内の買付け等及びその反対売買）をして利益を生じさせた場合，会社側はそれによって得られた利益を提供すべきことを請求することができる（金商法165条の2第3項）とされています。

3 設題に関する考察

設題においては，上場会社の役員たる父親から当該上場会社の合併の情報を

取得した者が売買等を行っています。

　詳細に要件を検討しますと，まず，父親が合併の情報を取得したことについては，よほどの特別な事情がない限り職務に関して取得したと考えられます。そして，情報受領者かどうかについては，情報提供者の意思が必要であるので，たまたま聞こえてしまった場合等は除外されますが，近親者同士の場合，特別な事情のない限りは事実認定として情報受領者に該当すると判断される場合が多いでしょう。また，合併は重要事実に該当します。したがって設題においては会社関係者から重要事実を受領した者が有償の売買を行っているため，インサイダー規制に該当することになります。

　そして，前記 2 (3)記載のサンクションを受けることになります。

【柿平　宏明】

Q53 虚偽の事実の公表

A社は，同社が第三者に割り当てて発行した新株予約権付社債について，期日に払込みがなされなかったにもかかわらず，順調に払込みが完了し，同社の資本金が増加・充実されたかのような事実の公表を行い，それによって同社の株価は大きく上昇しました。このような場合に，A社等はどのような責任を負うこととなりますか。

A

　虚偽の事実の公表を行ったA社の役員等の行為は，風説の流布・偽計取引等の禁止違反に該当し，刑事罰の対象となる可能性があります。この場合，A社も法人として刑事罰の対象となる可能性があります。また，上記行為に関連して，虚偽の内容を記載した有価証券報告書等を提出すれば，A社役員等の行為は，有価証券報告書等の虚偽記載の罪に該当する可能性がありますし，払込みがあったことを偽装するために通帳等の偽造を行った場合には，有印私文書偽造・同行使の罪に該当し，やはり刑事罰の対象となる可能性があります。

　さらに，有価証券報告書等の虚偽記載については，それにより株価が下落し，株主が損害を被った場合，A社およびA社役員等は，株主対して，民事上損害賠償責任を負う可能性があります。法人であるA社の損害賠償責任における「損害」については，金融商品取引法上推定規定があり，立証の緩和が図られています。

解説

１　はじめに

　設題において，虚偽の事実の公表を行ったＡ社の役員に刑事上，民事上の責任が生じる可能性があるほか，法人であるＡ社にも刑事上，民事上の責任が生じる可能性があります。

２　刑事上の責任

(1)　風説の流布・偽計取引等の禁止

　(a)　金融商品取引法158条では，「何人も，有価証券の募集，売出し若しくは売買その他の取引若しくはデリバティブ取引等のため，又は有価証券等（有価証券若しくはオプション又はデリバティブ取引に係る金融商品〔有価証券を除く。〕若しくは金融指標をいう。第168条第１項，第173条第１項及び第197条第２項において同じ。）の相場の変動を図る目的をもって，風説を流布し，偽計を用い，又は暴行若しくは脅迫をしてはならない。」と規定されています。
　そして，かかる規定に違反した場合には，当該行為者は，10年以下の懲役もしくは1000万円以下の罰金，またはこれらが併科されます（金商法197条１項５号）。また，法人代表者または代理人，使用人その他従業員が，その法人の業務または財産に関して違反行為を行った場合には，当該法人に７億円以下の罰金刑が規定されています（金商法207条１項１号）。
　(b)　設題では，Ａ社が新株予約権付社債を発行し，期日に払込みがなされなかったにもかかわらず，順調に払込みが完了し，同社の資本金が増加・充実されたかのような事実の公表を行っており，かかるＡ社役員の行為は，「風説を流布」または「偽計を用い」に該当するものと考えられます。
　また，新株予約権付社債の払込みがないのに，虚偽の事実の公表を行っている事実があり，通常は株価相場変動の目的なくしてかかる行為を行うことは考えにくいことから，「有価証券等の相場の変動を図る目的」が認められる可能

性が高いといえます。

そうすると、A社役員の行為は、風説の流布・偽計取引の禁止違反となり、刑事罰の対象となる可能性があることになります。

(c) 近年の処罰事例　証券取引に関する監督事務を行っている証券取引等監視委員会のホームページでは、近年の犯則事件の告発事例が公表されております。公表されている事案のうち、㈱メディア・リンクスを嫌疑者とする事案は、設題と事実関係が類似していますので、紹介します。

この事案は、㈱メディア・リンクスが発行することとした転換社債型新株予約権付社債について、払込期日である平成15年8月25日までに発行総額である10億円の払込みがなされていなかったのに、同月26日、大阪証券取引所において、10億円の払込みが完了した旨の開示を行った、同年9月12日、同月11日までに㈱メディア・リンクスの運営するウェブサイト上において、7億円分について株式転換が完了したと公表したという事案です。

証券取引等監視委員会の告発を受けて、㈱メディア・リンクスおよび同社の代表取締役が起訴され、いずれも風説の流布・偽計取引等の禁止違反の罪で有罪が確定しています（会社につき*1, *2, 代表取締役につき*1～*3）。

大阪地裁判決では、平成15年8月と9月の2度の公表について、いずれも、代表取締役に株価騰貴の目的があったとの判断をしています。その理由として、8月の公表に関し、すでに平成15年8月8日に転換社債型新株予約権付社債の発行を公表しており、また、払込期日後に手形の決済日等を集中させていたことからすれば、10億円の払込みがなされた旨の公表しなければ、払込みがなされなかったと疑われ、㈱メディア・リンクスの信用が低下し、株価の急落を招くなどしかねないことを代表取締役がおそれていたことを指摘しています。さらに、㈱メディア・リンクスに対する評価を高め、投資家に高値で株式を買い取らせ、あるいは、株式を担保とする資金繰りを有利にしたいとの思いから、少しでも株価を上げたいという目的があったことを認定しています。

(2) 有価証券報告書等の虚偽記載

金融商品取引法197条1項1号、24条は、有価証券報告書等に虚偽の記載があるものを提出した場合、当該行為者は、10年以下の懲役もしくは1000万円以下の罰金、またはこれらが併科されるとしています。

設題で，A社役員が，払込みがあったという虚偽の事実の公表を行ったことに関連して，有価証券報告書等に虚偽の記載を行った場合には，当該行為が，刑事罰の対象となる可能性があります。

なお，㈱メディア・リンクス事件では，売上高等を水増しした有価証券報告書を財務局長に提出した行為が，有価証券報告書虚偽記載罪にあたるとして有罪が確定しています。

(3) 有印私文書偽造・同行使

刑法159条1項，161条1項では，行使の目的で，他人の印章もしくは署名を使用して権利，義務もしくは事実証明に関する文書等を偽造した者，これを行使した者は，いずれも，3か月以上5年以下の懲役が科されます。

設題で，払込みがあったことを偽装するために通帳等の偽造を行った場合には，当該行為が，刑事罰の対象となる可能性があります。

なお，㈱メディア・リンクス事件では，10億円の払込みを仮装するために，通帳の写しを偽造し，確定日付を取得するため，「これは転換社債払込み銀行口座の写しである」旨付記して，公証人に提出した行為が有印私文書偽造，同行使罪にあたるとして有罪が確定しています。

3 民事上の責任

(1) 法人の責任

平成16年以前の証券取引法においては，虚偽記載のある有価証券報告書等の提出者に民事責任を負わせた規定は存在しませんでした。平成16年の証券取引法改正において，虚偽記載のある有価証券報告書等の提出者の民事責任が規定され，金融商品取引法においても同様の規定が設けられています。金融商品取引法21条の2第1項では，有価証券報告書等のうち，重要な事項について虚偽の記載があり，または重要な事実の記載が欠けているときは，当該発行者は，当該発行者の有価証券を募集または売出しによらずに取得した者に対し，虚偽記載等により生じた損害の賠償責任を負う旨規定されています。

有価証券報告書等の虚偽記載によって，有価証券保有者の受ける損害額の立証が困難であることにかんがみ，金融商品取引法21条の2第2項に，損害額

についての推定規定が存在します。具体的には同項において、有価証券報告書等の虚偽記載等の事実が公表された場合には、公表された日前1年以内に当該有価証券を取得し、公表日に引き続き有価証券を所有する者は、当該公表日前1か月間の当該有価証券の市場価額の平均額から、公表後1か月間の市場価額の平均額を控除した額を、損害額とすることができます。他方、有価証券の値下がりは、必ずしもすべて有価証券報告書等の虚偽記載等によるものとはいえないので、同条5項で、有価証券報告書等の虚偽記載等によって生ずべき有価証券の値下がり以外の事情により生じたことが認められ、当該「以外の事情」により生じた損害額の証明が困難である場合には、裁判所が相当な額を損害額として認定できると規定されています。

たとえば、虚偽記載の事実公表前1か月のA社の平均株価が1000円であったところ、公表により株価が下落し、公表後1か月の平均が300円であった場合、1株当たりの損害は700円となり、1000株を持っている株主の損害は70万円ということになります。これに対し、A社側が虚偽記載以外の事情により損害が発生したことを証明した場合には、裁判所が相当な額を損害額として認定することができ、たとえば5割を減額すべきと判断した場合には、35万円が、当該株主の損害として認められることになります。

設題では、A社は、各株主に対して、金融商品取引法21条の2に基づいて、損害賠償責任を負う可能性があります。

(2) 役員等の責任

有価証券報告書のうち重要な事項について虚偽の記載があるか、重要な事項等の記載が欠けている場合には、当該会社の役員等（取締役、会計参与、監査役もしくは執行役等）は、当該記載が虚偽であり、または欠けていることを知らないで、当該会社の発行する有価証券を取得した者に対し、損害賠償責任を負う、とされています（金商法24条の4・22条）。法人の責任とは異なり、有価証券の所持者の被った損害額の推定に関する規定はありません。

設題では、A社の役員等が、A社の各株主に対して、損害賠償責任を負う可能性があります。

引用判例

＊1　大阪地判平17・5・2（平成16年（わ）6423号・6942号・7357号）裁判所ホー

ムページ。
* 2 大阪高判平17・10・14判例集未登載（平成17年（う）938号）。
* 3 最判平18・2・20判例集未登載。

【赤崎　雄作】

第9節　行政処分・罰則等

Q54　行政庁による処分

金融商品取引業者の業務で法令に違反するような事態が発生した場合における，金融商品取引法上の行政庁による処分にはどのようなものがありますか。また過去どのような事例で行政処分がなされていますか。

A

　金融商品取引業者の法令違反に対して，金融商品取引法は，行政庁による主な処分として，①業務改善命令，②業務停止命令，③登録取消しを規定しています（金商法51条・52条1項）。

　行政処分の原因は多岐にわたりますが，金融商品取引法施行後に限っていえば，業務改善命令・業務停止命令については，①支払不能のおそれ（金商法52条1項7号）などから業務改善命令・業務停止命令がなされるケース，②電子情報処理組織の管理不十分（金商業等府令123条1項14号）によるケース，③公益または投資者保護のため必要かつ適当であると認めるとき（金商法51条）によるケースが比較的目立ちます。

　登録取消しについては，業務改善命令・業務停止命令によっても業務内容が改善されない場合に登録が取り消されているほか，無登録で金融商品取引業務を行うケースなどの明白な法令違反・行政処分違反のケースには業務停止命令や業務改善命令を経ることなく，直ちに登録が取り消されています。

解説

1　金融商品取引業者

　金融商品取引業者とは，金融商品取引業を行うにつき，内閣総理大臣から登録を受けた者をいい（金商法2条9項・29条），一般的には証券会社，投資信託会社，投資顧問会社等がこれに該当します（詳細は第3章 Q27～Q30参照）。

2　処分を行う行政庁

　金融商品取引業者に対する行政庁による処分につき，その権限は内閣総理大臣から金融庁長官に委任され（金商法194条の7第1項），さらにその権限の一部は金融庁長官から財務局長または財務支局長に再委任されています（金商法194条の7第6項，金商法施行令42条2項10号）。

　したがって，実際に処分を行う行政庁は，金融庁長官または財務局長・支局長になります。

3　金融商品取引業者の法令違反行為に対して課される行政処分の種類

(1)　**業務改善命令**（金商法51条）

　業務改善命令とは，金融庁長官または財務局長・支局長が，金融商品取引業者の業務の運営または財産の状況に関し，公益または投資者保護のため必要かつ適当であると認めるとき，その必要の限度において，当該金融商品取引業者に対し，業務の方法の変更その他業務の運営または財産の状況の改善に必要な措置をとるべきことを命じることです。

(2)　**業務停止命令**（金商法52条1項）

　業務停止命令とは，金融商品取引業者が金融商品取引法52条1項各号に定める事由に該当する場合，金融庁長官または財務局長・支局長が，当該金融商品取引業者に対し，6か月以内の期間を定めて業務の全部または一部の停止を

命じることです。

(3) **登録取消し**（金商法52条1項等）

登録取消しとは、金融商品取引業者が金融商品取引法52条1項各号に定める事由等に該当する場合に、内閣総理大臣から委任を受けた金融庁長官または財務局長・支局長が、当該金融商品取引業者の金融商品取引法29条に定める登録を取り消すことです（金商法52条1項等）。

4 行政処分の制度の沿革・経緯

証券業者を対象とした旧証券取引法は、平成19年9月30日改正により、金融商品取引法に衣替えされましたが、その際、金融商品取扱業務を横断的に規制するため、金融先物取引業者等も「金融商品取引業者」として定義され、これらの業者を規制していた金融先物取引法等も金融商品取引法に吸収される形で失効しました。

旧証券取引法では、同法56条、同法56条の2および同法56条の3において、行政庁の監督上の行政処分として業務改善命令・業務停止命令・登録取消しを規定していました。

同法56条は一般的な法令違反に関する処分、同法56条の2は自己資本規制に関する処分、同法56条の3は登録後営業を開始しない業者についての取消し処分を法定するものでした。

そして、業務改善命令の対象となる法令違反行為は、同法56条の2の定めを除けば、同法56条1項各号に列挙された事由に限定されていました。

ところが、旧証券取引法を金融商品取引法に衣替えする際に証券業者と同じく「金融証券取引業者」として規制を受けることになった金融先物取引業者等については、旧金融先物取引法55条などにおいて、行政庁が「公益又は委託者保護のため必要かつ適当であると認めるときは、その必要の限度において、……監督上必要な措置をとるべきことを命ずることができる」として、業務改善命令発動の要件が広く定められていました。

そこで、金融商品取引法においては、証券取引業者を含めた金融商品取引業者の不適切な業務運営に対し、迅速かつ適切に対応して投資者保護を図るべく、

業務改善命令を旧証券取引法に定めた法令違反の場合に限ることなく，広く行政庁が「公益又は投資者保護のため必要かつ適当であると認めるとき」に発動できるものとしました。

そして，発動の要件を広く一般的に定めた業務改善命令に関する規定は，独立して金融商品取引法51条に定められ，旧証券取引法56条を概ねそのまま継承した業務停止命令・登録取消しに関する規定は金融商品取引法52条として定められることとなりました。

ただし，業務停止命令・登録取消しに関する金融商品取引法52条においても，旧証券取引法56条にはなかった新たな包括的な規定として，同条1項9号が定められ，「金融商品取引業に関し，不正又は著しく不当な行為をした場合において，その情状が特に重いとき。」には，行政庁が業務停止命令・登録取消しができることとなりました。

しかしながら，業務改善命令が先ほど述べたように発動要件が広く一般的に定められたうえ，金融商品取引法および同法施行令が相当詳細に金融商品取引業者の遵守事項や禁止事項を定めていますので，業務改善命令も経ずに，この条文に従ってあえて金融商品取引業者を業務停止処分あるいは登録取消しの処分をする場合は，相当限られてくるものと思われます。

なお，発動の要件が広がった業務改善命令等の運用指針については，金融庁は，「金融商品取引業者等向けの総合的な監督指針」(参考URL：http://www.fsa.go.jp/common/law/guide/kinyushohin)(特にそのII－5－2)においてその運用指針を公開し，また行政処分事例集(参考URL：http://www.fsa.go.jp/status/s_jirei/kouhyou.html)において行政処分事例をまとめて公開しています。

5　行政処分の具体的事例

(1) 業務改善命令・業務停止命令の発動

(a) 総論　金融商品取引法施行により，横断的に金融商品を取り扱う業者は金融商品取引業者として一括して扱われることになりました。

しかし，金融商品取引法下において，金融商品取引業者が4つに分類されており，主に有価証券やみなし有価証券を取り扱う(i)第一種金融商品取引業およ

び第二種金融商品取引業と，投資助言業務や投資運用業務を取り扱う(ii)投資助言・代理業および投資運用業とに大きく分類することができますので，金融商品取引法施行後の業務改善命令・業務停止命令発動のケースについて，(i)と(ii)に分けて検討するのが有益と考えます。そこで，以下では(i)のケースと(ii)のケースに分類して検討します。

(b) (i)第一種金融商品取引業および第二種金融商品取引業について 第一種金融商品取引業および第二種金融商品取引業については，金融商品取引法施行後，金融庁の公開している行政処分事例集に公開されているだけでも60を超える行政処分事例があり（平成24年5月12日現在），金融商品取引法施行前の事例も加えれば行政処分事例数は相当多数に上ります。

金融商品取引法施行前は，多数の業務改善命令・業務停止命令発動事例の中でも，旧証券取引法に基づく取引一任勘定取引違反や，作為的相場操縦に対する業務改善命令が目立ち，平成17年度以降は多数の支払不能に陥るおそれおよび区分管理違反による業務改善命令の発動が相当数目につきました。

金融商品取引法施行後は，金融取引業者が横断的に業務を行うことが可能となったので，取引一任勘定取引の規制は削除され，顧客の同意を得ないで行う取引のみが規制の対象となりましたので，取引一任勘定取引違反による業務改善命令の発動はみられなくなりました。

金融商品取引法施行後，業務改善命令・業務停止命令が発動された事例の原因は多岐にわたりますが，金融商品取引法施行前後で変わらずに目立つのは，①区分管理義務違反（金商法43条の3），自己資本規制比率の低下（金商法53条），純財産額が最低純財産額を下回る状況（金商法52条1項3号），支払不能のおそれ（同項7号）のうちの1つないし2つの組み合わせで業務改善命令・業務停止命令がなされるケースであり，金融商品取引法施行後特に目立つようになったのは，②電子情報処理組織の管理不十分（金商業等府令123条1項14号）によるもの，③公益または投資者保護のため必要かつ適当であると認めるとき（金商法51条），の2つのケースです。

まず，①の区分管理義務違反等のケースは，金融商品取引法施行後も，9件の事例が認められます（平成24年5月12日現在）。

最も有名なケースは世界中に衝撃を与えた平成20年9月15日のリーマン・ブ

ラザーズ証券の親会社の破綻による支払不能のおそれの発生による業務改善命令ですが，むしろこのように業務改善命令を受ける金融取引業者に親会社があるのは例外的なケースで，多くは自社の財務状況の問題から業務改善命令を受けています。

このようなケースは，多くの場合，業務改善命令と一定期間の業務停止命令が発動され，指定された期間内に業務の改善がなされない場合には，登録の取消しというステップを踏むことになります。

次に，②の電子情報処理組織の管理不十分については，10件の発動事例が認められます（平成24年5月12日現在）。

最も最近の事例としては，平成23年9月30日のバークレイズ・キャピタル証券に対する発動事例があります。これは，空売り規制法違反が，自社開発のシステムの不具合によるものであることを指摘し，その改善を求めたというものです。

電子情報処理システムの管理不十分のケースについては，システム障害に関するリスク管理の不備から，その改善を求めて業務改善命令および1か月程度の業務停止命令がなされることが多いようです。

最後に③の「公益又は投資者保護のため必要かつ適当であると認めるとき」は，金融商品取引法施行の際に，同法51条で広く一般的に定められた規定に従い，法令違反とはいえない場合についても業務改善命令がなされたケースです。

これまでに6件の発動事例があります（平成24年5月12日現在）。

これらのうち，平成20年7月3日の野村證券に対するもの，平成22年9月16日の東京東海証券に対するもの，平成23年4月15日のＳＭＢＣ日興證券に対するものなどは，いずれも各会社の営業員等による顧客資産の詐取等の不祥事を契機に，同種事件の再発防止の観点から業務改善命令がなされているもので，同種事例が「公益又は投資者保護のため必要かつ適当であると認めるとき」の発動事例の一つの類型となりつつあることが認められます。

(c) (ii)投資助言・代理業および投資運用業について　投資助言・代理業および投資運用業については，目立った傾向というほどのものはありませんが，あえていえば，金融商品取引法施行後，金融商品取扱業務が横断的に規制され

ることになり，特に投資助言・代理業者による無登録の証券取引業務やファンドの私募・運用に対する業務改善命令・業務停止命令および登録取消しが目立つようになっています。

(2) 登録取消し

　法令違反による登録取消しに関しては，前記のように，区分管理義務違反等のケースでは，まずは業務停止命令と業務改善命令が発動され，改善が認められない場合に登録が取り消されるケースが多いです。

　しかしながら，前記投資助言・代理業者による無登録の証券取引業務に代表されるように，無登録で金融商品取引業務を行うケースや，業務停止命令期間に営業行為を行う，あるいは監督局の検査を忌避するといった明白な法令違反・行政処分違反のケースは，業務停止命令や業務改善命令を経ることなく，直ちに登録が取り消されています。

　なお，金融商品取引法において新設された同法52条1項9号の「金融商品取引業に関し，不正又は著しく不当な行為をした場合において，その情状が特に重いとき。」に当たるケースとしては，8つもの法令違反が認められ相当悪質といえた株式会社ジェイエヌエスのケースについて適用された例（平成20年5月1日）があります。

【植村　公彦】

Q55 課徴金納付命令等決定までの手続の流れ

会社が作成および開示した有価証券報告書に虚偽の内容が含まれていることが判明した場合に，これに対する行政処分としての課徴金納付命令等決定がなされることとなるまでの手続の流れについて教えてください。

A

課徴金納付命令等決定がなされるまでの手続の大まかな流れは次のとおりです。①証券取引等監視委員会による課徴金調査・開示検査，②証券取引等監視委員会による，内閣総理大臣および金融庁長官に対する勧告，③金融庁長官による審判手続開始決定に基づく審判手続の開始，④審判官による決定案作成と金融庁長官による課徴金納付命令等決定。

解説

1 課徴金制度について

　金融商品取引法では，投資者が安心して証券取引に参加できるような証券市場を確立するため，市場の信頼を害するような様々な行為を禁止し，規制しています。そのような規制を実効性あるものとするためのエンフォースメントの方策たる行政上の措置として，当該規制違反に対して金銭的負担を課する制度が設けられています。これが課徴金制度です。
　金融商品取引法上，課徴金の賦課対象となっている禁止行為は，以下のとおりです。

① 有価証券届出書等の不提出，虚偽記載等（金商法172条・172条の2）
② 有価証券報告書等の不提出，虚偽記載等（金商法172条の3・172条の4）
③ 公開買付開始公告の不実施，公開買付届出書等の不提出，虚偽記載等（金商法172条の5・172条の6）
④ 大量保有報告書等の不提出，虚偽記載等（金商法172条の7・172条の8）
⑤ プロ向け市場等における特定証券等情報の不提供等，虚偽等および発行者等情報の虚偽等（金商法172条の9～172条の11）
⑥ インサイダー取引や相場操縦，風説の流布等の不公正取引（金商法173条～175条）

したがって，会社が作成および開示した有価証券報告書に虚偽の内容が含まれていることが判明した場合には，上記②により，課徴金納付命令の対象となります。

なお，平成24年7月に証券取引等監視委員会（以下「証券監視委」といいます）が公表した『金融商品取引法における課徴金事例集』記載の「課徴金納付命令に関する勧告件数及び課徴金額」で，過去事務年度において，証券監視委が課徴金納付命令の勧告を行った事案の件数について，年度および種別ごとにとりまとめた表が掲載されており，どのような事案に関する勧告が多いのかがわかり，大変参考になります。

年度	全件	内訳		
		不公正取引		開示書類の虚偽記載
		内部者取引	相場操縦	
17	4	4	—	—
18	14	11	—	3
19	24	16	—	8
20	29	17	1	11
21	53	38	5	10
22	45	20	6	19
23	29	15	3	11
24	14	10	1	3

※平成24年6月までに勧告が行われたもの

以下では，どのような手続により，課徴金が課されることとなるかについて，みていきたいと思います。

2 課徴金納付命令等決定が出されることとなるまでの手続

課徴金納付命令等決定が出されることとなるまでの具体的な手続の流れは，概ね以下のとおりです。

(1) 証券取引等監視委員会による課徴金調査・開示検査

金融庁に設置されている証券監視委は，上記の課徴金納付命令の対象となる違法行為に関する報告聴取・立入検査等の調査を，金融庁長官からの委任を受けて実施します（金商法194条の7・26条・27条の22・27条の30・27条の35・177条）。

証券監視委は，市場動向の調査や，金融商品取引業者等に対する検査等の活動を通じて，証券市場に関するあらゆる情報を収集分析し，上記調査権限を適切に行使して，証券市場の公正性・透明性の確保に努める機関です。

(2) 内閣総理大臣および金融庁長官に対する勧告

証券監視委は，調査権限の行使の結果，課徴金納付命令の対象となる違法行為の存在を認めたときは，内閣総理大臣および金融庁長官に対して，行政処分その他の措置を行うことを勧告することができるとされています（金融庁設置法20条1項）。

(3) 審判手続開始決定

証券監視委から勧告を受けて違法行為の存在を認めたときは，金融庁長官は，当該事実に係る事件について，審判手続開始の決定をします（金商法178条）。

この際，審判期日や場所等が記載された審判手続開始決定書の謄本が，違法行為を行ったとされて審判を受けることとなる者（被審人）に送達され，審判手続が開始されることとなります（金商法179条）。

なお，審判手続に関する取決めに関しては，金融商品取引法第6章の2の規定による課徴金に関する内閣府令（以下「課徴金府令」といいます）1条の24以下に詳細が定められています。

(4) 審判官等の指定

審判手続は，簡易な事件以外は，3人の審判官により構成される合議体によ

り行われることとなります（金商法180条1項）。これらの審判官は、金融庁長官により指定されます（同条2項）。なお、当該事件について調査に関与したことのある者については、利害関係上の問題があることから、審判官として指定することはできないとされています（同条4項）。

また、金融庁長官は、審判に立ち会い、証拠の申し出その他必要な行為をすることができる指定職員を参加させることができるものとされています（金商法181条2項）。

(5) 被審人からの答弁書提出

被審人は、上記(3)に基づいて審判手続開始決定書謄本の送達を受けたときは、これに対する答弁書を提出する必要があります（金商法183条1項）。

この際、被審人が、当該決定書に記載された審判期日前に、違反事実および納付すべき課徴金の額を認める旨の答弁書を提出した場合には、審判期日は開く必要がなくなります（金商法183条2項）。

反対に、被審人がそのような答弁書を提出しない場合には、審判手続が開かれることとなります。

(6) 審判期日

審判手続は、公益上必要があると認めるときを除き、原則として公開で行われます（金商法182条）。金融庁は、そのホームページ上で、係属中の審判事件の状況について随時公開しています（http://www.fsa.go.jp/policy/kachoukin/06.html）。

審判手続においては、被審人による意見陳述（金商法184条）、参考人・被審人に対する審問（金商法185条・185条の2）、被審人による証拠書類等の提出（金商法185条の3）、学識経験者に対する鑑定命令（金商法185条の4）等が行われ、当該事件に係る争点等の審理がなされることとなります。

前述のとおり、課徴金府令において、審判手続に係る詳細な取決めが定められており、手続はこれらの取決めに則って実施されることとなります。

(7) 決定案の作成等および課徴金納付命令の決定等

審判手続を終えた後、審判官は、審判事件についての決定案を作成したうえで、金融庁長官に提出します（金商法185条の6）。金融庁長官は、かかる決定案に基づいて、課徴金納付命令等を決定します（金商法185条の7）。

課徴金納付命令等決定がなされるまでの手続

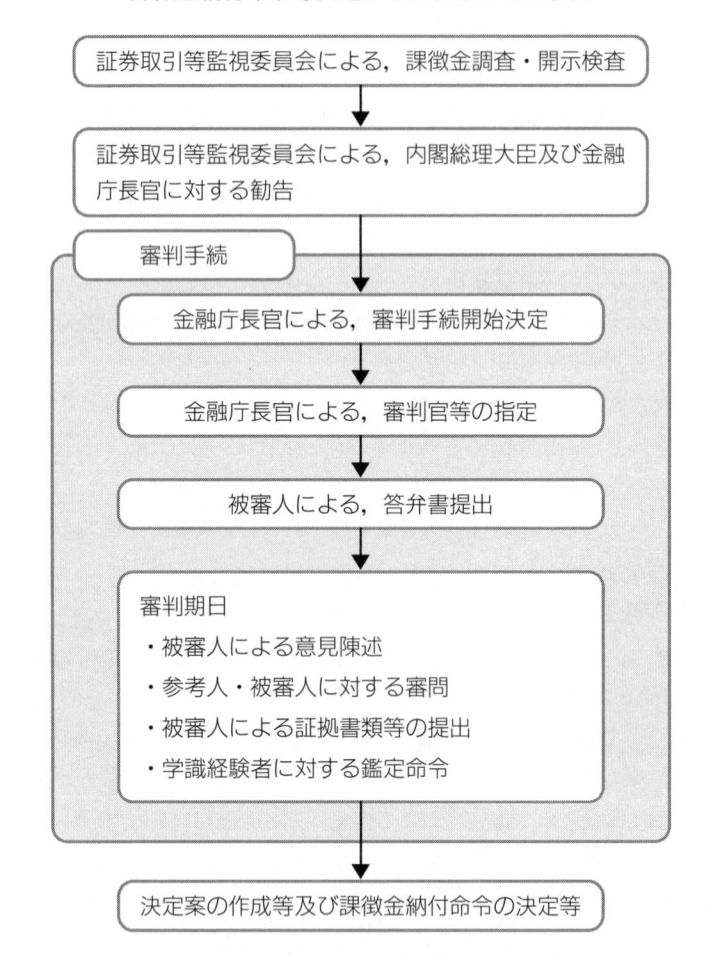

```
┌─────────────────────────────────────────┐
│ 証券取引等監視委員会による，課徴金調査・開示検査 │
└─────────────────────────────────────────┘
                    ↓
┌─────────────────────────────────────────┐
│ 証券取引等監視委員会による，内閣総理大臣及び金融 │
│ 庁長官に対する勧告                        │
└─────────────────────────────────────────┘
                    ↓
  ┌─審判手続─────────────────────────────┐
  │  ┌───────────────────────────────┐  │
  │  │ 金融庁長官による，審判手続開始決定 │  │
  │  └───────────────────────────────┘  │
  │                ↓                   │
  │  ┌───────────────────────────────┐  │
  │  │ 金融庁長官による，審判官等の指定  │  │
  │  └───────────────────────────────┘  │
  │                ↓                   │
  │  ┌───────────────────────────────┐  │
  │  │ 被審人による，答弁書提出        │  │
  │  └───────────────────────────────┘  │
  │                ↓                   │
  │  ┌───────────────────────────────┐  │
  │  │ 審判期日                       │  │
  │  │ ・被審人による意見陳述          │  │
  │  │ ・参考人・被審人に対する審問    │  │
  │  │ ・被審人による証拠書類等の提出  │  │
  │  │ ・学識経験者に対する鑑定命令    │  │
  │  └───────────────────────────────┘  │
  └────────────────────────────────────┘
                    ↓
┌─────────────────────────────────────────┐
│ 決定案の作成等及び課徴金納付命令の決定等    │
└─────────────────────────────────────────┘
```

3 審判手続上で違反事実の有無が争われた事例

(1) ビックカメラ審判事件の概要

開示書類の虚偽記載があったとして証券監視委による課徴金納付命令の勧告がなされた事案に係る審判手続において違反事実の有無が争われた事例として

は，株式会社ビックカメラ（以下「ビックカメラ」といいます）の役員（以下「X氏」といいます）に対するものがあります（平成21年度（判）第14号金融商品取引法違反事件。以下「ビックカメラ審判事件」といいます）。

平成21年6月26日になされた，証券監視委による勧告で示された法令違反の事実関係の概要は，次のとおりです。
- ビックカメラが特別目的会社を活用した不動産流動化スキームを行ったところ，ビックカメラとともに，当該特別目的会社が組成した匿名組合への出資を行ったA社は，その出資，融資等の実態からビックカメラの子会社に該当し，同スキームにおけるビックカメラのリスク負担割合は約31％となる。
- したがって，当該スキームの終了に伴い，ビックカメラに匿名組合からの匿名組合清算配当金として約4920百万円が発生することはなく，これをビックカメラの特別利益として計上することはできないはずであった。
- そうであるにもかかわらず，A社の出資者をビックカメラとは無関係の第三者に仮装していたことにより，匿名組合清算配当金が発生し，これを特別利益として計上することができる場合に該当するとして，上記匿名組合清算配当金が利益として発生したことを前提とした開示書類を，関東財務局長に提出した。これは，「重要な事項につき虚偽の記載がある」有価証券報告書等を提出した行為に該当すると認められる。
- X氏は，ビックカメラが虚偽の記載のある開示書類を参照書類とする目論見書を使用したところ，同目論見書に虚偽の記載があることを知りながら，その作成に関与し，当該目論見書に係る売出しにより，X氏が所有するビックカメラ株券を売り付けた。
- X氏が行った上記行為は，「重要な事項につき虚偽の記載がある目論見書」を使用した発行者の役員等で，当該目論見書に虚偽の記載があることを知りながら当該目論見書の作成に関与した者が，当該目論見書に係る売出しにより当該役員等が所有する有価証券を売り付けた行為に該当すると認められる。

(2) ビックカメラ審判事件の経緯

ビックカメラ審判事件は，次のとおりの審理経過をたどりました。審判手続の開始から，約1年間を要したということになります。

平成21年6月26日	証券取引等監視委員会が課徴金納付命令勧告
	金融庁が審判手続開始決定
7月13日	被審人が答弁書提出（違反事実を争う）
9月25日	第1回審判期日
10月21日	第2回審判期日
12月2日	第3回審判期日
平成22年1月14日	第4回審判期日
2月10日	第5回審判期日
3月17日	第6回審判期日
6月25日	決定

(3) ビックカメラ審判事件の争点と決定内容

ビックカメラ審判事件の争点は、次の3点でした。

① ビックカメラの開示書類を参照書類とした目論見書に虚偽の記載があると認められるか

② 被審人（X氏）は目論見書の作成に関与した時点で、目論見書に虚偽の記載があることを知っていたと認められるか

③ 被審人は虚偽の記載がある目論見書の作成に関与したと認められるか

審判体は、上記争点について、指定職員が指摘する事情その他関係証拠から認められる事情をみても、被審人が、目論見書の作成に関与した時点で、目論見書に虚偽の記載があることを知っていたと認めることはできず、違反事実に関する上記争点②についてこれを認めることはできないとして、違反事実を認めることはできない旨の決定を出しました。

証券監視委の勧告に対して違反事実が認められないとされた極めて珍しい事例です。

4 課徴金納付命令決定に対する不服申立て

前述のとおりの流れで出された課徴金納付命令決定に不服がある場合には、被審人は、裁判所に対して、当該決定の取消しを求めて訴訟提起することができます。この訴えは、当該決定が効力を生じた日から30日以内の不変期間内

に提起されなければなりません（金商法185条の18）。

　なお，当該決定については，行政不服審査法による不服申立てを行うことはできないものとされています（金商法185条の21）。

【金澤　浩志】

Q56 行政処分・罰則等

私には証券会社に勤めている息子がおりますが，息子から，勤め先の証券会社が，M＆Aのために，ある上場会社の株式を公開買付けによって取得する旨の取締役会決定をしたという情報を聞いて，当該会社の株式が値上がりしそうだと思い，この情報が公になる前に当該会社の株式の買付けをしてしまいました。この場合，私にはどのような処分がなされることとなるのでしょうか。

A

設題の行為はインサイダー取引に該当するものと思われます。

インサイダー行為に該当した場合，相談者は，行政罰である課徴金納付命令を受ける可能性があります。

また，刑罰も課せられる可能性があります。インサイダー取引規制違反の場合，5年以下の懲役もしくは500万円以下の罰金に処せられ，または併科されます。

解説

1 インサイダー取引規制違反について

以下に述べるとおり，相談者の行為は，公開買付者等関係者によるインサイダー取引を禁止した金融商品取引法167条3項に違反すると考えられます（なお，インサイダー取引規制の詳細についてはQ49をご参照ください）。

(1) 金融商品取引法167条について

金融商品取引法167条1項は，公開買付者等関係者による，公開買付け等の

実施に関する事実または公開買付け等の中止に関する事実を知って行う，それらの事実の公表前の当該公開買付けにかかる株式の買付け（公開買付け等の実施に関する事実を知った場合）または売付け（公開買付け等の中止に関する事実を知った場合）を禁止しています（1項・3項）。

また，金融商品取引法167条3項は，公開買付者等関係者からの情報受領者について，1項と同様の規制をしています。

(2) 情報受領者該当性

相談者の息子は，公開買付けを行おうとする証券会社の使用人に該当し，当該公開買付けの実施に関する情報（公開買付者等が公開買付け等を行うことについての決定をしたこと等をいいます。金商法167条2項）を職務に関して知ったといえますから，金融商品取引法167条1項1号により公開買付け等関係者に該当します。そして，相談者は，息子から公開買付けの実施に関する情報を聞いたということですから，公開買付け等関係者から情報の伝達を受けた者（いわゆる情報受領者）に該当し，金融商品取引法167条3項の規制対象となります。

(3) 違反行為

金融商品取引法167条は，情報受領者が公開買付けの実施に関する事実を知った場合に，当該事実が公表された後でなければ，当該公開買付けにかかる株券等にかかる買付け等をしてはならない旨規定しています。

相談者は，息子の勤める証券会社がある上場会社の株式公開買付けによって取得するとの情報を入手したうえで，当該会社の株式が値上がりしそうだと思い，この情報が公になる前に当該会社の株式の買付けをしてしまったということですから，公開買付けの実施に関する事実が公表される前に当該会社の株式を買付けをしたということができます。

以上により，相談者の行為が金融商品取引法167条によるインサイダー取引規制に違反することは明らかです。

2 インサイダー取引に課せられる処分

(1) 行政上の措置——課徴金

(a) 概　　要　インサイダー取引を行った者に対しては，課徴金の制裁が

あります。

　課徴金は違反者に対して金銭的負担を課す行政罰の一種であり，金融商品取引法上，インサイダー取引・相場操縦・風説の流布または偽計といった不公正取引や，発行開示義務違反（有価証券届出書等の不提出・虚偽記載等），継続開示義務違反（有価証券報告書等の不提出・虚偽記載等），公開買付開始公告の不実施，公開買付届出書等の不提出・虚偽記載等，大量保有報告書等の不提出・虚偽記載等，プロ向け市場等における特定証券等情報の不提供等，虚偽等および発行者等情報の虚偽等が課徴金の対象となっています（金商法172条以下）。

　課徴金制度は当初，証券取引法の規制の実効性を確保するための措置として，不当利得を剝奪するものという考え方の下に導入されましたが，その後，実効性を確保・強化するため，不当利得額以上の額を課すものとなっています。

　(b)　刑罰との相違点　　課徴金は，以下の点で刑罰と異なっています。

　まず，課徴金は行政目的達成のために違反した事実に課せられるものであり，行為者の故意・過失は要件となっていません。

　また，課徴金の額も利得の額を基準に，法令で定めるところにより一律に決定され，行為や行為者の悪質性・重大性等の具体的事情に応じて額を決する建付けにはなっていません。当局の裁量も制限されており，裁量による減額は原則として認められていません。

　(c)　手　　続　　課徴金納付命令は，内閣総理大臣によって行われる行政処分です。金融商品取引業者等だけではなく，市場で取引を行う投資家であれば広く対象となります。

　課徴金納付命令は，審判官による審判手続により違反事実の有無を審理することにより発せられます。この審判手続は，適正手続確保の観点から，行政処分の事前手続として行われるものであり，原則として公開されます（金商法182条）。

　審判手続の概要は以下のとおりです。

　内閣総理大臣は，金融商品取引法の規制に違反する一定の事実があると認めるときは，当該事実にかかる事件について審判手続開始の決定をします（金商法178条1項。ただし，この権限は金融商品取引法194条の7第1項により金融庁長官に委任されています）。この決定は文書により行われます（審判手続開始決定書。金商

法179条)。

これによって開始された審判手続は，原則として3人の審判官による合議体により行われます（金商法180条1項）。被審人は，答弁書を提出するほか（金商法183条），意見の陳述（金商法184条），証拠書類等の提出（金商法185条の3）等の行為を行い，違反の事実の有無や課徴金の額について争います。

これに対して，内閣総理大臣（金融庁長官）は，当該職員でその指定するもの（指定職員）を審判手続に参加させることができ，指定職員が被審人の主張・立証に応じた活動を行うことになります。

審判手続を経た後，審判官は，審判事件についての決定案を作成し，内閣総理大臣に提出します（金商法185条の6）。

内閣総理大臣は，違反の事実があると認めるときは課徴金納付命令を発します（金商法185条の7）。

(d) 課徴金額の算定　インサイダー取引をした者に対する課徴金は，金融商品取引法175条が規定しています。

そのうち，自己の計算によってインサイダー取引をした会社関係者・公開買付者および情報受領者に対する課徴金は，基本的には，有価証券の売付け等をした場合は「重要事実公表6か月前以前にした当該有価証券の売付等価額の合計」から「重要事実公表後2週間の最安値で当該有価証券を売付け等した場合の価額」を控除した額とされており，有価証券の買付け等をした場合は，「重要事実公表後2週間の最高値で当該有価証券を売付け等した場合の価額」から「重要事実公表6か月以前にした当該有価証券の買付価格」を控除した額とされています。

すなわち，課徴金の額は，違反者が違反行為によって得ようとしたと想定される利得相当額に設定されているということができます。実際に違反者が利得した額以上の課徴金が課せられる可能性がありますが，あくまで違反者の利得（可能）相当額を基準にするものですので，不当利得相当額の金銭的負担をさせるという基本的考え方は維持されていると考えられます。

なお，調査等の処分が行われる前に違反者が違反の事実を内閣総理大臣に報告しているときは，課徴金の額は半額となる場合があります（金商法185条の7第12項）。一方，違反者が違反行為を行った日から遡って5年以内に課徴金納

違反条項	違反行為	課徴金額	根拠規定
166条1項・3項	自己の計算による有価証券の売付け等(重要事実の公表日以前6か月以内に行われたものに限る) ※「有価証券の売付け等」の意義については、175条3項参照	(当該有価証券の売付け等について当該有価証券の売付け等をした価格にその数量を乗じて得た額)−(当該有価証券の売付け等に関する重要事実の公表後2週間における最も低い価格に当該有価証券の売付け等の数量を乗じて得た額)	175条1項1号
166条1項・3項	自己の計算による有価証券の買付け等(重要事実の公表日以前6か月以内に行われたものに限る) ※「有価証券の買付け等」の意義については、175条4項参照	(当該有価証券の買付け等に関する重要事実の公表後2週間における最も高い価格に当該有価証券の買付け等の数量を乗じて得た額)−(当該有価証券の買付け等について当該有価証券の買付け等をした価格にその数量を乗じて得た額)	175条1項2号
167条1項・3項	自己の計算による有価証券の売付け等(公開買付け等の実施または中止に関する事実の公表がされた日以前6か月以内に行われたものに限る) ※「有価証券の売付け等」の意義については、175条3項参照	(当該有価証券の売付け等について当該有価証券の売付け等をした価格にその数量を乗じて得た額)−(当該有価証券の売付け等に関する公開買付け等の実施または中止に関する事実の公表後週間における最も低い価格に当該有価証券の売付け等の数量を乗じて得た額)	175条2項1号
167条1項・3項	自己の計算による有価証券の買付け等(公開買付け等の実施または中止に関する事実の公表がされた日以前6か月以内に行われたものに限る) ※「有価証券の買付け等」の意義については、175条4項参照	(当該有価証券の買付け等に関する公開買付け等の実施または中止に関する事実の公表後2週間における最も高い価格に当該有価証券の買付け等の数量を乗じて得た額)−(当該有価証券の買付け等について当該有価証券の買付け等をした価格にその数量を乗じて得た額)	175条2項2号

付命令を受けたことがあるときは、課徴金の額は1.5倍になります（同条13項）。

(2) 短期売買差益の返還

　上場会社等の役員または主要株主が、自己の計算によって当該上場会社等の特定有価証券等の買付け等をした後6か月以内に売付け等をし、または売付け等をした後6か月以内に買付け等をして利益を得た場合においては、当該上場会社等は、その利益を上場会社等に提供すべきことを請求することができます（金商法164条1項）。「主要株主」とは、自己または他人の名義により総株主等の議決権の10％以上の議決権（有価証券の取引等の規制に関する内閣府令24条で定めるものを除く）を保有している株主をいいます（金商法163条1項）。なお、この請求権は2年で消滅します（金商法164条3項）。

　この制度は、インサイダー情報を一般投資家よりもより早く知ることできる立場にある上場会社等の役員や主要株主が、一般投資家の知りえない内部情報を不当に利用して当該上場会社等の特定有価証券の売買取引を行うことは、市場における公平性・公正性を著しく害し、一般投資家の利益と市場に対する信頼を著しく損なうものであることから、このような不当な行為を防止するために設けられたものです（技研興業事件最高裁判決*1参照）。

　金融商品取引法164条はインサイダー取引規制をねらったものですが、規制の体裁が内部者の意図や情報の公開の有無を問わないものとなっておらず、インサイダー取引とは関係のない取引を行った者にも適用されることになります。そのため、本条1項と同様の内容の規定であった旧証券取引法164条1項について、従前から立法政策として疑問を呈されており、秘密の不当利用や一般投資家の利益が現実に損なわれたことを要件とすべきとする見解、本条1項は財産権を侵害し憲法29条に違反するとする見解があり、議論がなされていました。この点について、前掲技研興業事件最高裁判決は、秘密の不当利用や一般投資家の利益が現実に損なわれたことは要件として不要であるとし、また、旧証券取引法164条1項は憲法29条に違反するものではないと判示しています。

　なお、金融商品取引法164条8項は、例外的に本条違反とならない場合を内閣府令（取引規制府令33条）によって定めるとしていますが、前掲最判平14・2・13は、164条8項に定める場合以外にも、類型的に見て取引の態様自体から入手した秘密を不当に利用することが認められない場合には、164条1項の

適用はないと解するのが相当である旨判示しています（ただし，傍論）。このような場合として，たとえば合併等に反対した株主が株式買取請求権を行使した場合などが考えられます。

　本条は，差益の返還請求権を会社に認めたものですが，会社と返還請求の対象となる者との間に特別な関係がある場合には，会社から返還請求がなされないことが考えられます。そこで，会社が請求しない場合には，株主等が会社に代位して請求することが認められています（金商法164条2項）。

(3) 刑　　罰

　金融商品取引法166条1項もしくは3項または167条1項もしくは3項に違反してインサイダー取引を行った者は，5年以下の懲役もしくは500万円以下の罰金に処せられ，または併科されます（金商法197条の2第13号）。

　なお，インサイダー取引規制に違反する行為は，より重い刑罰（10年以下の懲役もしくは1000万円以下の罰金または併科。金商法197条1項5号）が定められている不公正取引の包括規定（金商法157条）にも該当しうるものです。より悪質性の高い行為は，157条による責任を負う可能性があります。

引用判例

　＊1　最大判平14・2・13民集56巻2号331頁・判タ1085号165頁・判時1777号36頁。

【大平　修司】

第5章

金融商品取引に関する苦情・紛争解決

Q57　金融商品取引に関する苦情・紛争の処理

必ず値上がりするなどとして勧められた投資信託を，勧められるがまま購入したところ，大幅に値下がりし大損してしまいました。このような金融商品取引に関する苦情等について，どのような機関や窓口に相談するべきでしょうか。

A

> 金融商品取引に関する苦情・紛争の相談を受け付けている機関や窓口は複数ありますが，当該業者自身の苦情受付窓口や金融ADR制度に基づく指定紛争解決機関，加入金融商品取引業協会の苦情相談窓口などが考えられます。

解説

1　金融商品取引に関する苦情・紛争

　株式や投資信託等の元本が保証されていない金融商品は，対象企業の業況や市場環境，為替の変動等，様々な要因によりその値動きが左右されるものであり，そのような要因を網羅的に把握し，100％確実に値上がり益を確保することは不可能であるといえます。

　しかしながら，金融商品を販売する業者の担当者においては，当該商品を何とか販売したいという気持ちから，顧客に対して，「必ず値上がりする」などといった過剰な営業トークを展開してしまうおそれがあります。

　もちろん，このような行為は，断定的判断の提供として，金融商品取引法で禁止されている行為ですが（金商法38条2号），実際にそのような営業トークを

真に受けて，金融商品を購入したにもかかわらず，結果的に当初の購入価額を大きく下回ってしまった顧客としては，どのように対処することが考えられるのでしょうか。

2 金融商品取引業者の苦情処理・紛争解決措置

(1) 金融 ADR 制度

顧客として相談することが考えられる窓口としては，当該金融商品を販売した業者の相談窓口が挙げられます。一定程度の規模のある金融商品取引業者であれば，当該業者のホームページ上で，「お客様相談窓口」であるとか，「カスタマーセンター」といった連絡先が公開されているのが一般的であり，そのような連絡先に電話をしてみるといった方法が考えられます。

この点，金融商品取引法は，金融商品取引業者に対して，顧客からの苦情や顧客との間の紛争を早期かつ適切に解決することができるようにするための体制を整えることを要求しています。

具体的には，金融商品取引業者は，その受けている登録の種別に応じて，当該登録の種別に関する指定紛争解決機関が設立および指定されている場合には，その指定紛争解決機関との間で手続実施基本契約を締結する必要があるとされています（金商法37条の7）。他方，その受けている登録の種別に関して，指定紛争解決機関が設立および指定されていない場合には，一定の苦情処理措置（苦情処理に従事する従業員に対する助言・指導を消費者生活相談員に行わせること等）および紛争解決措置（紛争解決を ADR 促進法に基づく認証紛争解決手続により図ること等）を講じる必要があるとされています。

このような規制内容に基づいて，金融商品取引に関する苦情・紛争が解決される仕組みがいわゆる金融 ADR 制度です。

(2) 指定紛争解決機関

ここに指定紛争解決機関とは，一定の要件を備え，紛争解決等業務を行う者として，当局の指定を受けた者のことをいいます（金商法156条の38第1項・156条の39第1項）。一定の要件には次のようなものが含まれます（金商法156条の39第1項各号）。

- 法人（法人でない団体で代表者または管理人の定めのあるものを含み，外国の法令に準拠して設立された法人その他の外国の団体を除く）であること
- 指定紛争解決機関としての指定や他の法律の規定による指定であって紛争解決等業務に相当する業務に係る一定のものを取り消され，その取消しの日から5年を経過しない者でないこと
- 金融商品取引法もしくは弁護士法またはこれらに相当する外国の法令の規定に違反し，罰金の刑に処せられ，その刑の執行を終わり，またはその刑の執行を受けることがなくなった日から5年を経過しない者でないこと
- 役員のうちに，一定の事項に該当する者がないこと
- 紛争解決等業務を適確に実施するに足りる経理的および技術的な基礎を有すること
- 役員または職員の構成が紛争解決等業務の公正な実施に支障を及ぼすおそれがないものであること
- 紛争解決等業務の実施に関する規程が法令に適合し，かつ，金融商品取引法の定めるところにより紛争解決等業務を公正かつ適確に実施するために十分であると認められること
- 金融商品取引関係業者に対する意見聴取の結果，手続実施基本契約の内容その他の業務規程の内容について異議を述べた業者の数の，業者の総数に占める割合が3分の1以下の割合となったこと

また，手続実施基本契約とは，指定紛争解決機関と金融商品取引関係業者との間で締結される契約で，苦情処理手続および紛争解決手続に関する取扱いについて合意するものです（金商法156条の38第13項）。上記のとおり，金融商品取引業者には，その行う業務種別に応じて指定紛争解決機関が存在する場合には，当該機関との間で手続実施基本契約を締結する措置を講じる義務が課せられていますが，私法上の契約の締結を法律で強制するという，若干変わった規制の建付となっています。

以下，指定紛争処理機関によって，具体的にどのように紛争解決手続が行われることとなるかを確認していきます。

(3) **紛争解決手続の進行**
(a) 紛争解決手続の申立て　　金融商品取引業者等が指定紛争解決機関との

間で手続実施基本契約を締結している場合，紛争の当事者は，指定紛争解決機関に対して，紛争解決手続の申立てをすることができます（金商法156条の50第1項）。

 (b) 紛争解決委員の選任　　上記の申立てがなされた場合，指定紛争解決機関は，弁護士・銀行実務経験者・消費生活相談専門家等の中から，紛争解決委員を選任します（金商法156条の50第2項・3項）。

　なお，当事者と一定の利害関係にある者は紛争解決委員から除くとされており，当事者の配偶者等の近親者のほか，当事者から役務の提供により収入を得ている者または得ないこととなった日から3年を経過しない者などは紛争解決委員になることができません（金商法156条の50第3項，金融商品取引法第5章の5の規定による指定紛争解決機関に関する内閣府令〔平成21年12月28日内閣府令第77号〕11条第1項各号）。

 (c) 紛争解決手続の実施，不実施　　その後，指定紛争解決機関は，上記申立てを紛争解決委員による紛争解決手続に付することになりますが，顧客からの申立てにより手続が開始され，紛争解決委員から手続を応諾するよう求められた場合，当該金融商品取引業者は正当な理由がない限り，これに応じる手続実施基本契約上の義務があります（いわゆる手続応諾義務。金商法156条の44第2項2号）。

　なお，紛争解決委員は，紛争解決手続を行うのに適当でないと認められるとき，または当事者が不当な目的でみだりに紛争解決手続の申立てをしたと認めるときは，紛争解決手続を実施しないとされています（金商法156条の50第4項ただし書前段）。前者については，たとえば，当該顧客が，トラブルとなっている金融商品等に関する十分な知識を有する専門業者や大企業等であって，金融商品取引業者と比べても知識や交渉能力等の点において劣るところがない場合などがこれに当たりうると思われます。後者の例としては，当該顧客が，同一のトラブルに関して，正当な理由もなく，金融商品取引業者に対する嫌がらせ等のために，何度も繰り返し申立てが行われる場合などが想定されます。しかしながら，これらの該当性判断を紛争解決委員がどのように行うかは難しい問題があると考えられます。

 (d) 紛争解決手続内での具体的な行為

（ⅰ）紛争解決委員は，当事者もしくは参考人から意見を聴取し，もしくは報告書の提出を求め，または当事者から参考となるべき帳簿書類その他の物件の提出を求めることができます（金商法156条の50第6項等）。

なお，紛争解決委員から報告または帳簿書類その他の物件の提出を求められた場合，当該金融商品取引業者は正当な理由がない限り，これに応じる手続実施基本契約上の義務があるとされています（いわゆる資料提出義務。金商法156条の44第2項3号）。いかなる場合に「正当な理由」が存すると認められるかという点について法律上は明確にされていませんが，民事訴訟における類似の制度である文書提出義務（民訴法220条）の範囲に関しては複数の最高裁判例等も存在しており，大いに参考になると思われます。

（ⅱ）また，紛争解決委員は，和解案を作成して，その受諾を勧告し，または特別調停案を提示することができます。特別調停案とは，和解案であって，一定の場合を除き，当該金融商品取引業者が受諾しなければならないものをいいます（金商法156条の44第6項）。「一定の場合」には，顧客が当該和解案を受諾したことを金融機関が知った日から1か月を経過する日までに，当該トラブルに関する訴訟が提起され，同日までにそれが取り下げられないときなどが含まれます。

当該期間を徒過しつつ和解案を受諾しない場合，受諾が擬制されるといった効果までは生じないものの，指定紛争解決機関との間の手続実施基本契約違反となります。なお，正当な理由なく手続実施基本契約に定める義務に違反した場合には，当該事実の公表，内閣総理大臣への報告というサンクションを受けることとなります（金商法156条の45第1項）。

（e）紛争解決手続の非公開　紛争解決手続は，原則として非公開です。もっとも，紛争解決委員は，当事者の同意を得て，相当と認められる者の傍聴を許すことができるとされています（金商法156条の50第7項）。

3　加入金融商品取引業協会の苦情相談窓口

顧客としては，当該金融商品を販売した業者が協会員として加入している金融商品取引業協会の苦情相談窓口に相談するということも考えられます。

たとえば，認可金融商品取引業協会の一つである日本証券業協会は，特定非営利活動法人証券・金融商品あっせん相談センター（FINMAC）に業務委託をしたうえで，顧客からの，協会員の業務に関する苦情相談や，紛争解決のあっせんを行っています。

金融商品取引業協会ということで，金融商品の知識について専門性を有する方々が相談やあっせん対応することになりますので，専門的な知識を前提とした金融商品取引に関する苦情・紛争についても，迅速かつ適切に対応することが期待できると思われます。

4 その他の窓口

なお，顧客は，そのほかにも弁護士会の相談窓口・紛争解決センターや，国民生活センターの相談窓口等に相談に赴くということが考えられます。

【金澤　浩志】

第6章

金融商品別の具体的トラブル事例検討

第1節 株　　式

Q58　株　式

株式の販売・勧誘に際してのトラブル・紛争として，どのような問題が考えられますか。過去の裁判例で問題となった事案等があれば教えてください。

A

> 　株式は広く一般投資家が参加して取引がなされている金融商品の一つですが，専門的知見を必要とする取引であるため，情報量や交渉力の格差のある当事者間で取引がなされた場合に，様々なトラブル・紛争が生じます。具体的に紛争になる代表的な類型としては，断定的判断の提供，説明義務違反，適合性原則違反，過当取引，無断売買，損失保証等などが挙げられます。これらについては，多数の裁判例が登場しています。

解説

1　紛争の類型

　株式の価値は様々な要因で変動し，その要因の分析や見通しを立てるには専門知識を必要とする取引類型ですが，専門家だけでなく，一般投資家もこの市場において取引を行っています。一般投資家が高度の専門知識を有する証券会社や金融機関と取引を行う場合，情報や交渉力に格差のある当事者間で取引が

行われることになり，この格差ゆえに，様々なトラブルが生じ，これに伴って，多数の裁判例が登場しています。

株式の販売・勧誘に際して生じるトラブル・紛争の主な類型としては，次のものが挙げられます。

① 断定的判断の提供
② 説明義務違反
③ 適合性原則違反
④ 過当取引
⑤ 無断売買
⑥ 損失保証等

2 断定的判断の提供

断定的判断の提供の典型的な事例としては，株式の販売にあたって，金融商品販売業者が顧客に対して，「絶対儲かる」などと告げることが挙げられます。このような場合，専門家である金融商品取引業者等が不確実な事柄について断定的な判断を示すと，顧客がこれを確実な情報であると誤解して損害を被る可能性があるため，顧客を保護するための手当てをしておく必要があります。

そこで，金融商品取引法38条2号は，金融商品取引業者等またはその役員もしくは使用人は，顧客に対し，不確実な事項について断定的判断を提供し，または確実であると誤解させるおそれのあることを告げて金融商品取引契約の締結の勧誘をする行為を行ってはならないと規定しています。

また，金融商品の販売等に関する法律4条は，「金融商品販売業者等は，金融商品の販売等を業として行おうとするときは，当該金融商品の販売等に係る金融商品の販売が行われるまでの間に，顧客に対し，当該金融商品の販売に係る事項について，不確実な事項について断定的判断を提供し，又は確実であると誤認させるおそれのあることを告げる行為……を行ってはならない」と定め，これに違反した場合には損害賠償の責任を負うとしています（金販法5条）。

さらに，消費者契約法4条1項2号は，事業者が物品，権利，役務その他の当該消費者契約の目的となるものに関し，将来におけるその価額，将来におい

て当該消費者が受け取るべき金額その他の将来における変動が不確実な事項につき断定的判断を提供し，消費者が断定的判断の内容が確実であるとの誤認した場合には，契約を取り消すことができるとしています。

　断定的判断の提供を理由に不法行為責任が追及された事例としては，株式買付けを勧誘した際に，「株価が必ず上がる」と断定的判断を提供したため株式買付けを行った結果，損害を被ったとして使用者責任に基づく損害賠償請求がなされた判例*1が挙げられます。

3　説明義務違反

　株式は，株式市場の株価変動によってその価値が増減するため，株式の価値が購入した金額を下回ることがあります。このようなリスクを市場リスクといいますが，金融商品販売業者は，このリスクを顧客に対して説明しなければなりません。

　このような説明義務が課されているのは，金融商品取引業者と一般投資家との間では，自ずと証券取引についての知識，情報に量的・質的な差があり，一般投資家が，このような危険性を十分に理解しなければ適切な投資判断を行うことができず，株式等の金融商品を購入したことにより不測の損害を被る可能性があるためです。

　具体的には，金融商品取引業者は，金融商品取引法上，取引態様の事前明示義務（金商法37条の2），契約締結前書面交付義務（金商法37条の3）および契約締結時等の書面交付義務（金商法37条の4）を負っています。また，金融商品取引法38条7号は「投資者の保護に欠け，若しくは取引の公正を害し，又は金融商品取引業の信用を失墜させるものとして内閣府令で定める行為」を禁止しており，これを受け，金融商品取引業等に関する内閣府令117条は，契約締結前交付書面等の交付に先立ち，金融商品取引契約の概要，顧客が支払うべき対価，市場リスクについて「顧客の知識，経験，財産の状況及び金融商品取引契約を締結する目的に照らして当該顧客に理解されるために必要な方法及び程度による説明をすること」を義務づけ，これを行うことなく金融商品取引契約を締結する行為を禁止しています。

また，金融商品の販売等に関する法律3条1項1号では，市場リスクとの関係で，以下の説明を行わなければならないとしています。
① 元本欠損が生ずるおそれがある旨
② 当該指標
③ ②の指標に係る変動を直接の原因として元本欠損が生ずるおそれを生じさせる当該金融商品の販売に係る取引の仕組みのうちの重要な部分

　この説明義務を果たさなかった場合，金融商品販売業者は，金融商品の販売等に関する法律5条に基づいて損害賠償責任を負うことになり，元本欠損金額が損害の額であると推定されることになります。
　この金融商品販売法上の説明義務の範囲は限定的であり，これまでに判例で認められてきた信義則上の説明義務はなお意義を有しています。
　そして，判例[*2]では，金融商品取引業者と一般投資家との間では，自ずと証券取引についての知識，情報に質的な差があり，金融商品取引業者が顧客に対して危険性のある商品を提供することによって利益を得るという立場にあることから，金融商品取引業者が一般投資家に商品内容が複雑で高度の専門性を有する投資商品を勧誘する場合には，信義則上，危険性について説明する義務を負うとされています。

④ 適合性原則違反

　適合性原則とは，金融商品取引業者が，顧客の知識，経験，財産の状況や金融商品取引を行う目的などを考慮して，不適切な金融商品の勧誘を行ってはならないとする原則です。
　金融商品取引法40条1項は，金融商品取引業者は適合性原則に反した業務が行われないようにしなければならないと規定しています。また，金融商品の販売等に関する法律9条1項では勧誘方針を定めて公表する義務を金融商品販売業者に課しているところ，同条2項において，勧誘方針に適合性の原則に基づき配慮すべき事項を規定しなければならないとされています。
　金融商品取引上の規制は業法上の規制ですが，適合性の原則は私法上も妥当する原則であり，顧客の意向と実情に反して，明らかに過大な危険を伴う取引

を積極的に勧誘するなど，適合性の原則から著しく逸脱した証券取引の勧誘をしてこれを行わせたときは，当該行為は不法行為法上も違法となります[*3]。

5　過当取引

　過当取引とは，金融商品取引業者が顧客からの信頼を濫用して，過当な取引を実行し，手数料等を得ることをいいます。

　金融商品取引法40条2号は，金融商品取引業者は業務の運営の状況が公益に反し，または投資者の保護に支障を生ずるおそれがあるものとして内閣府令で定める状況のないよう業務を行わなければならないと規定しているところ，これを受け，金融商品取引業等に関する内閣府令123条1項3号が，著しく不適当と認められる数量，価格その他の条件により，有価証券の引受けを行っている状況がこれに当たると定めています。

　勧誘および取引が違法な過当取引とされる要件は，取引数量・頻度が顧客の投資知識・経験や投資目的あるいは資金量および性格に照らして過当であること，証券会社側が一連の取引を主導していたこと，および証券会社側が顧客の信用を濫用して自己の利益を図ったこととされています[*4]。

6　無断売買

　無断売買とは，金融商品販売業者が顧客に無断で，当該顧客の計算で取引を行う場合のことをいいます。顧客の計算で取引を行う以上，顧客の同意を得ていることは当然の前提であり，このような行為が許されないことは論を待ちません。

　無断売買については，金融商品取引法38条7号が「投資者の保護に欠け，若しくは取引の公正を害し，又は金融商品取引業の信用を失墜させるものとして内閣府令で定める行為」を禁止しており，これを受けて，金融商品取引業等に関する内閣府令117条1項11号が「あらかじめ顧客の同意を得ずに，当該顧客の計算により有価証券の売買その他の取引又はデリバティブ取引等（有価証券等清算取次ぎを除く。）をする行為」を禁止しています。

証券会社の従業員が顧客の注文に基づかず顧客の有価証券を売買し，手数料，利息等を引き落としたという事案において，最高裁判所は，金融商品販売業者が行った無断売買を行っても，当該顧客には効果は帰属しないとしました[*5]。このため，無断売買がなされた場合，顧客は預託金や株券の返還を請求することができます。

7 損失保証等

金融商品取引業者が，顧客を勧誘するに際して，断定的判断の提供とともに，損失保証や利回り保証を約束する事例がみられます。

そこで，金融商品取引法39条1項1号は，有価証券売買取引等につき，有価証券等について顧客に損失が生ずることとなり，またはあらかじめ定めた額の利益が生じないこととなった場合には自己または第三者がその全部または一部を補塡し，または補足するため当該顧客または第三者に財産上の利益を提供する旨を，当該顧客またはその指定した者に対し，申し込み，もしくは約束し，または第三者に申し込ませ，もしくは約束させる行為をしてはならないとし，損失補塡や利回り保証を禁止しています。このほか，事後の損失補塡（金商法39条1項2号）や損失補塡の実行（金商法39条1項3号）も禁止されています。

これは，損失補塡等が，証券市場における価格形成機能をゆがめるとともに，証券取引の公正および証券市場に対する信頼を損なうものであって，反社会性の強い行為であるためです。

損失補塡の禁止は，平成3年の証券取引法の法改正によって規定されたものであり，法改正後になされた損失保証契約は無効とされます。また，法改正前になされた損失保証契約も，公序良俗に反する契約として無効とされることがあります。たとえば，前掲判例[*1]は，平成2年8月になされた損失保証契約は公序良俗に反し無効であると判断しています。

このため，顧客は不法行為に基づく損害賠償請求に救済手段を求めることになりますが，この場合，損害賠償請求が民法708条の類推適用によって否定されるのではないかという問題があります。

この点について，判例[*6]は，「顧客の不法性に比べ，証券会社の従業員の不

法の程度が極めて強い本件では、証券会社の損害賠償責任を認めても民法708条の趣旨に反しない」として損害賠償請求を認めました。

この判例は、民法708条に関する、当事者双方の不法性を比較するという判例理論を踏襲したものと考えられます。したがって、損害賠償請求が否定されるか否かは、個別具体的な事案において不法性を比較検討する方法によって決せられることになります。

引用判例

* 1　最判平 9・9・4民集51巻 8 号3619頁・判タ956号149頁・判時1618号 3 頁。
* 2　最判平21・12・18判タ1318号90頁・判時2072号14頁。
* 3　最判平17・7・14民集59巻 6 号1323頁・判タ1189号163頁・判時1909号30頁。
* 4　大阪地判平 9・8・29判タ970号185頁・判時1646号113頁。
* 5　最判平 4・2・28裁判集民164号113頁・判タ783号78頁・判時1417号64頁。
* 6　最判平 9・4・24裁判集民183号263頁・判タ956号155頁・判時1618号48頁。

【太田　浩之】

第2節 社　　債

Q59　社　　債

社債の販売・勧誘に際してのトラブル・紛争としてどのような問題が考えられますか。

A

> 社債を販売する場合には，社債の発行会社の倒産や新株予約権付社債における新株予約権行使の際の株価変動による損失など，社債にともなうリスクが顕在化することが原因でトラブルが生じることがあります。したがって，社債を販売する際には，販売する社債が有するリスクの種類や程度，格付けに関する情報提供，信用リスクの増大等の点について，情報提供することが望ましいといえます。

解説

1　社債について

(1) 社債とは

社債とは，会社が資産調達を目的として，投資家からの金銭の払込みと引き換えに発行する債券です。資本である株式とは異なり，会社から見れば負債となるものです。

社債は，会社の資金調達の手段という点では株式と共通していますが，株式に優先して支払われ，また，利益の有無にかかわらず，あらかじめ定められた

利息が支払われる点で，一般的に，株式等よりもリスクが低い金融商品であるとされています。

(2) 社債の種類

社債にも次のとおり様々な種類が存在します。

(a) 普通社債　新株予約権等の付されていない社債であり，単純な金銭債権としての性質を有します。発行会社の信用力に見合う利率が付され，満期に額面で償還されます。発行会社の倒産以外には生じるリスクが小さいが，リターンは低い傾向にあります。

(b) 担保付社債　物上担保が付された社債で，担保付社債信託法に基づき，社債の元利金返済について，特定の物上担保が付される社債です。

(c) 新株予約権付社債　新株予約権が付された社債であり，この社債に付された新株予約権は社債から分離することはできません。

(d) 私募債　私募債とは，有価証券の私募の方法で取得勧誘がなされる社債です。有価証券の私募の方法としては，少人数私募および適格機関投資家向け私募がありますが，いずれも公募の場合に必要となる有価証券届出書の提出や目論見書の交付義務はありません。

(e) ハイブリッド債　ハイブリッド債とは，社債でありながら，収益状況や配当金の支払状況により利払いの繰り延べが可能であり，償還までの期間が非常に長いまたは償還期限をもたないこと，一般債権者に対して劣後することからエクイティとデットの中間形態といえます。

2　社債のリスク

社債を販売した場合には，社債の発行会社の倒産や新株予約権付社債の行使の際の株価変動による損失等の社債に伴うリスクが顕在化したことでクレーム・トラブルが生じることがあります。金融商品販売業者として，社債を販売・勧誘するに際して，どの程度の説明をしておく必要があるのか問題となるケースが多いと考えられます。

(1) 社債の一般的な内容について

企業が借金して返済するという単純性から，その発行会社が倒産すればその

支払が滞るリスク程度については投資家においてそのリスクは単純で理解しやすいものです。

このような社債の商品についての一般的な内容については，販売・勧誘に際して，それに対する説明は不要であると考えられます。

(2) **個別企業の情報について**

社債の商品性のみならず，社債発行会社について，倒産を引き起こす個別企業の信用力に影響を及ぼす情報についても，販売・勧誘する者として説明義務を負うべきといえるのでしょうか。

社債を発行するのが上場企業である場合，金融商品取引法の開示規制や証券取引所規則に従って重要情報として適時に開示されており，また，開示された情報以上の情報は社債販売業者には知りえません。また，開示情報から信用力を評価することは社債販売業者においても容易ではないと考えられます。

したがって，通常，個別企業の事情やそれに基づく企業の信用力評価について業者が説明する義務を負わないと考えられます。

もっとも，債券の場合には，第三者である格付機関による格付け制度が存在し，償還の安全性・確実性に関する目安が公表されており，その入手・提供も容易です。したがって，販売業者としては，個別企業の情報提供について，格付け情報程度は提供しておくべきと考えられます。

(3) **その他**

社債の中でも，ジャンク債といわれる信用格付けが低くて利率が高い社債は，ハイリスク・ハイリターン型の商品です。また，通常の社債とは異なるリスクを含む商品として，新株予約権付社債が挙げられます。新株予約権付社債とは，会社の新株を特定の価格で購入できる権利が付与された社債ですが，新株予約権付社債の場合，新株予約権行使の時点の株価によって新株予約権者が得られる利益が異なります。

このように，社債はその種類の違いにより包含するリスクの種類や程度は大きく異なります。したがって，社債を販売する者においては，販売する社債のリスクに応じた説明を行う必要があります。そして，顧客の知識や経験から考えて，その顧客が販売しようとする社債の購入に適さないと判断されるような場合，適合性の原則から，当該顧客に対する社債の販売を控える必要がありま

す。

その他，説明義務違反に基づく民事上の損害賠償請求をされたり，社債を個人に対して販売する場合に不実告知や断定的判断の提供を行ったとして消費者契約法に基づく取消しを主張されたりすることのないよう，説明に際して充分な注意を払うべきと考えます。

3 裁判例について

社債の販売に関する説明義務違反について問題となった裁判例に，大阪高裁判決[*1]があります。これは，一般投資家である原告らが被告ら社債販売業者4社の勧誘により，大手スーパーマーケットを経営するA社の社債を購入したところ，A社の財務状態は悪化してしまい，各社債がデフォルトした事案について，原告らが被告ら会社の社債購入の勧誘の際にA社の信用状態悪化についての説明がなかったと主張し，説明義務違反による不法行為に基づく損害賠償を請求した事案です。

これについて大阪高裁は，「社債は，その発行する企業（発行体）が一定額を借り入れて同じ額の返済を約束する者であり，一般的に，これに一定率の利息が付されるものである。」として，「社債に内在する主なリスクは，①発行体の経営成績，財務状態が悪化することで，元利の支払がされないか，遅延すること（信用リスク，デフォルトリスク），②信用が低下した場合，社債の時価が下がり，途中売却をする際に，売却価格が低下するし，流通市場が存在しないため証券会社に買い取ってもらうことになるが，場合によってはその買取りをしてもらえない可能性があること（流動性リスク）」と述べています。

そして，発行体の抽象的信用リスクについては「社債は，上記のとおり発行体である企業が金員を借り入れてその返済をするものであるところ」，その「元金及び利息の返済を受けられなくなる可能性があることは，抽象的には一般投資家にとって了解可能なものといえる。したがって，証券会社は，一般投資家の年齢，知識，経験及び勧誘時の状況等により，一般投資家が社債の上記リスクを理解できていないおそれがあるような特段の事情がない限り，社債の仕組み及びその仕組みに内在するいわば抽象的信用リスクについての説明義務

を負うということはできない」と述べています。

　また，各社債の具体的信用リスクについては，「個々の社債については，発行体である企業の経営状況や財務内容を反映した具体的信用リスクを有するものである。そして，当該社債のリスクの有無及び程度といった具体的信用リスクに関する重要な情報について，証券会社は一般投資家に対して，その年齢，職業，知識，投資経験及び投資傾向等当該投資家の属性に応じて，これを提供し，説明すべき義務を有する場合があると解するのが相当である。そして，このような説明義務の違反があったかどうかは，当該投資家の属性に照らして，そのような情報提供及び説明が当該投資家の投資判断を左右するに足りるものであったかどうかが検討されるべきである」と述べています。

　本件判決はこの一般論を踏まえて，当該事案においては，①A社の経営状況において赤字を計上して再建計画実施後も有利子負債が増大していたこと等，②格付けの存在，③信用リスクの増大の点を指摘したうえで，それぞれについて次のとおり述べて，①について説明義務はなく，②③は説明義務が存在すると述べました。

(1)　A社の経営状況

　「発行体企業の財務状況に関する情報は目論見書に集約され，当該社債に関する評価は格付機関による格付によって集約されていることからすると，格付機関による格付時から当該社債の勧誘時までの間に，当該社際の発行体企業の財務状況を左右すべき重大な客観的事情の変化がない限り，証券会社にA社の経営状況について，顧客に対する情報提供及び説明義務を認めることはできないというべきである。」

(2)　格付の存在

　「社債には格付があり，その信用度のランクは投資適格級から投機適格級まで数種類に各付分類されること，本件各社債には指定格付機関4社による格付がされており，各格付機関によって投資適格級とするものから投機適格級とするものまでランク付けが異なっていることについては，一般投資家が自己責任のもとに投資判断するに当たり極めて重要な情報であるというべきであり，一般投資家の属性を無視して，取得格付（依頼格付）による格付についてだけ情報提供すれば足りる」と解することはできない。

(3) 信用リスクの増大

「社債の信用リスクは，リターンは数％の利息であるのに比し，リスクは投資元本の全喪失あるいは大幅な喪失というものであって，わずかなリターンを目論みながら大きなリスクを被ることがありうることは否定できないのであるから，信用リスクの増大についての情報も，一般投資家が自己責任のもとに投資判断をするに当たり重要な情報であることはいうまでもなく，また，信用リスクの増大について説明義務を課したとしても，同種商品や類似の商品についてまで個別調査を要求することになるものではなく，証券会社にこのような情報について説明義務を課すことが，過大な負担となり，市場における有価証券取引が著しく困難になるとまで断ずることはできない。」

引用判例

＊1　大阪高判平20・11・20判時2041号50頁。

【中村　健三】

第3節　投資信託

Q60　投資信託(1)

投資信託の販売・勧誘におけるトラブルとして、どのようなものが挙げられますか。また、そのトラブルを予防解決するには、どのような方策が考えられますか。加えて、民事上の問題についても教えてください。

A

　投資信託とは、投資家から募った資金をまとめ（ファンド）、これを信託財産とし、運用の専門家である投資信託委託会社が、株式・債券等に運用のうえ、その運用成果を各投資家の投資額に応じ分配する金融商品です。その運用資産の価格変動リスク、為替変動リスク、信用リスク、金利変動リスク等を有するものですが、そのリスクの大きさは、当該投資信託で予定されている運用対象により大幅に異なるといった特徴があります。

　トラブルの解決方法としては、不法行為責任に基づく損害賠償請求等の成否を検討のうえ、任意の交渉や、場合によっては金融ADRや訴訟といった紛争解決手続を利用しながら解決を図っていくのが通常です。

　トラブルの予防方法としては、購入前に投資信託の商品内容を適切に理解したうえ、投資する資金の性格からそもそも投資できるのか、できるとしてどの程度か等を慎重に検討することが重要です。

解説

1 投資信託の販売勧誘におけるトラブル

(1) 投資信託とは

　投資信託とは，投資家から募った資金をまとめ（ファンド），これを信託財産とし，運用の専門家である投資信託委託会社が，株式・債券等に運用のうえ，その運用成果を各投資家の投資額に応じ分配する金融商品です。正確な定義は，投資信託及び投資法人に関する法律2条に規定されています。

　そして，証券会社や，銀行等の販売会社を通じて，投資家に販売されます。投資信託の総資産額を総口数で除したものが「基準価額」とされ，当該基準価額で購入・換金が行われます。また，運用収益が投資家に「分配金」という形で分配されることがあります。

　当初募集期間にのみ購入が可能な「単位型」と，運用期間中はいつでも購入可能な「追加型」との分類，原則として運用期間中払戻しに応じる「オープンエンド型」と，運用期間中，払戻しに応じない「クローズエンド型」との分類，運用対象として約款に株式に投資できる旨の記載がある「株式投資信託」と，投資しない旨が記載されている「公社債投資信託」との分類をそれぞれ行うことができます。

　そして，投資信託はその名のとおり投資商品であり，その運用資産の価格変動リスク，為替変動リスク，信用リスク，金利変動リスク等を有するものですが，そのリスクの大きさは，当該投資信託で予定されている運用対象により大幅に異なるといった特徴があります。

(2) 想定されるトラブル

　上記のように投資信託は投資商品であり，運用成果により損失が生じるおそれを常に内包するものです。投資元本の回収が保証されるわけではありません。

　利用者の側で，この点に関する認識がなく，あるいは希薄であることが投資信託に係るトラブルのほぼすべてに当てはまる根源ではないかと考えます。その原因は，事案に応じ様々ですが，たとえば，証券会社，銀行等の販売者が積

極的かつ半ば強引に取引の勧誘を行ったこと，リスクの説明を十分に行わなかったこと，預金を取り扱う銀行が売っているのだから預金と同じものだとの感覚を持ってしまったこと，成約に至るまで十分な時間の余裕がなかったこと，投資に関する経験がなかったので投資というものを真に理解できないまま成約に至ってしまった等が挙げられるのではないでしょうか。

また，トラブルが顕在化する時期としては，購入直後（高齢者が投資信託を家族に相談せずに購入した後，家族に報告したところ大反対された場合等）と，不況等で損失の発生が明らかになった時点が傾向として多いのではないか，と考えます。

2 トラブルの解決方法，予防方法

(1) トラブルの解決方法

利用者側としては，証券会社，銀行等の販売者の勧誘行為が違法・不適切な場合には，不法行為責任に基づく損害賠償請求を行うことについて検討することとなります。

虚偽説明や断定的判断の提供禁止（金商法38条1号・2号）といった行為がなかったかどうかについては，まずもって検討されなければなりません。これらの行為があるとすれば，販売者側の違法性は明確なのですが，その立証方法については検討する必要があります。

加えて，説明義務違反や適合性原則違反の主張ができないかどうかについても検討する必要があります。これらの主張は，上記に比べて裁判所等判断者の評価によってその適否が左右されるものです。

いずれにしても，トラブルの解決方法としては，これら法的主張の成否を見極めたうえで，任意の交渉により，場合によっては金融ADRや訴訟といった紛争解決手続を利用しながら解決を図るということとなります。

(2) トラブルの予防方法

利用者側からすれば，投資信託は投資商品であってリスクはつきものであり，それでこそ投資商品なのですから，そのことをまず肝に銘じるべきです。購入してしまえばそのようなリスクが発生し，また「クローズエンド型」のように

運用期間中の払戻しに応じることが想定されておらず，投下資本が長期間にわたり拘束される場合もありますから，購入決定前に，購入を検討している投資信託の商品内容を適切に理解したうえで投資判断を行う必要があります。投資する資金の性格についても十分検討する必要があります。生活に必要な資金が投資により減じられたり，あるいは拘束されたりすれば，一番に困るのは利用者自身なのですから，そもそも投資できるだけの余裕があるのかどうか，投資額は適正かについて，真剣に考える必要があります。販売者の資料や説明にも十分に目を通し，耳を傾け，わからないところがあれば質問をするべきです。販売者が適合性原則遵守の観点から書面等にて行う質問に対する回答も自らの頭で適切に回答すべきです。冷静な観点から，今一度購入するかどうかを再検討する気持ちで記載する必要があります。適当にレ点をつけることは厳禁ですし，後に訴訟になってもそのような行為は不利に扱われますので留意が必要です。少しでも迷ったら，成約を踏みとどまり，冷静な頭で今一度考えてから購入することが重要です。いったん購入してしまえば，クーリングオフはできませんので，本当にこれは重要なことです。

　販売者の側からすれば，虚偽説明や断定的判断の提供を行わないのはもちろんですが，まず，自分が販売しようとする商品についてその商品性を真に理解することが重要です。そして目論見書等の情報提供書面を全部読みあげる必要はありませんが，そのポイントを明らかにし，強弱をつけて説明を行っていくべきです。利用者の反応や場合によっては質問をする等によりその理解度を確認していく努力を怠ってはなりません。そして，利用者が投資判断を適切に行えるように十分な時間を設ける必要があります。即日で成約ということは，投資経験のない利用者に対しては原則として避けるべきことのように思います。そして販売勧誘の経過は後に事後検証できるよう社内の記録にできるだけ詳細に残しておく必要があります。

３　民事上の問題について

　上記では，不法行為責任に基づく損害賠償請求について，少し触れました（投資信託におけるその成否等の説明はQ61で行います）。これに関し，金融商品の販

売等に関する法律は、一定の事項について説明義務を定め（金販法3条1項）、それは「顧客の知識、経験、財産の状況及び当該金融商品の販売に係る契約を締結する目的に照らして、当該顧客に理解されるために必要な方法及び程度によるものでなければならない」とされています（同条2項）。そして義務違反の場合の損害賠償責任については元本欠損額が損害の額と推定されることとなっていますので留意が必要です（金販法5条・6条）。

　また、不法行為に基づく損害賠償請求以外に、利用者側より錯誤無効の主張（民法95条）がなされる場合があります。事案の柔軟な解決という意味では、（客観的観点からすれば）過失相殺の余地のある不法行為責任の方が適しているように思いますが、被害回復の要請が強い場合には、錯誤無効の主張が認められる場合があります。その場合には、金融商品の売買契約が無効となるわけですから、利用者側からすれば、投資金額全額を返還請求しうることとなります（一方で、投資信託は返還しなければなりません）。

【錦野　裕宗】

Q61 投資信託(2)

投資信託の販売・勧誘におけるトラブルに係る，判例，裁判例としてどのようなものがありますか。それらから，実務において参考とすべき点について，併せて説明してください。

A

　　大阪地判平22・8・26金判1350号14頁・金法1907号101頁や，大阪高判平20・6・3金判1300号45頁が挙げられます。実務において参考とすべき点のうち，重要なものは，適合性原則違反，説明義務違反の判断要素として，その仕組みの複雑性，リスクの高低は必須の検討事項となっており，過去の同種取引の有無，投資意向，熟慮期間を置く等の配慮が重要な要素となっていること，社内規程違反の有無や担当者の能力についても考慮要素となっていることが指摘できます。

解説

1　大阪地裁平成22年8月26日判決

　投資信託の販売・勧誘のトラブルに係る裁判例で近時注目されたものとして，大阪地判平22・8・26[1]を挙げることができます。

　これは，投資信託を販売した銀行に対する，適合性原則違反・説明義務違反を理由とした損害賠償請求がなされた事案で，結論として銀行の適合性原則違反，説明義務違反を認定し，損害賠償請求を認めたものです（過失相殺2割）。

　まず，この判決の概要を説明します。

(1) 事案の概要

本件で問題となった投資信託は，特定の日経平均連動債（ユーロ円建て債券）を運用対象としており，株価観測期間（当初株価算出期間の翌日から最終株価算出日まで）中に，日経平均株価の終値が一度も当初株価の65％（ワンタッチ水準）を下回らなかった場合は，投資元本が償還価額となる一方，一度でもワンタッチ水準を下回った場合は，最終株価の当初株価比により，投資元本が減額され，償還価額が決定される（最終株価が当初株価を上回った場合は，投資元本を上限とする）という，いわゆるノックイン型の投資信託でした。

年に2回分配金が支払われ（目標分配額はあらかじめ設定），年2回設定された判定日に日経平均株価が早期償還水準以上であった場合には，直後の決算日に投資元本と目標分配額で早期償還され，以後の分配金は支払われないこととなるものでした。

(2) 判断のポイント

上記のとおり，本裁判例は，結論として銀行の適合性原則違反，説明義務違反を認定し，損害賠償請求を認めています。その判断のポイントを説明します。

(a) 適合性原則違反について

① 判例[*2]は証券会社の担当者が，顧客の意向と実情に反して，明らかに過大な危険を伴う取引を積極的に勧誘するなど，<u>適合性の原則から著しく逸脱した証券取引の勧誘をしてこれを行わせたときは，当該行為は不法行為法上も違法となる</u>と解するのが相当としているところ，本裁判例は，顧客の適合性を判断するに当たっては，具体的な商品特性をふまえ，これとの相関関係において，顧客の投資経験，証券取引の知識，投資意向，財産状態等の諸要素を総合的に考慮する必要がある，として上記判例の枠組みにより判断することを示しています。

② 以下のような商品性に対する評価を行っています。
- 本件投資信託の特性として，市場リスク，信用リスク，銘柄集中リスクといった一般的リスクに触れたうえで，日経平均株価がワンタッチ水準に達しない程度に下落しても元本の保証があるなど，リスクが軽減されている面もあるが，日経平均株価が上昇した場合であっても，購入者が得られる可能性のある利益は，分配金等に限られている一方で，購入者

が被る可能性のある損失は，元本全額に及ぶため，<u>リスクに比して，利益が大きいとはいえない</u>。
・解約が，<u>毎月20日</u>を受付日とする中途解約に限られるため，購入者は，償還日までの長期的な経済状況，株価市況の予測をしながら，購入後にも，株価の動向に注意を払う必要があるうえ，日経平均株価の動向に機敏に対応することができない。
・償還日までに日経平均株価がワンタッチ水準を下回るか否かを予測することは困難であり，一度でもワンタッチ水準を下回った場合には，元本は保証されないから，<u>元本保証を重視する投資家には適さない</u>商品。
・本件投資信託の一番の特徴である<u>ワンタッチ水準</u>については，その構造自体はそれほど複雑であるとはいえないとしても，日経平均株価の変動とは無関係に目標分配額が定められており，また，その額が逓減すること，早期償還条件が定められていることから，高齢であり，経験のない原告にとっては，<u>理解困難</u>。

③ 半年という短期間に，2000万円もの金額を同種の商品に投資しているのであり，リスクの分散が考慮されていない，と投資態様を評価しています。

④ 相続株式売却以外，株式取引経験はなく，投資信託購入経験は1度，といった取引知識・経験も考慮要素としています。

⑤ 顧客にこれまで投資経験がほとんどないこと，顧客の資産の大半が預金であり，本件投資信託等の原資も，定期預金，普通預金および個人年金保険という安定した資産であったこと，顧客が，まず，元本保証の有無について質問したことからすれば，<u>元本を重視する慎重な投資意向</u>であったものと評価しています。

⑥ 販売者側の内部基準の適用について，銀行の内部基準によれば，顧客は79歳であったから，銀行からの勧誘により，本件投資信託を販売することはできなかったが，顧客からの申出として処理した点，家族の同席，同意が必要とされており，原告に対する意思確認で処理が可能であるのは，同意確認が困難である場合の例外的措置とされているにもかかわらず，家族の同意確認を怠った点も考慮要素として指摘しています。

(b) 説明義務違反について

① 販売勧誘に当たり，本件投資信託が預金ではなく投資信託であることや，販売用資料のグラフを示しながらワンタッチ水準についての説明をし，販売用資料，説明書，目論見書を交付していることから，一応の説明はしたものと認められるとしています。

② しかし，高齢，投資経験，知識，投資意向等に加え，元本割れのリスクも相当程度存在するにもかかわらず，条件付きの元本保証，という商品の特性により元本の安全性が印象づけられることから，当該条件についてはとくに慎重に説明する必要があるものとしました。

そして，銀行担当者は，本件各投資信託の投資対象や運用益についての知識は持ち合わせてはおらず，銀行においてその研修もされていないというのであるから，販売を勧誘する側に知識不足があったというべきで，そのような者が一般顧客に商品の内容やリスクを，十分に説明することができるかどうか，疑わしい点や，その場で，直ちに購入を決定している点等を考慮し，説明義務違反の結論を導いています。

2 他の裁判例

 1 の裁判例のほかにも，大阪高判平20・6・3 *3 が参考となります。これは，6つの投資信託と，日経平均ノックイン債を販売した証券会社に対する，適合性原則違反・説明義務違反を理由とした損害賠償請求が認められた事案です（過失相殺4割）。判断枠組み等は， 1 の裁判例に類似しています。事例自体，1年に満たない間に，資産約3億2000万円のうち，2億5770万円が当該証券会社の勧誘による取引に費やされ，うち約2億1630万円が紛争の対象となった投資商品等に投じられているといった特殊性を有する事案です。判断の特徴として，理由は明らかではありませんが，運用対象が相対的にハイリスクではあるが，仕組み自体通常の投資信託と異ならない（すなわち 1 の事例のノックイン型投資信託のようなデリバティブ的な要素のない）投資信託を，「その仕組みが複雑で，理解が容易とはいえない投資商品」と評価している点が挙げられます。

3 実務において参考とすべき点

これらの裁判例等から，実務において参考とすべき点は，以下のとおりです。
(1) **商品性（仕組み）**
当該項目については，いずれの裁判例においても相当の検討を行っています。やはり商品性（仕組み）は重要で，その仕組みの複雑性，リスクの高低は必須の検討事項といえます。

1の事案のようなノックイン型の投資信託は，仕組債の場合にもそうですが，裁判においては，通常の投資信託に比し相対的に，仕組みが複雑あるいは理解が困難なものと認定される傾向も見受けられます。なお，店頭デリバティブ取引に類する複雑な投資信託については，自主規制機関である日本証券業協会により，自主規制による販売勧誘ルールが新たに強化されました。内容は，仕組債の場合と同様であり，Q63をご参照ください。

また，中途解約の制限は，投下資本の回収可能性に直結するものであるため，商品性の認定において重要な要素となります。

(2) **知識・経験**
年齢，意思能力・投資能力，同種の取引の有無（投資信託・株式・デリバティブ），過去の取引を合理的に行っているか（自律的なリスク管理が可能か）等が考慮要素となります。いずれの裁判例においても，投資経験がほとんどないことが認定に強く影響を与えているものと考えられます。

(3) **財産の状況**
多くの資産を有しているか，投資額の資産に対する割合が重要な考慮要素となります。またリスクの分散といった観点から，特定の商品に偏った勧誘を行うことは，販売者側にマイナスに働く要素といえます。

(4) **契約締結目的（ニーズ）**
元本を重視する慎重な投資意向か，当該取引が，顧客側の事情，積極性により行われたか，投資資金の性格（余裕資金かどうか，どのような原資から捻出したか）も重要な判断要素となります。

(5) 配　　慮

　熟慮期間を置いているか，（高齢者の場合）家族に相談する機会を設けたり，それを勧めたりしているか，についても重要な考慮要素となるため，留意が必要です。

　社内規程の履践が，本来の趣旨に従ってフェアに行われているか，についても考慮要素となっています。本来的には，社内規程の履践は適切なプロセスを経たうえでの勧誘ということで適合性原則を否定する方向に働かせるべき理論のように思いますが，[1]の裁判例においては適合性原則の肯定に積極的に作用させているような印象を受けます。いずれにせよ，販売者側としては自らの社内規程の本来の趣旨に従った履践を徹底する必要があります。

　金融機関担当者の能力（商品内容を理解できる能力があるか）が検討の対象となっていることは，特筆すべきことです。販売者側においては，研修等により販売担当者の能力向上に向けた態勢整備に努めるとともに，紛争解決手続においてもそのような観点から観察される場合があることを肝に銘じておくべきといえます。

引用判例

＊1　大阪地判平22・8・26金判1350号14頁・金法1907号101頁。

＊2　最判平17・7・14民集59巻6号1323頁・判タ1189号163頁・判時1909号30頁参照。

＊3　大阪高判平20・6・3金判1300号45頁。

【錦野　裕宗】

第4節　金利スワップ

Q62　金利スワップ

金利スワップ取引を行うに際してのトラブル・紛争として，どのような問題が考えられますか。過去の裁判例で問題となった事案等があれば教えてください。

A

　金利スワップ取引を行うに際してトラブル・紛争が起こるのは，金利スワップ取引を行った結果，リスクが顕在化して投資者に損失が生じた場合で，投資者が，金融商品を提供する金融商品取引業者等の顧客に対するリスクの説明が不十分であり，顧客がリスクの高さを理解したうえで投資できなかった，という問題に基づく場合がほとんどであると考えられます。

　金利スワップ取引をめぐる裁判例としては，判例雑誌に掲載されていないものは多数あるようですが，判例雑誌に掲載されているものでは，クーポンスワップにあたる金利スワップ取引について，銀行側の説明義務違反を否定した仙台高判平9・2・28や，プロ的な投資者との間で行った固定金利と変動金利の金利スワップ取引について，金融機関側のリスクについての説明が不十分であったとして説明義務違反を認めた東京地判平21・3・31，一般投資家と金融機関の伝統的な金利スワップ取引について，金融機関の説明義務違反を認めた福岡高判平23・4・27などが著名です。

解説

① 金利スワップ取引とは

　金利スワップ取引とは，同一通貨間における異なる金利の支払及び受取りを交換する取引であり，デリバティブ取引の一種です。

　金利スワップ取引を理解するには，まずスワップ取引とは何かを理解する必要があります。

　スワップ取引とは，簡単にいえば，「異なるキャッシュ・フローを交換する」取引であり，①異なる通貨の交換，②確定した金額と確定していない金額の交換，③確定していない金額同士の交換，などのパターンがあります。

　「異なるキャッシュ・フローを交換する」というのは，たとえば，金利スワップでいえば，一定額の元本に対して，ある一定期間，金利を支払っている場合に，これを変動金利で支払っているところ，固定金利で支払う方法と交換する，といった場合をいいます。

　これが通貨スワップであれば，「円」で金利を支払っていたところを，「ドル」で金利を支払う方法に交換すること，となります。

　スワップ取引の中でも，通貨スワップは①に，固定金利と変動金利を交換する伝統的な金利スワップ取引は②に，変動金利と変動金利を交換するベーシス・スワップは③に分類されます。

　伝統的な金利スワップは，固定金利と変動金利の間でスワップを実施し，金利変動によるリスクをヘッジする目的で行われます。

　たとえば，金利動向が上昇傾向にあるとします。資金調達を求める企業は，変動金利に従い短期に資金調達を繰り返すと，金利の上昇による支払リスクを負うことになります。

　このリスクをヘッジするために，一定額の元本を設定して，短期の変動金利で支払う方法と，当該元本に基づく長期固定金利を支払う方法とを交換（スワップ）し，自らは相手に長期固定金利を支払い，交換を行った相手からは短期変動金利を受け取る（結果として差額を受け取ることになります）という金利スワ

ップ取引を行うことにより、支払金利を長期固定金利に確定し、リスクを固定化するというように利用されます。

このように特に伝統的な金利スワップ取引は、リスクヘッジの手段として有効に利用される場合には一定のメリットを付与するものであると今なお理解されています。

しかしながら、伝統的金利スワップ取引も、あくまで「異なるキャッシュ・フローを交換する」取引ですから、そこには必ずリスクがあります。

たとえば、伝統的な金利スワップ取引では、短期の変動金利を避けて長期固定金利にスワップする取引を行うことで、金利の上昇によるリスクは避けることができますが、同時に金利の下落により、払わなくてもいい金利を長期間払い続けなくてはならなくなるリスクを当然負うことになっているわけです。

金利スワップ取引の分野では、前記の伝統的金利スワップ、ベーシス・スワップ、通貨スワップのほか、クーポン・スワップ（金利のみの交換）、スワップション（スワップ取引を対象にしたオプション取引）などの他のデリバティブ取引と組み合わされた金融商品などが開発され、多様なデリバティブ取引を生み出してきました。

平成20年ころ、証券会社等に勧誘され、金利スワップ取引を組み込んだ資産運用を行っていた国内の有名大学法人が、そのために数百億円単位の損失を計上した、といったニュースが世間をにぎわしたこともあったように、金利スワップ取引は、現在では、一般的にはもっとも複雑でリスクの高いデリバティブ取引の類型の一つと認識されています。

［2］ 金利スワップ取引を行うに際してのトラブル・紛争

このように複雑でリスクの高い金利スワップ取引ですが、投資の対象である金融商品の一つであることに変わりはなく、投資をするのであれば投資者は自己責任で投資を行い、その結果については投資者自身が責任を負うのが大原則です（自己責任原則）。

しかし、金利スワップ取引のような複雑なデリバティブ取引では、投資者は、相当高度の知識・経験を有する投資家でもない限り、金融商品取引業者等から

説明を受けなければそのリスクを正確に理解することは困難ですし，投資者がリスクを正確に理解して投資をするのでなければ自己責任原則が成り立ちません。

そこで，この自己責任原則が成立する前提として，金融商品を提供する金融商品取引業者等に対して，金利スワップ取引の投資勧誘の際に，商品の概要やリスクについて十分説明をすることが求められることになります。

金利スワップ取引を行うに際してトラブル・紛争が起こるのは，金利スワップ取引を行った結果，リスクが顕在化して投資者に損失が生じた場合で，投資者が，金融商品を提供する金融商品取引業者等の顧客に対するリスクの説明が不十分であり，顧客がリスクの高さを理解したうえで投資できなかった，と主張する場合がほとんどです。

このようなトラブル・紛争がひとたび生じ，裁判が行われるに至った場合，裁判における立証責任の構造から，投資者の側において，金融商品を購入する際に業者がもっと適切な説明をすべきだったことや説明をきちんと聞いていれば金融商品を買わなかったことを立証しなければなりません。

ところが，いかに弁護士の助けを得たとしても，投資者と金融商品取引業者の間での情報格差は相当大きいのが通常であり，その結果，裁判が長期化する傾向にありました。

３　法令の制定経過

金利スワップ取引等デリバティブ取引について，前記のような紛争・トラブルが多発したことを受けて，平成13年４月１日に「金融商品の販売等に関する法律」が施行されました。

これにより，金融商品販売業者等は，金利スワップ取引を含む金融商品について，あらかじめ勧誘方針を策定して公開し，金融商品のもっているリスク（元本欠損を生じるおそれ）等重要事項を投資者に対して説明しなければならない義務を負うことになり，この義務に反して投資者に損害が生じた場合は，損害賠償責任を負うことが明示されました。

しかし，金融商品の販売等に関する法律は，主に顧客に損害が生じた場合に

おける金融商品販売業者等の損害賠償の責任を明示することで投資者を保護するにとどまり，金融商品販売業者に対する業法規制としてまで機能しておらず，金利スワップ取引についてはこれを規制する業法規制はありませんでした。

　そこで，平成19年9月30日に施行された金融商品取引法では，これらのトラブル・紛争を防止するため，金利スワップ取引を同法が規制するデリバティブ取引の一つに定めました（金商法2条20項・21項4号・22項5号）。

　その結果，金融商品取引業者等が，金利スワップ取引を投資者に対して勧誘・販売する場合についても，金融商品取引法上の，適合性原則（金商法40条1号），契約締結前の書面交付義務（金商法37条の3第1項），実質的説明義務（金商法38条7号，金商業等府令117条1項1号）などの行為規制が適用されるようになり，金利スワップ取引も業法規制を受けることになりました。

　同法は，金融商品販売法よりもさらに詳細に説明義務を規定しましたが，同法の定める金融商品取引業者等が金利スワップ取引について負う説明義務の中で特に重要なのは，

① 当該金融商品取引の概要（金商法37条の3第1項3号）
② 顧客が行う金融商品取引行為について，金利・追加の価格などの指標に係る変動を直接の原因として損失が生じることとなるおそれがあるときは，その旨，その直接原因となる指標，および当該指標に係る変動により損失が生じるおそれがある理由（同条1項5号・7号，金商業等府令82条4号），
③ ②の損失の額が顧客が預託すべき委託保証金その他の保証金の額を上回るおそれがあるときは，その旨，その直接原因となる指標，および当該指標にかかる変動により当該元本超過損が生じるおそれがある理由（金商法37条の3第1項6号・7号，金商業等府令82条4号）

などです。

　なお，金融商品取引法は，上記②③について，損失の程度（最大損失額の見込みなど）については，明示的には説明事項としていません。

　しかしながら，損失の程度を明示的な説明事項としなかったのは，損失の程度の説明が実務的に困難な場合があることから，画一的に損失の程度の説明義務を求めることは避けたからにすぎず，損失の程度の説明が可能である場合に，その説明が不要であることを意味しないと考えられていますので，説明が可能

な限り説明を行うのが実務上望ましいとされています。

4　過去の裁判例で問題となった事案

　金利スワップ取引をめぐる裁判例として、ここでは判例雑誌に掲載されている中から、著名な裁判例を3つ紹介します。

(1)　**仙台高判平9・2・28**[*1]

(a)　事案の概要　　Y銀行から、変動金利の下で5億円の貸付けを受けていたXは、金利負担の軽減を目的に、ユーロ円建てで年8.63％の固定金利で、半年ごとに金利を円で決済し、元本は期限に一括返済という条件で5億円の貸付けを受け、それと組み合わせてオーストラリア・ドル建て金利と円建て金利を交換する金利スワップ取引を行いました。これはXがYから円貨で5億円を借り、YはXから円貨より高金利のオーストラリア・ドルで5億円相当を借り、元本は交換せず、金利部分のみを交換するいわゆるクーポン・スワップでした。

　そして、両者の支払うキャッシュフローの現在価値が等しくなるように計算して、XはYに対して半年ごとに5987万1258円を、YはXに対して57万7684.86オーストラリア・ドルを支払うものとしました。

　XはYから受け取ったオーストラリア・ドルを円に転換して、Yに支払うべき円貨との差額を計算し、これを半年ごとに支払うユーロ円ローンの金利8.75％相当額に加減して、毎回支払うべき金額を計算することとしました。

　複雑な金利スワップ取引に思えますが、大事なことは損益分岐点がどこにあるかであり、本件スワップ取引締結時点では、オーストラリア・ドルと円の交換レートが103.64円オーストラリア・ドルのときであり、それより円安となればXが差益を得られ、それより円高となればXが差損を被るという仕組みの金利スワップ取引でした。

　そして、円高により為替差損を被り、実質金利が上昇してしまうリスクについては、先物予約をして為替レートを確定して実質金利を固定することで回避できる、として、リスクをヘッジする方法もYからXに事前に教示されていました。

　なお、Xは、Yから、本件金利スワップ取引を行う前に、円高期待型の金融

商品も別途紹介を受けていましたが，円安期待型の商品として紹介を受けた本件金利スワップ取引を選択した，という事案でした。

結局，Xの予想に反して円高が進行し，Xは為替差益を被ることとなりましたが，Xは，Yの本件金利スワップ取引のリスクについての説明が不十分であったことがXが為替差益を被った原因であり，Yに説明義務違反の不法行為があったとして，不法行為に基づく損害賠償を求めて本件を提訴しました。

(b) 争　点　本件は，金融商品販売法も金融商品取引法も制定されていない時期に提訴された事案でしたが，後に上記各法において明示された適合性原則や実質的説明義務が取り上げられ，銀行が取り扱う金利スワップ取引についても適合性原則や実質的説明義務が適用されることを前提として，①そもそも複雑で高リスクの本件金利スワップ取引をYはXに販売・勧誘すべきではなかったか（狭義の適合性原則），②Yが果たすべきであった実質的説明義務の内容と程度（広義の適合性原則，法律構成としては信義則に基づく説明義務違反），これをYが満たしていたか等でした。

(c) 裁判所の判断　裁判所は①については，XはYとの間のみならず他行とも長年銀行取引を行っている株式会社であったことなどから，狭義の適合性原則の適用を否定しました。

②については，YはXに対し，(i)実質金利が上昇するリスクもあること，(ii)円高の進行によって損失を被るリスクとそれを回避する方法の有無，あるとすればその内容，などを最低でも説明しなければならなかった旨述べ，Yは，Xの経済取引の経験を踏まえて，Xが理解可能な程度に(i)(ii)等の説明を行っていたといえ，説明義務を果たしていた，と判示し，Xの請求を退けました。

(d) 評　価　本件では，YはXに対し，円高による為替差損が発生するリスクも説明し，円高期待・円安期待の双方のプランを提示し，円高プランを選択した場合の損益分岐点，為替差損の回避方法までも教示していましたから，現行の金融商品取引法の下でも，説明義務違反を問われる可能性は小さいと思われます。

(2) **東京地判平21・3・31**[2]

(a) 事案の概要　Y証券会社は，X_1・X_2との間で，以下の内容の金利スワップ取引を行いました（第1取引）。

① 想定元本はX_1が5000万アメリカドル，X_2が2500万アメリカドル
② 取引期間は平成16年6月18日から平成26年6月18日まで
③ XらがYから受け取る金利は，当初1年間が10.5％，残り9年間は，10年物ドル・ドルスワップレートと2年物ドル・ドルスワップレートの差の4倍
④ XらがYに支払う金利は3か月物アメリカドルLIBOR
⑤ 金利支払日は平成16年9月から終了日まで年4回（3，6，9，12月の各18日）

しかし，第1取引締結後，3か月物アメリカドルLIBORが上昇したため，Y側の提案により，本件第1取引の時価評価変動リスクをヘッジするため，以下の第2取引を締結しました。

① 想定元本はX_1が5000万アメリカドル，X_2が2500万アメリカドル
② 取引期間は平成16年11月30日から平成26年12月18日まで
③ XらがYから受け取る金利は，3か月物アメリカドルLIBOR
④ XらがYに支払う金利は，平成17年9月まで2％，18年9月まで3％，平成19年9月まで4％，平成20年9月まで4.8％，残りは5年3か月間5％
⑤ 金利支払日は平成16年12月から終了日まで年4回（3，6，9，12月の各18日）

しかし，本件第2取引締結後も，本件各取引におけるXらの支払金利が受取金利を上回る状態が続いたため，Xらは平成19年5月18日に，本件を提訴して，①主位的に本件契約は錯誤無効である旨主張して不当利得返還等を求め，②Yの説明義務違反を主張して損害賠償請求を求めました。

(b) 争　　点　本件は，一見複雑な金利スワップ取引にみえますが，簡潔にいえば，第1取引においては固定金利と変動金利を交換する金利スワップ取引をしたものであり，予想外の固定金利の上昇によりXらに損害が生じたので，リスクヘッジのために第2取引で固定金利を新たに組み直したものの，Xらの支払金利が受取金利を上回る状態が続き，Xらの損害がヘッジできなかったので，Xらが本件を提訴した，ということになります。

本件では，第2取引そのものについてはXらに損害が生じていませんでした

ので，争点は第1取引についてXらに生じた損害について，Yに説明義務違反が認められるか否か，ということでした。

(c) 裁判所の判断　　裁判所は，本件第1取引におけるリスク説明に関し，その締結の条件として交付することがXY間で了解されていた分析表を交付しておらず，それについて説明もなされたとは認められないとしたうえで，この分析表の内容は，時価評価損の最大数値をマイナス46.64％とするもので，従前のY側の説明とは大きく食い違うものであったから，これはXらの投資判断に重要な意味合いをもっていたと認定して，Y側がこの分析表に基づくリスク説明を行わずに第1契約を締結したことは，Xらの自己責任に基づく投資決定の前提条件を阻害するもので，Xらがデリバティブ取引について豊富な経験を有していることを考慮しても，説明義務違反と評価せざるをえないとし，Xらの請求を一部認めました。

(d) 評　　価　　本件は，金融商品取引法で明示的には説明事項となっていない損失の程度について，プロ的な投資者との間の取引における説明義務の有無が争点となった事件です。

本件判決は，プロ的な投資者との間の取引であっても，金融商品取引業者等が，特に複雑で高リスクの金利スワップ取引のような金融商品を販売・勧誘する際には，その説明義務が必ずしも軽減されるものではないことを示しています。

プロの投資者であれば，なお投資判断に必要な情報をシビアに求める場合もあることは十分首肯できるところです。

本件分析表に示された具体的なリスク予測は，たとえプロ的な投資者であっても自ら分析することは不可能でしょうから，本件判決が説明義務違反を認めた判断は適切であったと思われます。

なお，本件は控訴審における和解により終了しています。

(3) **福岡高判平23・4・27**[*3]

(a) 事案の概要　　Y銀行および他の銀行から，変動金利のもとで貸付けを受けていたXは，変動金利のリスクヘッジを目的に，以下の内容の金利スワップ契約を締結しました。

① 想定元本は3億円

②　取引期間は平成17年3月8日から平成23年3月8日の6年間
③　Y銀行からXへ支払う金利は固定金利で年2.445％
④　XからY銀行へ支払う金利は変動金利で3か月　TIBOR＋0％
⑤　金利支払日は平成17年6月8日から3か月ごとの各8日

　Xは，平成17年6月8日から平成18年6月7日までの間の3か月ごとの8日ないしその前後の日に，上記③と④の差額金として合計883万0355円を支払いました。

　Xは，本件差額金が多額で，Y銀行からの借入金の金利とあわせると，年間で1000万円近くをY銀行に支払うことになったためY銀行に騙されたと思うようになり，平成17年12月ころ，本件の金利スワップ契約は無効であると主張するようになって，平成18年7月20日，金融商品の販売等に関する法律4条，民法415条，709条および715条に基づき，損害賠償を求めて訴訟を提起しました。

　(b)　争　　点　本件は金融商品取引法制定前の事案であり，主な争点は，本件の金利スワップ契約の締結に際してのY銀行のXに対する説明義務違反の有無でした。なお，本件の金利スワップ契約は，本設問の解説の分類に従えば，伝統的な金利スワップの1類型に当たります。

　(c)　裁判所の判断　裁判所は，Y銀行側が提示した本件の金利スワップ契約は，通常ではありえない極端な変動金利の上昇がない限り，Xの変動金利のリスクヘッジという目的にそぐわないことが明らかであったと認定し，この点をY銀行からXに対して説明することなく行われた本件の金利スワップ契約はそもそも信義則に違反して無効であるとしたうえで，Y銀行の説明義務違反は重大で，不法行為を構成するとして，Xの主張を一部認めました（なお，4割過失相殺）。

　(d)　評　　価　本件は，一般投資家と金融機関の取引について，金融機関の説明義務違反を認めた事例として注目すべき裁判例です。なお，本件の第1審は，説明義務の履践が断定的判断の提供になってはいけない，という説明も加えたうえで説明義務違反を否定していました。

　本件は平成25年1月7日現在，上告・上告受理申立てがなされていることが確認されていますが，説明義務違反の範囲や断定的判断の提供との関係等につ

いて最高裁において判断が示されるのか否かについて、強い関心が寄せられています。なお、本件判決には、同じ日にほぼ同じ内容で判決が下された裁判例[4]もありますので、そちらもご参照ください。

引用判例
* [1] 仙台高判平9・2・28金判1021号20頁・金法1481号57頁。
* [2] 東京地判平21・3・31判時2060号102頁・金法1866号88頁。
* [3] 福岡高判平23・4・27判時2136号58頁・金判1369号25頁。
* [4] 福岡高判平23・4・27判夕1364号176頁。

【植村　公彦】

第5節　仕組債

Q63　仕組債

仕組債の販売・勧誘におけるトラブルとして、どのようなものが挙げられますか。また、そのトラブルの解決方法や、裁判において考慮される事項についても教えてください。

A

　仕組債とは、デリバティブを組み込んだ債券を総称した用語です。為替レートや市場動向等によりクーポン（金利）や償還金額が変動するといった特徴があります。期中の解約についても通常は制限されています。

　トラブルの解決方法としては、法的主張の成否を見極めたうえで、任意の交渉により、場合によっては金融ADRや訴訟といった紛争解決手続を利用しながら解決を図るということとなります。

　説明義務違反・適合性原則違反等の判断において、仕組債の場合にはその商品性に係る主張、評価が極めて重視されるといった特徴があります。

　日本証券業協会による、新たな自主規制による販売勧誘ルールについても留意が必要です。

解説

1 仕組債の販売勧誘におけるトラブル

(1) 仕組債とは

　仕組債とは，デリバティブを組み込んだ債券を総称した用語です。為替レートや市場動向等によりクーポン（金利）や償還金額が変動するといった特徴があります。期中の解約についても通常は制限されています。

　日経平均株価に連動する仕組債は，日経平均リンク債と呼ばれます。それ以外にも米ドルや豪ドル等の外国通貨に連動するものもあります。また他社株転換条項付債券は，EB債と呼ばれます。

(2) 想定されるトラブル

　上記のように仕組債は投資商品であり，運用成果により損失が生じるおそれを常に内包するものです。投資元本の回収が保証されるわけではありません。

　利用者の側で，この点に関する認識がなく，あるいは希薄であることが仕組債に係るトラブルのほぼすべてに当てはまる根源ではないかと考えます。その原因は，事案に応じ様々ですが，たとえば，証券会社，銀行等の販売者が積極的かつ半ば強引に取引の勧誘を行ったこと，リスクの説明を十分に行わなかったこと，預金を取り扱う銀行が売っているのだから預金と同じものだとの感覚を持ってしまったこと，成約に至るまで十分な時間の余裕がなかったこと，投資に関する経験がなかったので投資というものを真に理解できないまま成約に至ってしまった等が挙げられるのではないでしょうか。また，ノックイン債，すなわち，たとえば日経平均株価等が設定された基準価格未満となった場合（ノックイン），その下落に応じた損失を負担することとなり，額面額の償還を受けられないリスクを負担するものについては，一面において基準価格に至らない価格変動リスクをヘッジすることとなるため，これが元本保証を重視する投資目的に適合する投資商品との誤解を生ぜしめやすい面があることも看過できない要素です。

　また，トラブルが顕在化する時期としては，購入直後（高齢者が投資信託を家

族に相談せずに購入した後，家族に報告したところ大反対された場合等）と，不況等で損失の発生が明らかになった時点が傾向として多いのではないかと考えます。

2 トラブルの解決方法

　利用者側としては，証券会社，銀行等の販売者の勧誘行為が違法・不適切な場合には，不法行為責任に基づく損害賠償請求を行うことについて検討することとなります。

　虚偽説明や断定的判断の提供禁止（金商法38条1号・2号）といった行為がなかったかどうかについては，まずもって検討されなければなりません。これらの行為があるとすれば，販売者側の違法性は明確なのですが，その立証方法については検討する必要があります。

　加えて，説明義務違反や適合性原則違反の主張ができないかどうかについても検討する必要があります。これらの主張は，上記に比べて裁判所等判断者の評価によってその適否が左右されるものです。

　金融商品の販売等に関する法律は，一定の事項について説明義務を定め（金販法3条1項），それは「顧客の知識，経験，財産の状況及び当該金融商品の販売に係る契約を締結する目的に照らして，当該顧客に理解されるために必要な方法及び程度によるものでなければならない」とされています（同条2項）。そして義務違反の場合の損害賠償責任については元本欠損額が損害の額と推定されることとなっていますので留意が必要です（金販法5条・6条）。

　また，不法行為に基づく損害賠償請求以外に，利用者側より錯誤無効の主張（民法95条）がなされる場合があります。事案の柔軟な解決という意味では，（客観的観点からすれば）過失相殺の余地のある不法行為責任の方が適しているように思いますが，被害回復の要請が強い場合には，錯誤無効の主張が認められる場合があります。その場合には，金融商品の売買契約が無効となるわけですから，利用者側からすれば，投資金額全額を返還請求しうることとなります（一方で，仕組債は返還しなければなりません）。

　いずれにしても，トラブルの解決方法としては，これら法的主張の成否を見極めたうえで，任意の交渉により，場合によっては金融ADRや訴訟といった

紛争解決手続を利用しながら解決を図るということとなります。

3 説明義務違反・適合性原則違反等の判断において考慮される事項

(1) 商品性（仕組み）

商品性（仕組み）は重要で，その仕組みの複雑性，リスクの高低は必須の検討事項といえます。また，中途解約の制限は，投下資本の回収可能性に直結するものであるため，商品性の認定において重要な要素となります。

たとえば，顧客の意思表示の錯誤無効を認めた裁判例[1]では，米ドル・豪ドルに連動する仕組債について，いずれかの関係で円高傾向が続く場合には，当初1年間は高率の利息を受け取れるが，その後，最長30年間償還されず，わずかな利子で長期間資金が拘束されること，償還額が外貨で算出され為替リスクを負担すること，市場取引が想定されず途中売却の場合に，期待収益によって算出される理論値より更に買い叩かれる可能性があることが重視されています。

また，仕組債においては，その条件が投資家が負担するリスクとリターンに照らし適切なものかどうかを容易には検討しえない，そのリスクの程度がわかりにくいといった特徴があります。

いずれにしても，仕組債のトラブルに関しては，その商品性に係る主張，評価は，裁判の帰趨を決定するうえで，極めて重要な要素であると評価できます。

(2) 知識・経験

年齢，意思能力・投資能力，同種の取引の有無（投資信託・株式・デリバティブ），過去の取引を合理的に行っているか（自律的なリスク管理が可能か）等が考慮要素となります。

(3) 財産の状況

多くの資産を有しているか，投資額の資産に対する割合が重要な考慮要素となります。またリスクの分散といった観点から，特定の商品に偏った勧誘を行うことは，販売者側にマイナスに働く要素といえます。

(4) 契約締結目的（ニーズ）

元本を重視する慎重な投資意向か，当該取引が，顧客側の事情，積極性によ

り行われたか，投資資金の性格（余裕資金かどうか，どのような原資から捻出したか）も重要な判断要素となります。

(5) 配　　慮

　熟慮期間を置いているか，（高齢者の場合）家族に相談する機会を設けたり，それを勧めたりしているか，についても重要な考慮要素となるため，留意が必要です。

　社内規程の履践が，本来の趣旨に従ってフェアに行われているか，についても考慮要素となる場合があります。

　また販売担当者の能力（商品内容を理解できる能力があるか）や，研修等により販売担当者の能力向上に向けた態勢整備がなされているかといった点も考慮要素となりうる点に留意が必要です。

4　日本証券業協会の規則について

　自主規制機関である日本証券業協会の「協会員の投資勧誘，顧客管理等に関する規則」が平成23年2月1日に改正され，「店頭デリバティブ取引に類する複雑な仕組債」について，自主規制による販売勧誘ルールが新たに強化されることとなりました。

　商品販売前の検証の義務づけとして，①販売する商品のリスク特性，パフォーマンス等について事前に検証を義務づける「合理的根拠適合性の検証」（協会員の投資勧誘，顧客管理等に関する規則3条3項），②年齢や取引経験の有無，財産の状況などから勧誘対象となる顧客を選定することを義務づける「勧誘開始基準の設定」（協会員の投資勧誘，顧客管理等に関する規則5条の2）が規定されています。

　また，勧誘・販売時の説明義務の強化として，③不招請勧誘規制の適用がある場合にはその旨，リスクに関する注意喚起，金融ADR機関の紹介などを記載した文書の交付を求める「注意喚起文書の交付」（協会員の投資勧誘，顧客管理等に関する規則6条の2），④最悪シナリオを想定した損失額，中途売却の制限や売却資産額などについて説明を求める「重要事項の説明」（協会員の投資勧誘，顧客管理等に関する規則3条4項，6条の2第2項，「協会員の投資勧誘，顧客管理等に

関する規則第3条第4項の考え方」)、⑤重要事項の説明を行い、その内容を理解したことについて顧客より確認書を受け入れることを求める「確認書の受入れ」（協会員の投資勧誘、顧客管理等に関する規則8条）が規定されています。

引用判例

＊1　大阪高判平22・10・12金判1358号37頁・金法1914号68頁・証券取引被害判例セレクト38巻155頁。

【錦野　裕宗】

第6節　FX取引

Q64　FX取引(1)

FX取引の最近のトラブル事例として，どのようなものが挙げられますか。また，そのトラブルを予防・解決するために，金融商品取引法および金融商品取引業者等向けの総合的な監督指針上どのような規制がなされていますか。

A

　FX取引については，近時，①システムトラブル，②高レバレッジ化の進展，③FX業者の破綻が問題視されていました。
　そのため，①については，金融商品取引法の改正により，FX業者にロスカット・ルールの整備・遵守が義務づけられ，それに伴い，金融商品取引業者等向けの総合的な監督指針上も監督上の留意事項等が明確化されました。
　また，②については，平成22年8月1日より，レバレッジ規制が導入され，平成23年7月末までは50倍以上のレバレッジ取引が禁止され，平成23年8月1日以降は25倍以上のレバレッジ取引が禁止されることになりました。
　さらに，③についても，平成21年8月1日より，顧客の証拠金が可及的に保全されるよう，FX取引を含めた通貨関連デリバティブ取引等における区分管理の方法については，信託会社等への金銭信託に一本化されました。

解説

1　外国為替証拠金取引（FX取引）の意義

　外国為替証拠金取引（以下，「FX取引」といいます）は，取引金額の一部を「証拠金」として預けることで，「証拠金」の数倍から数十倍の「外国為替の売買」を可能とする金融商品です。
　FX取引は，金融商品取引法上，「店頭デリバティブ取引等」に該当しますので（金商法2条8項4号），FX業者は，同法に基づき，第一種金融商品取引業を行う者としての金融商品取引業の登録を受ける必要があります（金商法28条1項2号・29条）。
　FX取引の内容，仕組みは各FX業者によって異なりますが，一般的には，次のような内容を含みます。
　(a)　売買差益損　　まず，顧客は，一定単位の外国通貨を1取引単位（通常は1万単位）とする最低取引単位あたり，5万円ないし10万円程度の「証拠金」をFX業者に預託します。
　そして，かかる「証拠金」を担保に，一定単位の外国通貨を売買したのと同様の差金決済（現物の授受を行わず反対売買による差額の授受により行う決済）を行う地位（ポジション）を取得します。
　その後，顧客の任意の時点で当該地位（ポジション）と反対売買を行うことによって，観念上の為替差益損が生じ，これについて差金決済を行います。
　たとえば，米ドルであれば1ドル80円のレートのときなら1万通貨は80万円となりますが，顧客は，80万円全額を用意せずとも，5万円から10万円の証拠金を預託することによって，80万円について外貨取引を行った場合と同様の為替差益損を取得することができます。
　そのため，FX取引は，通常の外国為替取引に比して，ハイリスク・ハイリターンの取引といえます。
　(b)　スワップ金利　　顧客が，低金利通貨を売って高金利通貨を買ったと仮定する差金決済契約上の地位を取得している場合には，FX業者から，2通貨

の金利差を指標として決定される「スワップ金利」の支払を受けることができます。

他方，高金利通貨を売って低金利通貨を買ったと仮定する差金決済契約上の地位を取得している場合には，顧客はFX業者に対して「スワップ金利」を支払わなければなりません。

以上の点を具体的に説明します。

たとえば，1取引通貨単位を1万ドルとするFX取引において，1ドル82円の時点で1単位のドルを買い，5日後の1ドル87円の時点で売った場合，売買差益は，(87円－82円)×1万ドル＝50,000円となります（①）。

また，かかるドル買いの場合に，円の「金利」が年利0.1％，ドルの「金利」が年利2.1％であった場合には，1万ドル相当の円を「借りて」，同額のドルを保有していると仮定されますので，「金利差」2.0％相当のスワップ金利の支払を受けることができます。

すなわち，1単位×87円×1万倍×2.0％×5日／365日＝224円のスワップ金利の支払を受けることができます（②）。

この結果，運用益は，売買利益50,000円＋スワップ金利224円＝50,224円と

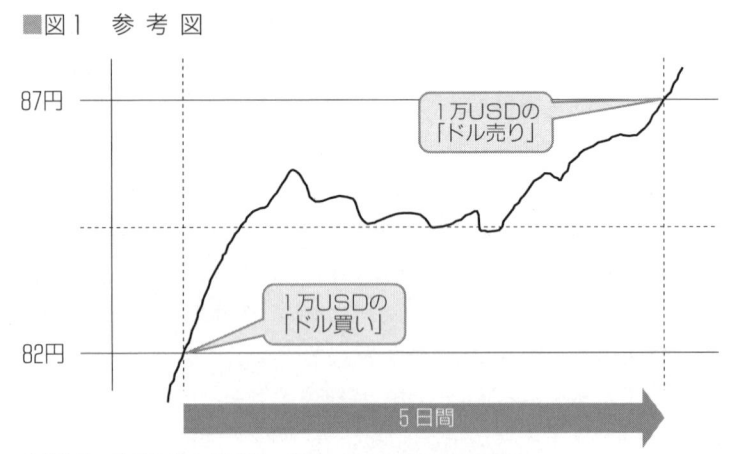

■図1　参考図

売買利益：為替差益5円(87円－82円)×1万USD＝50,000円
スワップ金利：1単位×82円×1万倍×2％(2.1％－0.1％)×5日／365日＝224円
運用益：売買利益50,000円＋スワップ金利224円＝50,224円

なります。

2 最近のトラブル事例・金融商品取引法および金融商品取引業者等向けの総合的な監督指針上の規制

(1) システムトラブル

FX 取引は多くの場合インターネットなどのシステムを通じて行われますが，システム障害により取引が遅れる，または取引ができないなどの支障が生じる場合があります（いわゆるシステムリスク）。

かかるシステムリスクが深刻化するのは，ロスカット・ルール（証拠金に対して損失が一定割合以上となった際に，自動的に反対取引により決済するルール）の発動が適時になされなかった場合です。

このような場合の FX 業者の責任が問題とされた裁判例[*1]があります。同裁判例は，以下のように判示して，FX 業者の顧客に対する不法行為責任を認めました。

① FX 業者がロスカット・ルールを顧客に示していた場合には，当該 FX 業者は，当該取引において，ロスカット・ルールに従った手続を取るべき義務を負う。

② 当該 FX 業者が，当該取引において，カバー取引を利用していた場合，当該 FX 業者は，上記義務の具体的内容として，有効証拠金額が所定の維持証拠金額を割り込んだ時点で即時に当該顧客の建玉についての反対売買と同一内容のカバー取引を発注すべき義務を負う。

③ 当該 FX 業者が，自らのコンピュータシステムが不十分であったことにより，上記時点で即時に上記カバー取引を発注できず，カバー取引および当該顧客の建玉についての反対売買の成立を遅延させ，その結果，当該顧客が損害を受けたときには，当該業者は，当該取引における注意義務に違反したものとして，当該顧客に対する不法行為責任を負う。

また，上記裁判例の事案のように，ロスカット・ルールが設けられていたにもかかわらず，それが十分に機能せず顧客が不測の損害を被ったというトラブルが相次いだことから，新規 FX 業者については平成21年8月1日より，既存 FX 業者については平成22年2月1日より，ロスカット・ルールの整備およ

び遵守が義務づけられました。

　具体的には，FX業者は，「業務の運営の状況が公益に反し，又は投資者の保護に支障を生ずるおそれがないように，業務を行わなければならない」とされていますが（金商法40条2号），そのような「業務の運営の状況が公益に反し，又は投資者の保護に支障を生ずるおそれがある状況」として，以下の2点が追加され（金商業等府令123条1項21号の2・21号の3），FX業者には，ロスカット取引を行うための十分な管理体制を整備し，実際に定めたロスカット・ルールに基づくロスカット取引を行うことが明確に義務づけられました。

① 個人顧客がFX取引を行う場合，ロスカット取引を行うための十分な管理体制を整備していない状況

② FX取引について，ロスカット取引を行っていないと認められる状況

　また，これに伴い，「金融商品取引業者等向けの総合的な監督指針」は，FX取引を含む店頭通貨関連デリバティブ取引におけるロスカット取引についての顧客への説明責任に係る留意事項として，以下の点を（Ⅳ－3－3－2(4)⑦）規定しました。

① ロスカット取引に関する取決めが設けられていることおよびその内容について，適切な説明を行っているか

② ロスカット取引が予定どおり行われなかった場合の損失のおそれ等について，適切な説明を行っているか

　また，FX取引を含む店頭通貨関連デリバティブ取引等に関するリスク管理体制として，ロスカット取引にかかる留意事項として，以下の点を（Ⅳ－3－3－4(4)）規定しました。

① 顧客の損失が，顧客が預託する証拠金を上回ることがないように，価格変動リスクや流動性リスク等を勘案してロスカット取引を実行する水準を定めているか

② ロスカット取引に関する取決めを明確に定めた社内規程等を策定し，顧客との契約に反映しているか

③ 取引時間中の各時点における顧客のポジションを適切に把握し，上記①の水準に抵触した場合には，例外なくロスカット取引を実行しているか

④ ロスカット取引を実行した状況を，定期的にまたは必要に応じて随時に，

取締役会等に報告しているか

　これらの留意事項は，FX業者に対する監督上の指針となるものですが，FX業者の顧客に対する民事責任の有無を判断する際にも，重要な考慮要素となります。

(2) 高レバレッジ化の進展

　FX取引については，店頭取引・取引所取引ともに，高レバレッジ化が進展してきていましたが，高レバレッジのFX取引については，

① 顧客保護（ロスカットルールが十分に機能せず，顧客が不測の損害を被るおそれがあること）
② FX業者のリスク管理（顧客の損失が証拠金を上回ることにより，FX業者の財務の健全性に影響が出るおそれがあること）
③ 過当投機

の観点から，問題があるとの指摘がありました。

　かかる指摘を踏まえ，1日の為替の価格変動をカバーできる水準を証拠金として確保することを基本とし，個人顧客（法人の顧客は，レバレッジ規制の対象となりません）を相手方とする取引所取引・店頭取引共通の規制として，想定元本の4％以上の証拠金の預託を受けずに業者が取引を行うことが禁止されました（すなわち，レバレッジ25倍以上の取引が禁止されました）（金融庁ウェブサイト平成21年5月29日「金融商品取引業等に関する内閣府令の一部を改正する内閣府令（案）」等の

■図2　参　考　図

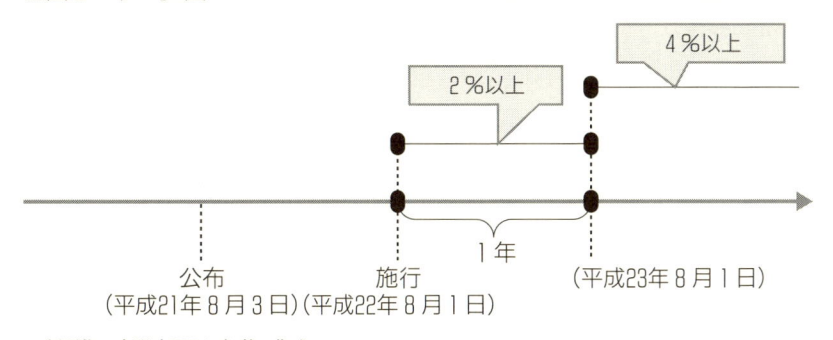

［図：公布（平成21年8月3日）→施行（平成22年8月1日）〈2％以上〉→1年→（平成23年8月1日）〈4％以上〉］

（出所）　金融庁HPを参考に作成。

公表について，平成21年7月31日同内閣府令（案）等に対するパブコメの結果について）（金商法38条7号，金商業等府令117条1項27号・28号・3項）。

なお，かかる規制は平成22年8月1日から施行されましたが（同附則1条），施行の日から起算して1年を経過する日までの間は，証拠金率を2％とする経過措置が設けられました（すなわち，この間は，レバレッジ50倍以上の取引が禁止されるにとどまります。）（同附則2条）。

(3) FX業者の破綻

平成19年に，複数のFX業者の破綻がありましたが，中には，業者による資金の流用やカバー取引や業者の自己売買の損失により顧客から預託を受けた証拠金を消失するなど，金融商品取引法に基づく区分管理が適切に行われていなかったことにより，顧客に証拠金が返還できないという顧客被害が発生する事例（平成19年10月22日付北海道財務局による株式会社エフエックス札幌に対する行政処分，同年11月9日関東財務局によるアルファエフエックス株式会社に対する行政処分等）がみられました。

また，これに関し，FX取引に係る証拠金のカバー取引先への預託等による区分管理の方法について，FX業者による資金の流用が容易であり，FX業者やカバー取引先の倒産からの隔離が不十分であるとの指摘がなされていました。

そこで，顧客の証拠金が可及的に保全されるよう，金融商品取引業等に関する内閣府令143条1項1号で，FX取引を含めた通貨関連デリバティブ取引等における区分管理の方法については，信託会社等への金銭信託によるもののみとされました。

かかる規制は，新規FX業者については平成21年8月1日より，既存FX業者については平成22年2月1日より適用が開始されました。

引用判例

＊1　東京地判平20・7・16金法1871号51頁。

【中村　健三】

Q65　FX 取引(2)

FX 取引に関するトラブル・紛争としてどのような問題が考えられますか。過去の裁判例で問題となった事案等があれば教えてください。

A

> FX 取引が行われるようになった当初は，FX 取引自体が公序良俗に反し違法な取引であるとする裁判例がありました。金融先物取引法の改正および金融商品取引法の制定により，法令上の根拠を有することになりましたので，FX 取引自体が公序良俗に反するとはいえなくなりました。顧客の投資経験，取引能力および財産状況や，取引時の説明内容によっては，適合性原則違反や説明義務違反があるとして，損害賠償請求を受ける可能性があります。

解説

1　FX 取引の推移

(1)　外国為替及び外国貿易法の改正

FX 取引は，平成10年の外国為替及び外国貿易法の改正により為替取引が自由化されたことを契機として，取引が行われるようになりました。当初は法令上の根拠がないままに行われていたため，詐欺的な勧誘を行う悪徳業者や経営基盤の危うい業者が多数存在していました。

(2)　金融先物取引法の改正

平成17年7月1日に，金融先物取引法が改正され FX 取引は法令の根拠を

有する取引となりました。FX 取引を行う業者の登録制，勧誘の要請をしていない顧客に対して訪問または電話により勧誘を行うことの禁止，広告に手数料率やリスクを表示すること，自己資本比率の制限などの定めが規定されました。

(3) 金融商品取引法の制定

さらに，投資家保護を徹底することを目的として，金融先物取引法を統合して金融商品取引法が平成19年9月30日に施行され，現在，FX 取引は同法による規制の下で行われています。

2 金融商品取引法上の規制

FX 取引を行うにあたり，業者は，顧客の知識，経験，財産の状況および金融商品取引契約を締結するにあたって不適当と認められる勧誘を行ってはならず，元本割れリスクがあることおよびその原因，損失の額が委託証拠金を上回ることがあることおよびその理由などを説明し，これらを記載した書面を交付なければなりません。また，FX 取引の契約の締結またはその勧誘について顧客に虚偽のことを告知，「必ず儲かる」などの断定的判断を提供，契約締結の要請をしていない顧客に対する訪問または電話での契約の締結の勧誘，勧誘を受ける意思を確認しないままでの勧誘することなどが禁止されています。

3 FX 取引に関する裁判例

(1) 公序良俗違反

FX 取引については，当初法令上の根拠が存在しなかったことから，顧客との相対取引（業者と顧客との一対一の取引）であること，証拠金の数十倍の外国為替取引が可能でありきわめてハイリスク・ハイリターンの取引であること，為替レートの変動自体は当事者が予見しえない事実であること，実際には反対売買による差金決済による財産的利益を目的としたものであることなどを理由として，賭博行為ないし賭博類似行為にあたるものとして，公序良俗に反する違法な取引であるとする裁判例が複数みられました[*1]。他方で，投機的取引ではあるが，あくまでも通貨を売買の対象とした取引であり，売買の目的物価

額の変動によって損益が生じる通常の取引であるなどとして、賭博にはあたらないとする裁判例もありました[*2]。

　もっとも、これらの裁判例は、平成17年7月の金融先物取引法改正以前に行われたFX取引に関するものですので、金融先物取引法ないし金融商品取引法による登録業者が行った取引であれば公序良俗に反するとはいえません。

(2) 適合性原則

　FX取引においては、適合性原則（金融商品の取引業者は、顧客の知識、経験、財産の状況、契約締結の目的に照らして投資者の保護に欠けるまたは欠けるおそれのある不適当な勧誘を行ってはならないという原則）（金商法40条）に反するとして損害賠償請求が行われる事案が多く見られます。適合性原則の詳細な内容については**Q36・Q37**を参照してください。

　FX取引は、為替レートを唯一の指標として行う取引であり、取引の仕組み自体は必ずしも複雑なものではないが、為替レートの変動を予想することは困難であり、専門性の高い取引であること、証拠金以上の損失を生じる可能性のある取引であり、その損失が高レバレッジであることによりわずかな為替レートの変動で発生し、また損失額が多額になるおそれがあること、取引が顧客と業者の相対取引でありいわば利益相反状態にあり、顧客に損失の生じるおそれが高いという特徴があります。このようなFX取引の特徴を考慮して適合性が判断されることになります。

　適合性原則について判断したものとして、以下のような裁判例があります（ただし、金融商品取引法施行以前の取引について判断された裁判例になります）。

　適合性原則に反しないとされた裁判例には、代表取締役として美容室を経営する53歳の女性について、銀行との交渉・取引を同人が行っており、1000万円の年収があり、その多くを同人の自由に使えたとして、FX取引を行う適格性を欠くとはいえないと判示した事例[*3]、大学卒の34歳の男性について、米ドルを使った商取引の仕事に従事し、仕事上為替相場に関心を有しており、株式の現物取引の経験があり、資力が乏しいという事情が窺われないとして適合性を欠くとはいえないと判示した事例[*4]などがあります。

　適合性原則に反するとした裁判例には、尋常高等小学校卒業の74歳の女性について、婚姻後専業主婦として生活してきたこと、単身の年金生活者である

こと，株式の取引経験はあるが，担当者のいいなりで利益をあげられなかったこと，多額の余裕資金があったわけいではないことなどから取引の適合性がなかったとした事例[*5]，47歳の留学生について，アルバイト等により生計を立てており，相当程度の資産があるとは認められない，大学における専攻は経済や金融とは無関係である，外貨預金の経験はあるが極めてハイリスク・ハイリターンの取引経験はない，として適合性の原則に反するとした事例[*6]などがあります。

このように，顧客の投資経験，取引能力，財産状況等を総合考慮して適合性原則違反の有無について判断がされています。

(3) 説明義務

業者にはFX取引にあたり，顧客に理解に応じて，商品特性・取引の仕組み，リスクの有無と程度およびリスクの発生要因，手数料および経費，取引形態等について十分な説明を行う義務があり，同義務を怠った場合，顧客から損害賠償請求を受けるおそれがあります。

FX取引のリスクとしては相場変動リスク（為替レートや金利が想定と反対の方向に動くことにより損失が生じるおそれ），金利変動リスク（金利の変動によりスワップポイントを受けられないおそれ），流動性リスク（希望するタイミングで通貨の売買ができないおそれ。流動性の低い通貨の取引の際生じやすい），信用リスク（業者の破綻により支払を受けられなくなるおそれ）などがあり，業者はこれらのリスクを説明する必要があります。また，FX取引の取引形態は相対売買ですので，相対売買であることを顧客に説明する必要があります（金商法37条の2）。

これらの説明は，顧客の理解度に応じて，顧客が十分にリスクを理解できるように行わなければなりません。説明義務違反を認めたものとして，東京地判平17・2・18（前掲事例[*3]）や札幌地裁判決[*7]などがあります。

なお，金融商品販売法上の説明義務（元本を上回る損失が生じるおそれ，当該指標，取引の仕組みの重要部分など）（金販法3条）に違反した場合には，顧客の支払った金銭及び支払うべき金銭の合計額（元本欠損額）が，説明義務違反により生じた損害額として推定されます（金販法6条）。

(4) その他

金融商品取引法により禁止されている，虚偽を告げたり，不確定な事項につ

いて断定的な判断を提供して行った勧誘，勧誘の要請をしない顧客に対する訪問・電話による勧誘，契約締結を拒絶した顧客に対する勧誘が行われた場合には，不法行為にあたると考えられます。

また，裁判例では，商品先物取引に関する事案と同様に，無断売買，一任売買，仕切り拒否・回避などがあり不法行為にあたると主張して損害賠償請求を行う例が見られます。

引用判例

* ＊1　東京高判平18・9・21金判1254号35頁，東京地判平19・9・26判例集未登載。
* ＊2　大阪地判平16・4・15判タ1164号158頁・判時1887号79頁。
* ＊3　東京地判平17・2・18判時1923号60頁。
* ＊4　東京地判平19・4・10判例集未登載。
* ＊5　東京地判平16・5・27判例集未登載。
* ＊6　前掲注（＊2）大阪地判平16・4・15。
* ＊7　札幌地判平16・9・22金判1203号31頁。

【久保田　千春】

第7節　外貨建て預金・外貨建て保険

Q66　外貨建て預金・外貨建て保険

外貨建て預金・外貨建て保険にはどのようなリスクがありますか。また，外貨建て預金・外貨建て保険に関するトラブル・紛争として，どのような問題が考えられますか。

A

> 外貨建て預金・外貨建保険には，いずれも，為替リスクが存在しています。したがって，外貨建て預金では元本割れを生じ，外貨建て保険では受取金額が払い込んだ保険料の合計額を下回るおそれがあります。また，外貨建預金は預金保険制度の対象外であり，金融機関が破綻した場合にも同制度の保護を受けられません。
> これらのリスクについて，預金取組み時ないし保険契約時に十分な説明がなかったとして，顧客が説明義務違反に基づき損害賠償を主張するおそれがあります。

解説

1　外貨建て預金

(1) 外貨建て預金とは

外貨建て預金とは，日本円を外国通貨（米ドル，ユーロ，豪ドルなど）に交換して外貨で預金をするものです。外貨預金の種類には，普通預金，定期預金，

当座預金，通知預金があります。基本的な仕組みは，日本円で預金する場合と同様で，普通預金や定期預金では預けたお金に一定の利息が付き，普通預金は自由にお金の出し入れができ，定期預金は，原則として満期日前のお金の引き出しや中途解約ができません。

(2) 外貨建て預金のメリット・デメリット

(a) メリット 外貨建て預金は，外貨によっては円預金よりも高金利を得られるものがあり，また，為替レートの動向次第で為替差益を得ることができるというメリットがあります。

(b) デメリット 他方，デメリットとしては，まず，為替レートの動向によって為替差損を生じる場合があるということがあります。外貨建て預金は外貨で預入れをしていますので，外貨ベースでの元本および利息は金融機関が保証していますが，預入れ時の為替レートと払戻し時の為替レートの差によっては，円ベースでみたときに元本割れになるリスクがあります。外貨によっては，当該外貨を発行している国の政策変更や政治社会経済環境の変化（国のデフォルト（債務不履行），内乱，外資規制など）により，著しい為替レートの変動や，外貨を日本円に交換できなくなるなどのリスクが生じるおそれもあります（カントリーリスク）。

また，多くの場合，預入れないし払戻しのため日本円と外貨を交換する際に，為替手数料（為替コスト）が必要となりますので，為替レートの変動がなかったとしても，元本割れを生じるリスクがあります。

さらに，外貨建て預金は，預金保険制度の対象外であるため，万一金融機関が破綻して預金の払戻しができなくなった場合，保護されません。当該金融機関の支払能力にしたがって，補償される額が変化することになります。

(3) 説明義務

銀行は，外貨建て預金の取組みにあたり，円預金の場合と同様の情報提供（銀行法12条の2）に加え，顧客に対して一定の説明義務を負います。

(a) 金融商品取引法上の説明義務 外貨建て預金は「特定預金等契約」に該当しますので，金融商品取引法の規定の一部が準用されます（銀行法13条の4，銀行法施行規則14条の11の4）。したがって，金融機関は，外貨建て預金の取組みにあたっては，顧客の知識，経験，財産の状況，特定預金契約を行う目的とい

った顧客の状況を総合的に考慮して，顧客が理解するために必要な方法および程度による説明をしなければなりません。ただし，特定投資家（機関投資家などのいわゆるプロの投資家）には，適用されません。

　説明すべき主な事項は，以下のとおりとなります（金商法38条7号，金商業等府令117条1項1号・82条）。

① 当該特定預金契約の概要
② 手数料，報酬その他の当該特定預金等契約に関して顧客が支払うべき対価に関する事項であって，その種類ごとの金額もしくは上限または計算方法およびそれらの合計額もしくは上限または計算方法
③ 契約締結前交付書面の内容を十分に読むべき旨
④ 顧客が行う特定預金等契約に関する金利，通貨の価格，金融商品市場における相場その他の指標に係る変動により損失が生じるおそれがある旨，その理由および当該指標
⑤ 顧客が行う特定預金等契約について当該特定預金等契約の締結の業務を行う者等その他の者の業務または財産の状況の変化を直接の原因として損失が生じるおそれがある旨，その理由および当該者

(b) 金融商品の販売等に関する法律上の説明義務　　外貨建て預金も預金であり「金融商品の販売等」（金販法2条1項1号）に該当しますので，銀行は，金融商品の販売等に関する法律上の説明義務を負うことになります。説明義務の内容は概ね金融商品取引法上の説明義務と同内容であり，上記(b)④⑤や，外貨建て預金の仕組みのうち重要な部分の説明を行うことになります。

(4) 払戻し時の留意点

　外貨建て預金は，為替レートの動向次第で払戻金額が変動しますので，払戻し時には，払戻金額および払戻金額の算定根拠を明示し，その内容を記載した書面を交付するなどして，十分な説明を行うことになります。

　また，円ベースでは元本割れを生じることがありますが，その場合，顧客が外貨建て預金自体の問題点や取組み時の説明が不十分であったなどと主張することが考えられます。説明義務違反があれば，銀行は損害賠償義務を負うことになりますので，取組み時の資料，契約書面に基づきながら，取組み時の説明が十分であったか否かを検討することになります。

2　外貨建て保険

(1)　外貨建て保険とは

外貨建て保険とは，外貨で保険料を払い込み，外貨で保険金や解約返戻金などが支払われる保険のことをいいます。現在のところ，外貨建て保険の多くは米ドルによるもので，終身保険，養老保険，個人年金保険など様々な種類があります。

(2)　メリット・デメリット

(a)　メリット　　外貨建て保険のメリットは，契約時または払込み時に確定した予定利率が保険期間の途中で変わることがありませんので，円建てよりも高利で，外貨建て預金よりも長期の運用が可能となることです。また，為替レートの動向次第で為替差益を得ることができます。

(b)　デメリット　　外貨建て保険も外貨建て預金と同様のデメリットがあり，為替レートの動向によって為替差損を生じることがあります。外貨建て保険は，外貨で保険料を払い込み，外貨で保険金を受け取りますので，保険料の払込み時の為替レートと，保険金受取り時の為替レートの差によっては，円ベースでみたときに元本割れになるリスクがあります。また，多くの場合，日本円と外貨の交換のため為替手数料（為替コスト）が必要となりますので，為替レートの変動がなかったとしても，元本割れを生じるリスクがあります。

(3)　説明義務

(a)　外貨建て保険は「特定保険契約」に該当しますので，外貨建て預金と同様に金融商品取引法上の一部が準用されます（保険業法300条の2，保険業法施行規則234条の2）。したがって，保険会社は，保険契約者に対して，保険契約の締結にあたり保険契約者が当該外貨建て保険を理解するために必要な方法および程度による説明をしなければなりません。

説明すべき具体的な内容は上記 1 (3)(a)に記載した事項と同様です。

(b)　外貨建て保険も保険契約であり「金融商品の販売等」（金販法2条1項1号）に該当しますので，保険会社は金融商品の販売等に関する法律上の説明義務を負うことになります。また，保険代理店も金融商品の販売の代理を行うも

のとして独立した「金融販売業者等」にあたりますので，金融商品の販売等に関する法律上の説明義務を負います。

　円建ての保険契約の場合に行うべき説明（積立型損害保険において配当金額が確定しているものではなく，また必ず支払われるものではないこと，保険契約を引き受けている損害保険会社の経営が破綻した場合には契約条件が変更され，保険金や解約返戻金が変更されるおそれがあることなど）に加え，当該外貨建て保険に関する金利，通貨の価格，金融商品市場における相場その他の指標に係る変動により損失が生じるおそれがある旨，その理由および当該指標，取引のうちの仕組みの重要な部分について，説明をすることになります。

(4) 保険金ないし返戻金の支払時の留意点

　保険金ないし返戻金を支払う場合には，為替レートの動向次第で払戻金額が変動し，支払金額が払込金額を下回ることもありますのて，支払時には，保険金額ないし返戻金額の算定根拠を明示し，その内容を記載した書面を交付するなどして，十分な説明を行うことが必要です。

【久保田　千春】

第8節 デリバティブ預金

Q67 デリバティブ預金

デリバティブ預金の販売・勧誘におけるトラブルとして、どのようなものが挙げられますか。また、そのトラブルを予防解決するには、どのような方策が考えられますか。加えて、民事上の問題についても教えてください。

A

　「デリバティブ預金」とは、デリバティブ取引を組み込んだ預金のことをいい、一般的には「仕組預金」と呼ばれています。デリバティブ預金は、「預金」という名称がついていますが、デリバティブ取引が預金の中に組み込まれていることから、一般に金融機関が提供している定期預金とは異なるリスクがあります。デリバティブ預金の販売・勧誘においては、このリスクについての銀行側の説明が十分でなく、顧客が十分にリスクを理解しないまま預金を行い、これらのリスクが顕在化した際にトラブル・紛争になることが多いようです。銀行側がこのトラブルを予防解決するには、金融庁・全国銀行協会等が定める基準に従い、顧客に対し、あらかじめデリバティブ預金の含有するリスクを十分に説明し、書面を取り交わしたうえでデリバティブ預金を受け入れることが、現状では最善の策です。なお、このリスクについての説明が不十分である場合、場合によっては債務不履行や不法行為による民事責任を問われる可能性があります。

解説

1 序

「デリバティブ預金」とは、デリバティブ取引を組み込んだ預金のことをいい、一般的には「仕組預金」と呼ばれています。現在各金融機関において、様々な商品が提供されていますが、近時、これらの各金融機関が提供するデリバティブ預金に関して、金融機関と顧客との間でトラブル・紛争が多発しています。

以下では、まずデリバティブ預金の仕組み・金融商品としての特徴について概観したうえで、かかる特徴にかんがみて、どのような点でトラブル・紛争が生じやすいかを確認していきます。

2 デリバティブ預金の仕組み

(1) デリバティブ預金とは

デリバティブ預金とは、先ほども述べましたように、一般的には、デリバティブ取引を組み込んだ預金のことをいうものとされていますが、これは法律上明確に定義された用語ではありません。

各金融機関が取り扱っているデリバティブ預金については、全国銀行協会制定に係る「デリバティブを内包する預金に関するガイドライン」が唯一その定義を定めており、「金融商品取引法第2条第20項に規定するデリバティブ取引または商品先物取引法第2条第15項に規定する商品デリバティブ取引を組み込んだ預金」をいうものとされています。

(2) 金融商品としてのデリバティブ預金

しかし、一口にデリバティブ預金といっても、組み込まれたデリバティブ取引によってその仕組みは多種多様であり、各銀行によって仕組みも名称も異なります。

ここでは、近年問題となっている2つの典型的なデリバティブ預金として、

全国銀行公正取引協議会の定めた区別に従い，①期間延長（短縮）特約付預金と，②外貨償還特約付円定期預金を紹介します。

(a) 期間延長（短縮）特約付預金　　一般的に満期特約型仕組預金（マルチコーラブル預金）とも呼ばれる預金で，「コーラブル」と呼ばれるオプションが銀行側に付与された預金です。

通常，10年間の定期預金では，銀行側が途中で解約することは原則としてできません。しかし，マルチコーラブル預金では，銀行側は，ある特定の時期（たとえば，3年目，5年目，10年目など）に，解約権を行使できるオプションを付与されています。その代わり，顧客に対しては通常の金利よりも高い金利が最初から設定されています。

ですから，満期まで預金を続ける限り，元本は保証され，当初設定された高い金利が維持される点では，定期預金と変わりません。

しかしながら，マルチコーラブル預金では，原則として満期前解約はできず，満期前解約をするにしても解決清算金が生じてほぼ確実に元本割れをするところが通常の定期預金と異なります。

また，マルチコーラブル預金では，前記のとおり実質的に顧客側に中途解約権がない代わりに，銀行側に満期の時期の選択権があるため，顧客にとっては，市場金利が上がったなどの理由で中途解約したいと思ったときに解約ができない，銀行側の都合によって満期を迎える時期が変わるなど，通常の定期預金にはないデメリットが想定されることになります。

(b) 外貨償還特約付円定期預金　　一般には，元本通貨変動型仕組預金，二重通貨預金など，様々な呼称で呼ばれています。原則として，預金時には円で預金する預金であり，通常の定期預金より相当高い金利が設定されています。満期までの期間は1か月という短期のものから通常の預金なみに長期のものまでまちまちです。

外貨償還特約付円定期預金は，一定の条件の下で，満期時の通貨が預入れをした円でなく，特定通貨の外貨として満期償還されることが特徴です。

たとえば，満期時に円/ドルの為替レートが預金時よりも円安だった場合は円で償還されますが，満期時の円/ドルの為替レートが預金時よりも円高だった場合，満期時の償還は預金時のレートに従ってドルでなされる，といった具

合です。こうなると、金利については日本円で受け取れるとしても、元本については、預金時のレートでドルで償還を受け、即時に円に換金しても、円高の不利益を預金者が被らざるをえないわけです。

このように、外貨預金の円高によるリスクを一定の範囲で受けざるをえないというデメリットが想定されますし、外貨建てと判断されれば預金保険による元本保証も受けられません。

(3) デリバティブ預金の特徴

以上のように、デリバティブ預金は、高い金利が設定されている反面、概ね以下のようなリスクが共通に有しています。
① 原則として、満期前解約ができないこと
② 満期前解約をすると解約清算金が生じ、ほぼ確実に元本割れすること
③ 円以外の外貨で払戻しがされる場合があること、その場合、満期時点の円貨換算額が預入時の円ベースの預入額を下回ることがあること
④ 預入期間の延長の選択権を銀行側が有する特約がある場合があること
⑤ 外貨建ての預金の場合、預金保険が適用されず、満期時にも元本が保証されないこと

3 デリバティブ預金の販売・勧誘におけるトラブル

(1) トラブルの内容

これまで述べたとおり、デリバティブ預金は、「預金」という名称がついていますが、仕組み上、デリバティブ取引が組み込まれていることから、一般に金融機関が提供している定期預金とは異なるリスクがあります。

その分、一般の定期預金よりも金利が高く設定されていますが、銀行側からのこのリスクについての説明が十分でなく、顧客が十分にリスクを理解しないまま預金を行い、これらのリスクが顕在化した際にトラブル・紛争になることが多いのです。

デリバティブ預金または仕組預金に関するトラブル・紛争は、平成18年ころには国民生活センターや金融庁に相談が相当数寄せられており、平成19年1月には、金融庁が同庁のホームページに金融サービス利用者相談室において、

期間延長特約付（満期繰上特約付）定期預金（先ほどのマルチコーラブル預金の一類型です）の事例への質問を公開し，
- 原則として中途解約できない
- 解約可能でも，解約に費用がかかり元本割れする場合もある
- 満期日を決めるのが金融機関であり，満期日が延長されても原則として中途解約ができない

などのリスクを預金を行う前に金融機関に確認するよう，利用者に注意を喚起していました（http://www.fsa.go.jp/receipt/soudansitu/）。

同年3月28日には，株式会社新生銀行の金融商品（前記元本通貨変動型仕組預金の一種）について，景品表示法4条1項2号（有利誤認）の規定に違反する事実があるとして，公正取引委員会から排除命令が行われるに至り（http://www.jftc.go.jp/pressrelease/07.march/07032803.html），デリバティブ預金について金融機関と顧客の間でトラブル・紛争が表面化し，金融庁等関係官庁における対応が急がれました。

そして，これらの紛争・トラブルを未然に防止するため，金融庁からの申入れを受けた全国銀行公正取引協議会が，同年4月19日に，デリバティブ預金または仕組預金の広告表示における留意点をまとめて公表しました（http://www.zenginkyo.or.jp/news/conference/entryitems/news190419.pdf）。

全国銀行公正取引協議会は，(i)期間延長（短縮）特約付預金と，(ii)外貨償還特約付円定期預金という2つの類型の仕組預金を取り上げ，(i)期間延長（短縮）特約付預金については以下の内容を明示するよう指示しました。
- 銀行側の判断で満期日が延長（短縮）されること
- 満期日変更の判断基準
- 中途解約が原則できないこと
- やむをえず中途解約に応じるときは大きく元本割れする可能性があること
- 中途解約の損害金についての具体的な情報提供
- どのような場合に元本割れの可能性が高くなるかの表示

また，(ii)外貨償還特約付円定期預金については以下の内容を明示するよう指示しました。
- 外貨償還となった場合は元本保証がないこと

- 適用される金利が複数ある場合はすべての金利
- 外貨償還となった場合、満期日に市場実勢相場で外貨に転換する場合に比べ不利な条件で転換されること
- その場合、預金保険の対象外となること
- 円での受取りとなった場合も、円安メリット（為替差益）を享受できないこと
- 中途解約などについては(i)と同様のこと

(2) トラブルに対する金融商品取引法の制定後の監督官庁等の対応

　平成19年9月30日からの金融商品取引法の本格施行に足並みを合わせ、銀行法においてもデリバティブ預金のようなデリバティブ取引を組み込んだリスクの高い商品について金融商品取引法同様の規制を及ぼすため、銀行法が改正され、同法13条の4によって、デリバティブ預金についても金融商品取引法の規制が多く準用されることとなりました。

　準用された規定の中で、デリバティブ預金にかかわるトラブル・紛争との関係で特に重要なのが、契約締結前の書面の交付（金商法37条の3等）、実質的説明義務（金商法38条7号、金商業等府令117条1項1号）および適合性原則（金商法40条）です（なお、実質的説明義務・適合性原則の詳細については、本書Q36〜Q39参照）。

　これにより、デリバティブ預金について、各銀行は、顧客の知識・経験等から不適当と認められる場合は、狭義の適合性原則に従い、そもそもデリバティブ預金を販売・勧誘してはならない義務を負い、また、デリバティブ預金の販売・勧誘が認められる顧客に対しても、広義の適合性原則に従い、当該顧客との情報格差を是正し、顧客が真に自己責任においてデリバティブ預金を行うことができるようにするため、顧客に対し、顧客が理解するために必要な方法と程度による説明が求められるようになりました。

　ところが、その後もなおデリバティブ預金をめぐる金融機関と顧客のトラブル・紛争が多かったことから、金融庁は、平成22年9月13日、全国銀行協会に対し、デリバティブ預金について、①適合性原則の具体化、②顧客に対する販売勧誘ルールの強化、③勧誘方法等に関する注意喚起文書の配布等、投資者保護の一層の充実を図る観点からの対応を促しました（平成22年9月13日金融庁

「デリバティブ取引に対する不招請勧誘規制等のあり方について」http://www.fsa.go.jp/news/22/syouken/20100913-1/01.pdf)。

　全国銀行協会では，これを受け，平成23年2月22日に，「デリバティブを内包する預金に関するガイドライン」(http://www.zenginkyo.or.jp/news/entryitems/news230222.pdf) を制定し，ガイドラインに沿った体制の整備を各銀行に求めています。

　同ガイドラインは，前記のとおり，デリバティブ預金を「金融商品取引法第2条第20項に規定するデリバティブ取引または商品先物取引法第2条第15項に規定する商品デリバティブ取引を組み込んだ預金」と定義したうえで，①狭義の適合性原則を具体化するため，各銀行に対し，商品性やリスクを十分把握したうえで，勧誘開始基準を定め，かかる基準に適合しない者については，デリバティブ預金の勧誘を行ってはならない旨明記しています。

　さらに，①広義の適合性原則の具体化および②顧客に対する販売ルールの強化の観点から，満期前解約が原則としてできないこと，満期前解約には解約清算金が発生し，元本割れのリスクがあること，外貨で払戻しがされるデリバティブ預金の場合，円ベースでは元本割れのリスクがあること等の重要事項についての顧客への十分な説明と，確認書の徴求を求めています。

　金融庁も，デリバティブ預金を念頭に置き，「主要行等向けの総合的な監督指針」(http://www.fsa.go.jp/common/law/guide/city.pdf) III—3—3—1—2(2)①イにおいて，詳細に顧客に対し説明すべきリスク等の事項を定め，説明義務が果たされるような体制が整備されるよう，銀行に求めています。

4　デリバティブ預金をめぐる紛争・トラブルの予防策

　前記のとおり，デリバティブ預金については，金融庁・全国銀行協会・全国銀行公正取引協議会等は，(i)期間延長（短縮）特約付預金と，(ii)外貨償還特約付円定期預金という2つの類型を中心にそのリスクを顧客に理解させたうえで，預金を行わせるよう求めています。

　デリバティブ預金を取り扱う銀行においては，金融庁や全国銀行協会の求める基準に従って，説明義務が果たされるよう体制を整備し，狭義・広義の適合

性原則に従って十分説明義務を果たしたうえで、顧客と書面を取り交わしてからデリバティブ預金を行うことが、現状ではデリバティブ預金をめぐる紛争・トラブルを避ける最善の方法です。

なお、適合性原則に基づく説明義務違反については、これが不十分である場合には債務不履行として民事責任を問われる場合があり、すでに多数の裁判例が集積されています[1][2][3]し、また、証券取引の事例ではありますが、顧客の意向と実情に反して明らかに過大な危険を伴う取引を積極的に勧誘するなど適合性の原則から著しく逸脱した勧誘をして証券取引を行わせたときには、当該行為は不法行為法となる場合もある旨判例は明示しています[4]。

また、外国為替商品取引の事案では、行き過ぎた勧誘が詐欺と認められた事例もあります[5]。

デリバティブ預金においても行き過ぎた販売・勧誘は、民事責任を問われるおそれがあることを、念のため付記しておきます。

引用判例

- [1] 投資信託、ワラント取引について、大阪高判平12・5・11証券取引被害判例セレクト16巻224頁等。
- [2] 商品先物取引について、札幌地判平19・4・12（平成17年（ワ）2171号）裁判所ホームページ。
- [3] 証券取引について、大阪高判平20・6・3金判1300号45頁等。
- [4] 最判平17・7・14民集59巻6号1323頁・判タ1189号163頁・判時1909号30頁等。
- [5] 東京地判平17・11・14判例集未登載（平成16年（ワ）27042号）。

【植村　公彦】

第9節　変額年金保険

Q68　変額年金保険

変額年金保険の販売・勧誘におけるトラブルとして，どのようなものが挙げられますか。また，そのトラブルの解決方法や，裁判において考慮される事項についても教えてください。

A

　変額年金保険とは，保険契約者が払い込んだ保険料を，保険会社が投資信託等に資産運用し，資産運用実績に応じて年金額や解約返戻金額を変動させることとした個人年金保険契約です。資産運用に係る投資リスクは，保険契約者が負担することとなります。
　トラブルの解決方法としては，法的主張の成否を見極めたうえで，任意の交渉により，場合によっては金融ADRや訴訟といった紛争解決手続を利用しながら解決を図るということとなります。
　説明義務違反・適合性原則違反等の判断においては，投資資金が長期間の拘束に耐えうるものであったか，その点についての契約締結目的（ニーズ）が重視されるべきものと考えます。

解説

１　変額年金保険の販売勧誘におけるトラブル

(1)　変額年金保険

　変額年金保険とは，保険契約者が払い込んだ保険料を，保険会社が投資信託等に資産運用し，資産運用実績に応じて年金額や解約返戻金額を変動させることとした個人年金保険契約です。資産運用に係る投資リスクは，保険契約者が負担することとなります。

　一定の運用期間が設定され，それが終了したときに年金原資が確定し，それを元にして年金受取期間に年金が支払われることとなります。年金額が年金受取開始後一定のものが通常ですが，受取開始後も運用実績によって年金額が変動するものもあります。

　複数の特別勘定が用意されているものもあり，保険契約者がそれらの特別勘定を組み合わせたり，あるいはその変更（スイッチング）を行ったりすることが可能なものもあります。

　保険契約関係費，資産運用関係費等の諸費用は，保険契約者の負担となります。

　上記のとおり，変額年金保険は，資産運用実績によって年金原資が変動するものですが，年金原資や年金受取総額（あるいはそれを上回る金額）に最低保証が付されているものもあります。このように最低保証には２種類のものがあり，また適用条件も各商品により異なりますので，留意が必要です。

　年金受取開始前に被保険者が死亡した場合の死亡保険金には，通常は最低保証が付されています。

　解約返戻金には通常，最低保証はなく，一定期間内に解約すれば解約手数料を負担しなければならないのが通常です。

　分配型といって，契約時から一定期間経過後に分配金を受け取ることができる保険商品や，運用目標額を設定し資産運用がそれに到達すれば一般勘定に移行する保険商品もあります。

平成14年10月より，銀行により変額年金保険を販売することが可能となったことを受け（いわゆる「銀行窓販」），銀行による販売が多いのが特徴です。

なお変額年金保険は，投資性の強い保険（特定保険契約）として，金融商品取引法上の販売勧誘規制の多くが保険業法で準用されています（保険業法300条の2）。

(2) 想定されるトラブル

変額年金保険において想定される典型的なトラブルには，下記のようなものがあります。

① 銀行により販売されていたので，保険会社ではなく，銀行の商品だと思っていた。
② 保険ではなく，預金だと思っていた。
③ 元本欠損リスクのある投資性商品だとは思っていなかった
④ 契約者自身の関与がまったくないまま，契約が締結されている。
⑤ 説明がほとんど行われないまま契約締結に至った。家族には説明していたが，契約者である自分にはほとんど説明がないまま，契約締結に至った。
⑥ 契約者が，認知症等で意思無能力であった。
⑦ 保険募集人が当該商品を別の商品と混同し，誤った説明を行っていた。
⑧ 本来生活資金として，利用しなければならないお金を長期間拘束される変額年金保険に投資させられた。

①や②は，変額年金保険契約の当事者に係る基本的な認識に関するトラブルです。申込書の宛先は保険会社となっており，また契約概要等情報提供書面にも引受保険会社の商号等が記載され，保険契約を引き受け，保険金等の支払を行うのは当該保険会社であること等が記載されており，通常はそのような誤解は生じ難いものと思われます。よって，保険契約者側で当該主張を行うには，たとえば保険募集人たる銀行担当者の虚偽説明等他の積極的な事実関係が必要となってくるものと考えます。

③は他の投資性商品にも見受けられるトラブルです。契約概要等情報提供書面によって適切な説明を行い，意向確認書面によってニーズ確認を行えば，通常は防止しうるトラブルかと考えます。

④～⑥は，異例な場合といえ，他の事実関係にもよりますが，保険会社側と

しては譲歩しなければならない可能性のある類型です。

　変額年金保険関連で特徴的なのは，⑦のような類型です。近時において銀行では，複数の保険会社の多様な商品が取り扱われるようになっています。そのような中，銀行の販売担当者（保険募集人）が，商品内容を理解しておらず，あるいは勘違いや言い間違いにより，誤った説明をしてしまったというものです。虚偽説明は保険業法でも禁止される行為であるため（保険業法300条1項1号），当該虚偽説明により利用者に損害が生じた場合，保険会社が損害賠償義務を負担する可能性もあります。ただし，この類型のトラブルでは当事者間に事実関係に対する認識の相違が存在する場合も多く，解決が困難な場合が多いことも特徴です。

　⑧は，適合性原則に関する問題です。変額年金保険は，中途解約をする場合には解約手数料を負担しなければならず，また解約返戻金には最低保証が付されない等の理由から，投資資金が長期間拘束されてしまいます。このようなニーズに合致しない保険契約者に変額年金保険を販売した場合には，トラブルが発生することとなります。その意味からも，意向確認書面におけるニーズ確認は重要であり，形式に流れることなく利用者のニーズ確認のために実効性ある形で行われる必要があります。

2　トラブルの解決方法

　利用者側としては，銀行等の販売者の勧誘行為が違法・不適切な場合には，不法行為責任に基づく損害賠償請求を行うことについて検討することとなります。

　虚偽説明や断定的判断の提供禁止（保険業法300条1項1号前段・7号）といった行為がなかったかどうかについては，まずもって検討されなければなりません。これらの行為があるとすれば，販売者側の違法性は明確なのですが，その立証方法については検討する必要があります。

　加えて，説明義務違反や適合性原則違反の主張ができないかどうかについても検討する必要があります。これらの主張は，上記に比べて裁判所等判断者の評価によってその適否が左右されるものです。

金融商品の販売等に関する法律は，一定の事項について説明義務を定め（金販法3条1項），それは「顧客の知識，経験，財産の状況及び当該金融商品の販売に係る契約を締結する目的に照らして，当該顧客に理解されるために必要な方法及び程度によるものでなければならない」とされています（同条2項）。そして義務違反の場合の損害賠償責任については元本欠損額が損害の額と推定されることとなっていますので留意が必要です（金販法5条・6条）。

また，不法行為に基づく損害賠償請求以外に，利用者側より錯誤無効の主張（民法95条）がなされる場合があります。事案の柔軟な解決という意味では，（客観的観点からすれば）過失相殺の余地のある不法行為責任の方が適しているように思いますが，被害回復の要請が強い場合には，錯誤無効の主張が認められる場合があります。その場合には，金融商品の売買契約が無効となるわけですから，利用者側からすれば，投資金額全額を返還請求しうることとなります（一方で，変額年金保険は返還しなければなりません）。

いずれにしても，トラブルの解決方法としては，これら法的主張の成否を見極めたうえで，任意の交渉により，場合によっては金融ADRや訴訟といった紛争解決手続を利用しながら解決を図るということとなります。

3 説明義務違反・適合性原則違反等の判断において考慮されるべき事項

変額年金保険に係る説明義務違反・適合性原則違反等の判断において考慮されるべき事項は，以下のとおりと考えます。ただし，調査の限りでは，変額年金保険に関し，これらの点が争点となった判例，裁判例は見当たりませんでした。

(1) 商品性（仕組み）

商品性（仕組み）は重要で，その仕組みの複雑性，リスクの高低は必須の検討事項といえます。また，中途解約の制限は，投下資本の回収可能性に直結するものであるため，商品性の認定において重要な要素となります。

ただし，変額年金保険は，商品内容について金融庁の認可を受けており，原則として保険契約の内容が，保険契約者等の保護に欠けるおそれがあったり，公序良俗に反するようなものではないため，仕組債ほど，この点が問題となる

ことはないのではないか、と考えます。
(2) 知識・経験
　年齢、意思能力・投資能力、同種の取引の有無（投資信託・株式・デリバティブ）、過去の取引を合理的に行っているか（自律的なリスク管理が可能か）等が考慮要素となります。
(3) 財産の状況
　多くの資産を有しているか、投資額の資産に対する割合が重要な考慮要素となります。またリスクの分散といった観点から、特定の商品に偏った勧誘を行うことは、販売者側にマイナスに働く要素といえます。
(4) 契約締結目的（ニーズ）
　元本を重視する慎重な投資意向か、当該取引が、顧客側の事情、積極性により行われたか、投資資金の性格（余裕資金かどうか、どのような原資から捻出したか）も重要な判断要素となります。
　とくに、変額年金保険の場合には、長期間投資資金が拘束されてしまいますので、長期間の拘束に耐えうる資金であるのか、また中長期の投資を目的としているのかについて、慎重なニーズ確認が必要といえます。
(5) 配　　慮
　熟慮期間を置いているか、（高齢者の場合）家族に相談する機会を設けたり、それを勧めたりしているか、についても重要な考慮要素となるため、留意が必要です。
　社内規程の履践が、本来の趣旨に従ってフェアに行われているか、についても考慮要素となる場合があります。
　また販売担当者の能力（商品内容を理解できる能力があるか）や、研修等により販売担当者の能力向上に向けた態勢整備がなされているかといった点も考慮要素となりうる点に留意が必要です。
　なお、変額年金保険等の特定保険契約における適合性原則については、保険会社向けの総合的な監督指針Ⅱ－3－5－1－3に、変額年金保険等に適用される意向確認書面制度は、同監督指針Ⅱ－3－5－1－2(17)にそれぞれ監督上の留意点が示されていますが、適合性原則を判断するうえで、参考となります。

【錦野　裕宗】

第10節　訴訟の場合の主張・立証方法

Q69　訴訟の場合の主張・立証方法

金融商品の販売勧誘に関するトラブルに関し，訴訟での主張・立証方法について，基礎的，一般的なことを教えてください。

A

　販売勧誘に携わった人（当事者・関係者）のヒアリングを早期に行い，それを陳述書等で証拠化することが極めて肝要です。

　当該金融商品の商品性については，説明義務違反・適合性原則違反等の認定を含め様々な争点における裁判所の判断の前提となるものですから，まず理解し，その評価の主張を行うことが重要といえます。

　その他，販売勧誘に使用された資料の検討・証拠提出や，適合性に関連する各種事実関係の検討も重要です。

解説

1　訴訟での主張・立証方法（総論）

　本設題では，金融商品の販売勧誘に関するトラブルに関する訴訟での主張・立証方法について，基本的な考え方を説明します。

　弁護士が，これらの訴訟に関与する場合には，大別して事業者側（販売者）側から委任を受けてその代理人として訴訟活動を行う場合と，顧客側（購入者

側）から依頼を受けて，訴訟活動を行う場合があります。

　顧客側の代理人となる場合には，当該販売勧誘のいかなる点に問題があったのか，顧客本人が違和感を抱き，問題意識をもっている部分はどこなのか，それによってどのような被害が発生したのかを認識することから始める必要があります。これは，他の訴訟と同じで，クライアントたる顧客との打合せ・ヒアリングにより，行っていくこととなります。このようにして抽出した問題点等について，法的保護に値すべきかどうか検証のうえ，訴訟の中で主張していくこととなります。

　一方，事業者側の代理人となる場合には，顧客側からの主張事実が当該事業者の認識と合致するか，異なるのか，といった事実関係を確認したうえで，それを踏まえた法的主張・反論を検証していくこととなります。

2　陳述書の作成

　顧客側の代理人となるにしろ，事業者側の代理人となるにしろ，重要なことは，販売勧誘に携わった人（当事者・関係者）のヒアリングを早期に行い，それを陳述書等で証拠化するということです。

　金融商品の販売勧誘に関するトラブルにおいて，販売勧誘時の当事者間，関係者間のやりとりは極めて重要です。しかしながら，これらの事実関係は，基本的にはその場に同席した人の記憶に頼らざるをえません。なんらかの形でメモとして残していることがあったとしても，すべてのやりとりをメモしているようなことはまずありませんので，どうしても記憶に頼らざるをえないのです。一方，人の記憶というものは，どうしても時の経過で風化してしまう傾向にあります。よって，忘れてしまう前に，証拠化するということが極めて重要になってきます。当然のことながらそのような陳述書を訴訟で利用するのは，証人尋問前のいわば終盤ということとなります。それまでなされた主張のやりとり等を踏まえ，いったん作成した陳述書を変更，補充する等の局面も想定されます。必要があれば，そのようにすればよいわけですが，いずれにしても，早い段階でヒアリングを行い，陳述書を作成しておくことが，証拠保全という意味からも，あるいは訴訟における主張方針を検討する意味からも，極めて重要で

すので，このような方法をおすすめします。

３　商品性の理解

　金融商品の販売勧誘に関するトラブルに関する訴訟では，当該訴訟において問題とされる金融商品の商品性の理解も非常に重要です。

　近時の裁判例をみますと，金融商品のレバレッジの有無・高さ，リスクの高さ（リスクと利益の相関性），仕組みのわかりやすさ・複雑さ，中途解約が可能かどうか等，商品性に対する評価を行ったうえで，それを前提とした判断を行っている例が非常に目立つ傾向にあります。

　商品性に対する評価の主張が奏功するか否かは，判決の結果を左右する極めて重要なものといえます。概していえば，リスクが高い商品についてはそれを注意喚起する必要があり，仕組みが複雑な商品についてはそれが理解可能な程度に説明する必要がある，というふうに，説明義務の程度が加重される要素となります。適合性原則の判断も，商品性との相関関係で結論が導かれることとなります。

　よって，顧客側の代理人となるにしろ，事業者側の代理人となるにしろ，金融商品の販売勧誘に関するトラブルに関する訴訟を取り扱う以上は，商品性の理解から目を背けることはできません。

　そのために，まず販売勧誘時に使用されたパンフレットや，契約締結前交付書面等を読み込むことから始める必要があります。これを行えば，少なくとも商品性の大枠については理解することが可能なものと考えます。これらの資料については，販売勧誘時の状況や，事業者側の説明義務の履行状況を明らかにする意味でも，ほぼ間違いなく訴訟の中でいずれかの当事者から証拠として提出されるべき文書ですので，その意味でもきちんと検討しておくべきものと考えます。

４　販売勧誘に使用された資料の検討・証拠提出

　３でも述べたところですが，商品パンフレット，契約締結前交付書面等

の販売勧誘の際の商品説明に使用された資料を検討することは必須といえます。

　加えて，申込書や金融商品によっては意向確認書等，顧客の意思確認のために利用された文書の検討も必須です。

　これらの文書は，金融商品の販売勧誘に関するトラブルに関する訴訟においては，まさにそれを利用して事業者側が当該金融商品を説明し，顧客側はまさにそれをみて当該金融商品を理解したというように，直接証拠とも呼べる重要なもので，裁判所の判断には欠かせないものです。特段の理由がない限り，証拠として提出すべきものと考えます。

5　適合性に関連する各種事実関係の検討

　適合性原則の検討においては，知識・経験・財産状況・契約締結目的の各事項が判断要素とされます。

　これらの各要素は，適合性原則違反の判断のみならず，事業者側の説明義務の程度等他の様々な判断に影響を及ぼす，重要性のあるものです。よって，これらについても，事実関係の把握・検討を行う必要があります。

(1) 知識・経験

　年齢，意思能力・投資能力，同種の取引の有無（投資信託・株式・デリバティブ），過去の取引を合理的に行っているか（自律的なリスク管理が可能か）等が考慮要素となります。

(2) 財産の状況

　多くの資産を有しているか，投資額の資産に対する割合が重要な考慮要素となります。またリスクの分散といった観点から，特定の商品に偏った勧誘を行うことは，事業者側にマイナスに働く要素といえます。

(3) 契約締結目的（ニーズ）

　元本を重視する慎重な投資意向か，当該取引が，顧客側の事情，積極性により行われたか，投資資金の性格（余裕資金かどうか，どのような原資から捻出したか）も重要な判断要素となります。

　顧客側からすれば，これらの事実関係は，まさに自己に関するものですから，事実関係の把握は，ヒアリング等で容易なものと考えます。要は，それをいか

に客観化して説得的に主張・立証するかにポイントがあるものと考えます。

事業者側からすれば，これらの事実関係のうちの基本的事項は，金融商品の販売勧誘の際，顧客から聴取のうえ，顧客カードや適合性確認書類等の内部資料に情報を保存しているものと思われます。これらの資料に記載された事実関係を踏まえ，それと整合的な主張を行うことが肝要と考えます。

また，近時の裁判例においては，金融商品の購入判断に至るまでに十分な熟慮期間を置いているか，（高齢者の場合）家族に相談する機会を設けたり，それを勧めたりしているか，についても重要な考慮要素となっています。また，事業者側の社内規程の履践が，本来の趣旨に従ってフェアに行われているか，についても考慮要素となる場合がありますので留意が必要です。

6 まとめ

上記のポイントについて事実関係を把握したうえで，法的主張を検討することとなります。

典型的な主張としては，

- 説明義務違反
- 適合性原則違反
- 錯誤（民法95条）

が挙げられます。説明義務違反については，金融商品の販売等に関する法律3条（5条および6条）が，一定の事項について説明義務の無過失責任を認め，損害額についても推定されることを定めているので留意が必要です（同法5条・6条）。断定的判断の提供等についても同様です（同法4条）。

消費者契約法4条は，一定の場合に意思表示の取消しを認めますが，ここで留意しなければならないのは，時効が追認をすることができる時から6か月と短期に定められている点です（同法7条1項）。

以上のとおり，金融商品の販売勧誘に関するトラブルに関する訴訟での主張・立証方法について，基本的な考え方を説明してきました。このように当該訴訟類型ならではの特徴は当然あるところです。しかし，自らの主張をいかに説得的に裁判所に説明していくか，そのためにどのような客観性ある証拠を用

いて立証していくか、という点を含め、基本的な訴訟遂行の行い方は、他の訴訟と異ならないように思われます。そのようななか、あえて強調すべき点といえば、裁判官だから金融商品のことはよくわかっているはずなどと軽信せずに、その商品性を具体的にわかりやすく判断権者たる裁判所に説明していくことではないか、と考えています。

【錦野　裕宗】

判例索引

最高裁判所

最判平4・2・28裁判集民164号113頁・判タ783号78頁・判時1417号64頁 ……………… *351*
最判平9・4・24裁判集民183号263頁・判タ956号155頁・判時1618号48頁 ……………… *351*
最判平9・9・4民集51巻8号3619頁・判タ956号149頁・判時1618号3頁
……………………………………………………………………………… *283, 284, 351*
最大判平14・2・13民集56巻2号331頁・判タ1085号165頁・判時1777号36頁 ……… *334*
最判平15・4・18民集57巻4号366頁・判タ1123号78頁・判時1823号47頁……… *283, 284*
最判平17・7・14民集59巻6号1323頁・判タ1189号163頁・判時1909号30頁
……………………………………………………………… *219, 222, 266, 351, 368, 410*
最判平18・2・20判例集未登載 ………………………………………………………… *312*
最判平20・2・15民集62巻2号377頁・判タ1316号138頁・判時2042号120頁 ………… *107*
最決平21・5・29金判1326号35頁 ……………………………………………………… *122*
最判平21・12・18判タ1318号90頁・判時2072号14頁 ………………………………… *351*

高等裁判所

仙台高判平9・2・28金判1021号20頁・金法1481号57頁 ……………… *369, 374, 379*
大阪高判平12・5・11証券取引被害判例セレクト16巻224頁 ……………………… *410*
大阪高判平17・10・14判例集未登載 …………………………………………………… *312*
東京高判平18・9・21金判1254号35頁 ………………………………………………… *397*
大阪高判平20・6・3金判1300号45頁 ………………………………… *363, 366, 368, 410*
東京高決平20・9・12金判1301号28頁 ………………………………………………… *122*
大阪高判平20・11・20判時2041号50頁 ………………………………………………… *357*
東京高判平21・2・26判時2046号40頁・金判1313号26頁 …………………………… *107*
大阪高決平21・9・1金判1326号20頁・金法1882号100頁 …………………………… *122*
東京高判平21・12・16金判1332号7頁 …………………………………………… *106, 107*
東京高判平22・4・22判タ2105号124頁・金判1343号44頁 ………………………… *107*
大阪高判平22・10・12金判1358号37頁・金法1914号68頁・証券取引被害判例セレクト38巻155頁 ……………………………………………………………………………… *222, 385*
福岡高判平23・4・27判時2136号58頁・金判1369号25頁 …………………… *369, 378, 379*
福岡高判平23・4・27判タ1364号176頁 ………………………………………………… *379*

地方裁判所

大阪地判昭59・11・29判タ546号154頁 ………………………………………………… *271*
大阪地判平5・10・13判時1510号130頁 ………………………………………………… *271*

東京地判平 6・1・27判時1517号70頁 …………………………………………… *271*
大阪地判平 6・3・30判タ855号220頁 ……………………………………………… *271*
大阪地判平 7・10・26判タ909号259頁・金判1003号28頁 ……………………… *271*
大阪地判平 9・8・29判タ970号185頁・判時1646号113頁 ……………………… *351*
大阪地判平16・4・15判タ1164号158頁・判時1887号79頁 ……………………… *397*
東京地判平16・5・27判例集未登載 ………………………………………………… *397*
札幌地判平16・9・22金判1203号31頁 ……………………………………………… *397*
東京地判平17・2・18判時1923号60頁 ……………………………………………… *397*
大阪地判平17・5・2（平成16年（わ）6423号・6942号・7357号）裁判所 HP ………… *311*
東京地判平17・11・14判例集未登載 ………………………………………………… *410*
釧路地判平17・12・9商事1755号53頁 ……………………………………………… *301*
東京地判平19・4・10判例集未登載 ………………………………………………… *397*
札幌地判平19・4・12（平成17年（ワ）2171号）裁判所 HP …………………… *410*
東京地判平19・8・28判タ1278号221頁・金判1280号10頁 ……………………… *107*
東京地判平19・9・26判タ1261号304頁・判時2001号119頁 …………………… *107*
東京地判平19・9・26判例集未登載 ………………………………………………… *397*
東京地判平20・6・13判タ1294号119頁・判時2013号27頁 ………………… *106, 107*
東京地判平20・7・16金法1871号51頁 ……………………………………………… *392*
東京地判平20・9・17判タ1286号331頁 …………………………………………… *288*
東京地判平21・1・30判時2035号145頁・金判1316号52頁 ……………………… *107*
東京地判平21・3・31判タ1297号106頁・判時2042号127頁 …………………… *107*
東京地判平21・3・31判時2060号102頁・金法1866号88頁 ………………… *369, 375, 379*
東京地判平21・5・21判タ1306号124頁・判時2047号36頁 …………………… *107*
東京地決平21・9・18金判1329号45頁 ……………………………………………… *122*
横浜地判平21・11・24 LLI／DB 06450850 ………………………………………… *288*
大阪地判平22・8・26金判1350号14頁・金法1907号101頁 ……………………… *363, 368*

事 項 索 引

あ行

アジャン・ドール倶楽部事件 ……………… 103
アナリスト・レポート …………………… 263
アマからプロへの移行手続 ………………… 259
安定操作 …………………………………… 296
意見表明報告書 …………………………… 127
1項有価証券 …………………………… 61,53
　　──の売付け勧誘 ………………………… 61
　　──の取得勧誘 ………………………… 53
インサイダー取引 …………………… 289,302
　　──に課せられる処分 ……………… 329
インサイダー取引規制 …………………… 289
　　──違反 ………………………………… 328
売出し ……………………………………… 61
運用報告書の交付義務 …………………… 182
営業保証金の供託義務 ……………… 168,173
FX取引 ………………………… 386,387,393
MBO ……………………………………… 117
オプション取引 …………………………… 42

か行

外貨償還特約付円定期預金 ……………… 405
外貨建て保険 ………………… 26,398,401
外貨建て預金 ……………………… 23,298
外国為替及び外国貿易法 ………………… 393
外国為替拠金取引 ………………………… 387
外国証券 ……………………………………… 17
外国投資証券 ……………………………… 16
外国投資信託の受益証券 ………………… 16
外国預託証券・証書 ……………………… 17
会社法上の社債管理者又は担保付社債信託法上
　の受託会社 ………………………………… 207
確認書 ………………………………… 49,86
貸付信託の受益証券 ……………………… 17
仮装取引 …………………………………… 295
課徴金 ………………………………… 12,329
　　──制度 ……………………………… 320
課徴金納付命令決定 ……………………… 320
　　──に対する不服申立て ……………… 326
過当取引 …………………………………… 349
加入金融商品取引業協会 ………………… 341
カバードワラント ………………………… 17

株 券 ……………………………………… 16
　　──等保有割合 ……………………… 139
株 式 ……………………………………… 345
元本欠損 …………………………………… 228
勧誘受諾意思確認義務 …………………… 275
勧誘受諾意思不確認 ……………………… 208
　　──勧誘 ……………………………… 275
期間延長（短縮）特約付預金 ………… 405
偽 計 ……………………………………… 285
　　──取引 ………………… 285,286,308
協会員の投資勧誘，顧客管理等に関する規則
　……………………………………………… 384
行政処分 …………………………… 313,328
共同保有 …………………………………… 138
強 迫 ……………………………………… 285
業務改善命令 ………………………… 314,316
業務停止命令 ………………………… 314,316
虚 偽
　　──告知 ……………………………… 208
　　──の事実の公表 …………………… 307
虚偽記載 …………………………………… 94
　　有価証券報告書等の── ……… 103,309
銀行等 ……………………………………… 183
銀証分離 …………………………………… 185
　　──の例外 …………………………… 185
金銭等の貸付け等の禁止 ………………… 182
金銭等の預託の受入れ等の禁止 ………… 182
金融ADR制度 …………………………… 338
金融先物取引法 …………………………… 393
金融指標 …………………………………… 44
金融商品 ……………………………………… 4
金融商品仲介業者 ………………………… 154
金融商品取引業協会 ……………………… 11
金融商品取引業者 ………………… 152,205
　　──の説明義務 ……………………… 235
　　──の無過失責任 ………………… 230
金融商品取引所 …………………………… 11
金融商品取引法 …………………………… 8
金融商品の販売等に関する法律 ………… 372
金融商品販売業者 ………………………… 228
金利スワップ ……………………………… 369
　　──取引 …………………………… 228,370
金利変動リスク …………………………… 396

事項索引	

苦情・紛争 …………………………… 337
 金融商品取引に関する── …… 337
クーリング・オフ …………………… 207
クレディ・スイス・グループ等について … 244
契約締結時交付書面 ………………… 235
 ──の交付義務 ………… 207, 246
契約締結前交付書面 …………… 223, 233
 ──制度 ……………………… 233
 ──の交付義務 ………… 206, 239
契約締結目的（ニーズ）
 ……………… 220, 367, 383, 416, 420
行為規制 ……………………………… 205
公開買付け ……………………… 109, 117
 ──開始公告 ………………… 124
 ──開始時の開示 …………… 124
 ──該当性 …………………… 108
 ──期間中の開示規制 ……… 127
 ──終了後の開示規制 ……… 130
公開買付規制 …………………… 51, 117
公開買付制度 …………………… 109, 123
公開買付説明書 ……………………… 127
公開買付届出書 ……………………… 126
公開買付報告書 ……………………… 131
広　　告 ……………………………… 263
 ──規制 ………………… 262, 237
 ──等における著しく事実に相違する表示や著しく人を誤認させる表示 …… 208
 ──等における商号，登録番号等の表示義務
 ………………………………… 206
広告類似行為 ………………………… 263
公序良俗違反 ………………………… 394
高レバレッジ化 ……………………… 391
顧客が預託すべき保証金の受領に係る書面の交付義務 …………………………… 207
国債証券 ……………………………… 15
コーラブル …………………………… 405

さ行

再勧誘 ………………………………… 275
 ──の禁止 …………………… 272
財産の状況 ……… 220, 367, 383, 416, 420
最低資本金規制 ……………………… 168
最良執行方針等の作成と書面の交付義務 … 207
先物取引 ……………………………… 42
先渡取引 ……………………………… 41
錯　　誤 ……………………………… 421

私売出し ……………………………… 62
 少人数── ……………………… 62
 適格機関投資家── …………… 63
 特定投資家── ………………… 64
 プロ── ………………………… 63
ジェイトレード株式会社に対する行政処分
 ………………………………… 244
仕組債 …………………………… 222, 380
自己運用 ………………………… 177, 188
自己株券買付状況報告書 …………… 84
自己執行義務 ………………………… 181
自己取引 ……………………………… 181
資産の流動化に関する法律に規定する特定社債券 ………………………………… 15
市場リスク …………………………… 364
システムトラブル …………………… 389
実質的説明義務 ……………………… 223
指定紛争解決機関 ………………… 11, 338
四半期報告書 …………………… 49, 83
私　　募 ……………… 32, 33, 54, 58, 69, 188
 少人数── …………………… 33, 54
 適格機関投資家── ………… 35, 55
 特定投資家── ……………… 35, 56
 プロ── ……………………… 35, 55
私募債 ………………………………… 353
集団投資スキーム …………………… 177
社　　債 ……………………………… 352
 ──券 ………………………… 16
ジャンク ……………………………… 354
集団投資スキーム ……………… 28, 188, 189
 ──持分 ……………………… 21
重要事項 ……………………………… 228
重要提案行為等 ……………………… 145
受益証券発行信託の受益証券 ……… 17
出資証券 ……………………………… 16
出資又は拠出された金銭の分別管理が確保されていない集団投資スキーム等の売買等 … 208
取得勧誘 ……………………………… 53
取得勧誘類似行為 ………………… 36, 57
証券取引等監視委員会による課徴金調査・開示検査 ………………………………… 322
証拠金 ………………………………… 387
上場会社 ……………………………… 80
消費者契約法4条 …………………… 421
商品性（仕組み） ……… 220, 367, 383, 415
 ──の理解 …………………… 419

事項索引

情報提供 …………………………… 232
新株予約権証券 ……………………… 16
審判手続開始決定 …………………… 322
信用リスク ……………… 355, 364, 396
スクイーズアウト ………………… 118
スワップ金利 ……………………… 387
スワップ取引 ……………………… 43
誠実義務 …………………………… 206
制度共済 ……………………………… 31
西武鉄道事件 ……………………… 104
説明義務 ……………………… 223, 396
　——違反 ………… 229, 347, 366, 421
　——の無過失責任 ……………… 421
善管注意義務 ……………………… 181
全部取得条項付種類株式 ………… 117
相場操縦 …………………………… 294
　現実の取引による ……………… 295
相場変動リスク …………………… 396
訴　訟 ……………………………… 417
　——での主張・立証方法 ……… 417
損害額及び因果関係の推定 ……… 230
損害賠償責任 ………………………… 94
　届出者の—— ……………………… 94
　届出者の役員等の—— …………… 95
　目論見書作成者の—— …………… 97
　目論見書使用者の—— …………… 97
　有価証券報告書等の提出者の—— … 99
　有価証券報告書等の提出者の役員等の——
　 ……………………………………… 101
損失保証 …………………………… 350
損失補填 ……………………… 208, 278, 350
　事後の—— ……………………… 350
　——の禁止 ……………………… 278

た行

第一種金融商品取引業 …………… 158
対質問回答書 ……………………… 129
対象有価証券 ……………………… 136
第二種金融商品取引業 …………… 165
大量保有報告 ……………………… 146
　——制度 …………………… 51, 134
大量保有報告書 ……………… 132, 140
　——提出 ………………………… 134
短期売買差益の返還 ……………… 333
断定的判断の提供 ……… 267, 346, 421
　——の禁止 ……………… 208, 230, 266

担保付社債 ………………………… 353
知識・経験 ……… 220, 367, 383, 416, 420
地方債証券 …………………………… 15
忠実義務 …………………………… 181
陳述書 ……………………………… 418
通貨オプション組入型預金 ………… 24
DIP株式会社に対する行政処分 … 245
ディスクロージャー規制 ………… 47
ディスクロージャー制度 …………… 10
抵当証券 ……………………………… 17
適格機関投資家取得有価証券一般勧誘 … 57
適格機関投資家等特例業務 ……… 188, 189
適合性原則 ……………… 207, 213, 395
　狭義の—— ……………………… 214
　広義の—— ……………………… 214
　——違反 …………… 229, 348, 421
　——の私法上の効果 …………… 218
デリバティブ ………………………… 40
　——取引 …………………………… 40
　——預金 ……………… 23, 24, 403, 404
デリバティブを内包する預金に関するガイドライン
　 ……………………………… 404, 409
投資一任契約 ……………………… 176
投資運用業 ………………………… 175
投資事業有限責任組合契約 ………… 29
投資者保護基金 ……………………… 11
投資証券 ……………………………… 16
投資助言業者 ………………… 170, 262
投資信託 ……………… 6, 358, 359, 363
　——の販売・勧誘 ……………… 358
投資信託委託業者 ………………… 177
投資信託及び投資法人に関する法律 … 6
　——に規定する投資信託 ………… 16
投資法人 …………………………… 176
　——債券 …………………………… 16
登　録 ……………………… 154, 178
　——拒否事由 ………… 160, 166, 172
　——取消し ……………… 315, 319
登録金融機関業務 ………………… 186
登録金融機関制度 ………………… 185
登録投資法人 ……………………… 176
特定電子記録債権 …………………… 19
特定非営利活動法人証券・金融商品あっせん相談センター（FINMAC） ……………… 341
特定有価証券の有価証券届出書 …… 72
特別勘定設置の保険契約 …………… 25

事項索引

特別の法律により法人の発行する債券 ……15
特例対象株券等 ………………………144
特例報告制度 ……………………141,143
取引態様の事前明示義務………………206

な行

内閣総理大臣及び金融庁長官に対する勧告
　…………………………………………322
内部統制報告書 …………………49,86,87
馴合取引 …………………………………295
２項有価証券の取得勧誘 ………………68
日経平均リンク債 ………………………381
ノウ・ユア・カスタマー………………216
ノックイン債 ……………………………381
ノベルティ・グッズ ……………263,264

は行

ハイブリッド債…………………………353
配　慮 ……………………………221,416
発行登録書 ………………………………78
発行登録制度 ……………………………77
発行登録追補書類 ………………………79
罰　則 ……………………………12,328
半期報告書 …………………………91,93
販売・勧誘規制 ………………………205
販売勧誘に関するトラブル……………417
非上場会社 ………………………………89
　――の流通開示 ………………………89
ビックカメラ審判事件…………………324
標識の掲示義務…………………………206
表示による相場操縦……………………296
ファンド …………………………………89
　――運用行為…………………………177
　――の流通開示 ………………………92
風説の流布 ………………285,286,308
不招請勧誘 ………………………208,273
　――の禁止……………………………272
普通社債 …………………………………353
プロ・アマ規制 …………………254,255
プロからアマへの移行手続……………257
分別管理義務……………………………182
弊害防止措置……………………………193
変額年金保険 ……………………23,411,412
変更報告書 ………………………141,142
　――提出の手続………………………143
暴　行 ……………………………………285

保険業法 …………………………………25
募　集 ……………………32,33,53,68
　自己―― ………………………188,189
　無届―― ………………………………98
保有者 ……………………………137,144

ま行

マルチコーラブル預金…………………405
満期特約型仕組預金……………………405
見せ玉 ……………………………295,298
　――による相場操縦…………………298
みなし有価証券 ………………………18
無断売買 …………………………………349
銘柄集中リスク…………………………364
名義貸しの禁止…………………………207
目論見書 …………………………48,75,236
　――の交付義務 ………………………76
　――の作成義務 ………………………75
　――の内容 ……………………………76
　――不交付 ……………………………98

や行

有印私文書偽造…………………………310
有価証券 ……………………………13,14
　――の発行開示規制 …………………48
　――表示権利 …………………………19
有価証券関連業…………………………183
有価証券通知書 ……………………71,73
有価証券届出書 ……………48,57,65,69,71
　――の提出義務 ………………………36
　――の提出効果 ………………………73
有価証券の取引等に関する規制 ………12
有価証券報告書 …………………80,89,90
優先出資証券 ……………………………16

ら行

ライブドア事件…………………………105
リスク情報………………………………265
利回り保証………………………………350
流通開示 …………………………………89
流通開示規制 ……………………………80
　有価証券の―― ………………………49
流通開示書類に虚偽記載 ………………99
流動性リスク……………………355,396
臨時報告書 ………………………84,92,93
ロスカット・ルール……………………389

編集者

弁護士法人　中央総合法律事務所
http://www.clo.jp

金融商品取引法の法律相談　　新・青林法律相談30

　2013年2月15日　初版第1刷印刷
　2013年3月5日　初版第1刷発行

廃止　検印　　　Ⓒ編集者　　弁護士法人
　　　　　　　　　　　　　中央総合法律事務所

　　　　　　　　　　発行者　逸見慎一

発行所　東京都文京区本郷6丁目4の7　株式会社　青林書院
振替口座　00110-9-16920／電話03(3815)5897〜8／郵便番号113-0033

印刷・中央精版印刷㈱／落丁・乱丁本はお取替え致します。
Printed in Japan　　ISBN978-4-417-01587-1

ⒿCOPY　〈(社)出版者著作権管理機構　委託出版物〉
本書の無断複写は著作権法上での例外を除き禁じられています。複写される場合は、そのつど事前に、(社)出版者著作権管理機構(電話 03-3513-6969、FAX 03-3513-6979、e-mail: info@jcopy.or.jp)の許諾を得てください。